개화기에서 일제강점기까지 한국 민속 연구

개화기에서 일제강점기까지 한국 민속 연구

초 판 인 쇄	2017년 09월 21일
초 판 발 행	2017년 09월 27일

저　　　자	송 재 용
발 행 인	윤 석 현
발 행 처	도서출판 박문사
책 임 편 집	최인노
등 록 번 호	제2009-11호

우 편 주 소	서울시 도봉구 우이천로 353 성주빌딩 3층
대 표 전 화	02) 992 / 3253
전　　　송	02) 991 / 1285
홈 페 이 지	http://www.jncbms.co.kr
전 자 우 편	bakmunsa@hanmail.net

ⓒ 송재용, 2017. Printed in KOREA

ISBN 979-11-87425-47-2　93380　　　　　　　　　　정가 30,000원

개화기에서 일제강점기까지
한국 민속 연구

송재용 저

박문사

서문

    본서는 필자가 한국연구재단 지원 중점연구소 연구과제(과제명 : 개화기 대외 민간 문화교류 자료초. 1999년 12월 1일~2005년 11월 30일(6년) ; 과제명 : 개화기에서 일제강점기까지 한국문화전통의 지속과 변용. 2005년 12월 1일~2014년 11월 30일(9년))에 참여했던 산물의 하나이다. 그리고 책 제목 중 '개화기'란 명칭과 시기(특히 시기)에 대해서는 논란이 있을 수 있다고 본다. 그러나 이에 대해서는 나름대로의 이유가 있다. 필자가 계획하고 총괄·수행했던 한국연구재단 지원 중점연구소 연구과제 '개화기 대외 민간 문화교류 자료초'와 '개화기에서 일제강점기까지 한국문화전통의 지속과 변용' 두 연구과제는 연장선상에서 진행한 연구과제였다. 1999년 중점연구소 지원 연구과제('개화기 대외 민간 문화교류 자료초') 신청 및 연구 시 개화기를 1860년~1910년으로 잡았다. 이는 당시 연구 참여자들과의 논의를 통해 논란이 있었지만, 황패강 교수가 근대·근대문학의 기점을 1860년대로 제시한 견해(황패강, 『한국문학의 이해』, 새문사, 1991, 428~437쪽.)를 수용·참고한 것이다. 그러므로 수행했던 연구과제의 '개화기' 명칭 사용과 개화기의 시기도 1860년~1910년 경술국치 이전까지로 잡을 수밖에 없었다. 이에 대해서는 두 연구과제를 총괄했던 필자의 책임임을 밝힌다.

필자는 고전문학 전공자이다. 그런데 단국대학교 동양학연구소에서 연구실장으로 근무했던 관계로 한국연구재단(舊名 : 한국학술진흥재단) 지원 중점연구소 연구과제 신청 때 주도적 역할을 하게 되었고, 참여까지 하게 되었다. 15년간 연구과제에 관여하면서, 또 이 기간 동안 비교민속학회 임원을 하게 되면서 민속(특히 의례)에 관심을 갖게 되었고, 이와 관련된 논문들을 학계에 발표하게 되었다. 이러다 보니 주 전공인 고전일기(특히 『미암일기』 등) 보다는 민속 관련, 특히 가학(家學)으로 배웠던 의례 관련 논문들을 더 많이 발표하게 되었다. 어찌 보면 본말이 전도된 셈이다. 그러나 이에 대해서는 자성은 하지만, 후회는 하지 않는다. 특히 의례 부분(문헌을 통한 고대에서 일제강점기까지)에 대해서는 어느 정도 족적을 남겼다고 필자 나름의 자부를 감히 해본다.

필자는 본래 개화기와 일제강점기 민속을 분리해 따로 출판하려고 하였다. 그러나 원래의 의도대로 되지 못해 아쉬움이 남는다. 그것은 필자의 주 관심 분야가 의례이다 보니 여기에 주로 관심을 갖게 되었고, 그렇다고 해서 의례 관련 논문들 위주로 출판하기도 곤란해(이에 대해서는 조만간 『문헌으로 본 한국의 관·혼·상·제례』를 발간할 예정이다) 편의상 그동안 발표했던 개화기와 일제강점기 민속 관련 논문들을 추려 수정·보완하여 출판하게 되었다. 이 가운데 「일제강점기 향토오락 진흥정책과 민속놀이의 전개 양상」은 필자가 교신저자(제1저자 김난주)임을 밝힌다. 그리고 부록에 1892년~1906년 외국에서 발행된 한국 민속 관련 자료들을 번역 소개하였다. 그런데 사정상 원문을 실지 못했다. 이점 양해를 바란다.

그럼에도 불구하고 본서는 개화기와 일제강점기 민속 관련 연구 논저들이 그리 많지 않은 상황에서 연구자들에게 도움을 줄 수 있을 뿐만 아니라 나름대로 의미가 있다고 본다.

끝으로 출판을 흔쾌히 수락해 준 도서출판 박문사 사장님과 관계자 여러분에게도 감사의 마음을 전한다.

2017년 7월
죽전캠퍼스 연구실에서 청호(靑澔) 송재용 씀

차례

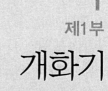

제1부

개화기

개화기에서 일제강점기까지

한국 민속 연구

제1장

『임하필기』에 나타난
세시풍속과 민속놀이

Ⅰ. 『임하필기』의 가치와 중요성

　橘山 李裕元(1814-1888)은 朝鮮 後期 憲宗-高宗 때의 대표적인 官人·學者·文人 가운데 한 사람이다.[1] 『林下筆記』(한문. 필사본 39권)는 이유원의 대표적인 저술 가운데 하나로, 정치·경제·사회·문화·역사·사상·제도·지리·금석 및 서화·음악·문학·민속학 등 각 분야를 博物學的·百科全書 식으로 기술한 책이다. 그뿐만 아니라 이 책은 단

1　이유원의 생애에 대해서는 함영대, 「임하필기 연구-문예의식을 중심으로」, 성균관대대학원 석사학위논문, 2001, 7~10쪽 ; 남형일, 「임하필기 연구」, 단국대대학원 석사학위논문, 2002, 9~14쪽을 참고할 것.

순한 기록만이 아닌, 사회 전반에서부터 國事와 개인 신변잡사에 이르기까지 다방면에 관한 내용과 견문, 체험까지도 기록하고 있어 그 가치가 높이 평가된다.[2] 『임하필기』의 중요성과 가치에 대해서는 이미 연구자들에 의해 언급된 바 있다. 정병학은 "『임하필기』는 광범위한 분야에 걸쳐 이유원의 해박한 식견을 전개한 것으로, 우리나라의 典故·習俗·詩文 등등 손대지 아니한 것이 없으리만큼 넓어, 이러한 점에서 볼 때 李圭景의 『五洲衍文長箋散稿』와 필적할만한 것"[3]이라 평하였고, 이민홍은 "『임하필기』는 대단히 중요한 저술로 筆記體가 갖는 모든 점을 포용하고 있으며, 국가와 민족이 갖는 제반사항들을 빠짐없이 수렴하여 논술한 역저로서 귀중한 문헌이다."[4]라고 평하였다. 또 안대회는 "『임하필기』는 18-19세기의 풍속사를 이해하는데 매우 풍부한 자료를 담고 있을 뿐 아니라, 조선 후기의 문물제도와 민간의 생활모습, 특히 사대부의 생활에 대하여 많은 정보가 담겨 있다."[5]고 하였다.

이상에서 보는 바와 같이, 『임하필기』의 가치와 중요성에 대해서는 재론할 필요가 없다. 그럼에도 불구하고 『임하필기』에 대한 연구는 문학 분야를 제외하고는 매우 미진한 실정이다. 특히 민속학 분

---

2 졸고, 「임하필기에 나타난 의례 연구」, 『동아시아고대학』 24집, 동아시아고대학회, 2011, 300쪽. 참고로 18·19세기에는 많은 지식인들이 자신들의 견문과 학문을 筆記라는 형식에 담아 博物學的·百科全書 식으로 출판하는 풍조가 성행하였다. 이러한 시대적·학문적 풍조는 이유원이 『임하필기』를 저술하는데 하나의 동기가 되었던 것으로 보인다.(졸고, 같은 논문, 302~304쪽 참조.)

3 정병학, 「해제」, 『임하필기』, 성균관대 대동문화연구원, 1~16쪽.

4 이민홍, 「귤산 이유원론」, 『한국한문학연구』 24집, 한국한문학회, 339쪽.

5 안대회, 「해제」, 『국역 임하필기』, 민족문화추진회, 15쪽.

야에 대한 본격적인 연구는 필자의 의례 관련 연구를 제외하고는 거의 전무한 실정이라 해도 과언이 아니다.[6] 그러므로 필자는 『임하필기』의 종합적 연구의 일환으로, 민속 분야 그 중에서도 특히 세시풍속과 민속놀이에 주목하였다. 『임하필기』에는 세시풍속과 민속놀이 관련 내용들이 많을 뿐 아니라, 자료적으로도 가치가 있다.

그런바 본고에서는 『임하필기』에 나타난 세시풍속과 민속놀이에 초점을 맞추어 논의하겠다. 이러한 논의는 민속학적으로 의미가 있다고 본다.

Ⅱ. 세시풍속과 민속놀이 고찰

본고에서는 먼저 『임하필기』의 편차 내용 등에 대하여 간단히 살펴본 후, 세시풍속과 민속놀이에 대하여 고찰하겠다.[7]

『임하필기』의 편차 내용을 살펴보면, 16편 39권(권1 四時香館編, 권2 瓊田花市編, 권3-4 金薤石墨編, 권5-6 掛劍餘話, 권7 近悅編, 권8 人日編, 권9-10 典謨編, 권11-24 文獻指掌編, 권25-30 春明逸史, 권31-32 旬一編, 권33-34 華東玉糝編, 권35 薛荔新志, 권36 扶桑開荒考, 권37 蓬萊祕書, 권38 海東樂府, 권39 異域竹枝詞)으로 구성되어 있고, 제각기

---

6 현재 조선시대 양반들이 서술한 세시풍속과 민속놀이에 대한 자료는 적을 뿐만 아니라, 이에 대한 연구도 적은 편이라 그 성과를 논의하기 어려운 실정이다.

7 『임하필기』의 저술배경과 과정 등에 대해서는 필자가 자세하게 언급하였는바 여기서는 생략한다.(졸고, 앞의 논문, 302~304쪽 참조.) 『임하필기』는 1884년 가오곡에서 완성된 것으로 보인다.

독립적인 내용을 담고 있다. 전체적으로 짤막한 기사와 자료로 구성
되어 있지만, 그 내용은 대단히 폭이 넓어 일일이 거론할 수 없을 정
도이다.

이유원은 세시풍속과 민속놀이에 대하여 관심이 많았던 것으로
보인다. 그러므로 그는 『임하필기』에 세시풍속과 민속놀이 관련 기
록들을 많이 남기고 있다. 세시풍속과 민속놀이는 「문헌지장편」,
「화동옥삼편」, 「춘명일사」, 「순일편」 등에 주로 수록되어 있는데, 특
히 「문헌지장편」과 「화동옥삼편」에 많이 실려 있다.

1. 세시풍속

『임하필기』를 보면, 1월부터 12월까지의 세시풍속에 대한 내용이
실려 있다. 그런데 그 내용이 간단해 다소 아쉬운 점이 있다. 그러나
나름대로 의미가 있다고 본다. 그러면 月別 順으로 살펴보겠다.[8]

(1) 元朝

元朝는 정월 초하루, 설날을 말하는데, 元旦·元日·歲首·年首·正朝
등이라고도 한다. 모두 그 해의 첫날이라는 뜻이다.

---

8 立春·寒食·仲秋節·重陽節·冬至 등은 그 내용이 매우 간단하고 일반적이라 논의에
　서 제외하였다. 일례를 들어 "중추절에는 달맞이를 한다.", "9월 9일 중양절에는
　높은 곳에 오른다.", "동짓날에는 팥죽을 쑤어 먹는다."(『국역 임하필기 3』, 「문헌
　지장편」, 〈節日〉, 민족문화추진회, 1999, 4쪽.)고 매우 소략하게 기술되어 있다. 이
　유원이 왜 이처럼 간단하고 일반적인 사실만 기록하였는지 밝히지 않고 있어 파악
　하기 어렵다.

정월 초하룻날 참언을 듣는 일은 당송(唐宋)의 고사(故事)이다. 고려의 풍속에서는 18일에 참언을 들었고, 우리 조선에서는 초하룻날 자정에 맨 먼저 듣는 말을 참언이라 하였다. 연운(硏耘) 서헌순(徐憲淳)은 젊은 시절에 지패(紙牌) 놀이를 하는 자가, '다 죽었다.[盡死]'고 하는 말을 들었다. '진사(盡死)'를 공은 '진사(進士)'로 풀이하였는데, 이해에 과연 사마(司馬)에 올랐다. 또 한 인척 집에서는 어떤 여자가 그 집 아이더러, '아버지 곁으로 가라.'고 재촉하는 말을 듣고 그 뜻을 해석하지 못한 일이 있었는데, 이 해에 그 아이가 죽어서 그 어버이의 곁에 묻었다. 그러나 이런 참언을 풀이하는 일은 모두 과거 공부하는 선비들의 궁한 계책이고, 현달한 사람의 일은 아니다.[9]

『동국세시기』를 보면, "정월 초하룻날 첫새벽에 거리에 나가 맨 처음 들려오는 말소리로 그해 길흉을 점치는 풍속이 있는데, 이것을 聽讖이라고 한다."[10]는 기록이 있다. 위의 인용문에서 정월 초하룻날 자정(子正)에 맨 먼저 듣는 말을 참언이라고 한 기사, 이는 聽讖이다. 원문에 "我國元日子夜半"이라는 기록이 있는데, 여기서 '子夜'는 0시로, 이는 섣달 그믐날 밤에 잠을 자지 않는 풍속인 守歲와 관련이 있는 것으로 보인다. 그러니까 '元日子夜半'은 섣달 그믐날 밤이 지난 정월 초하룻날이다. 다시 말해 『동국세시기』의 정월 초하룻날 첫새벽과 같은 의미로 볼 수 있다. 그리고 참언이 唐宋의 고사와 연관이

---

9 『국역 임하필기 7』, 「화동옥삼편」, 〈聽讖〉, 민족문화추진회, 2000, 143쪽.
10 최대림 역해, 『신역 동국세시기』, 홍신문화사, 2006, 26쪽.

있고, 특히 고려 때에는 18일에 참언을 들었다는 기록을 주목할 필요가 있다. 이유원이 참언 풀이 풍속을 듣고 이를 기록으로 남긴 점으로 보아 19세기까지도 이 같은 풍속이 전해졌던 것 같다. 위의 인용문에서 聽讖의 유래와 변모를 엿볼 수 있다. 이유원은 이러한 참언 풀이 풍속에 대해 비판적인 입장을 취하고 있다.

(2) 上元

上元은 정월 대보름을 말하는데, 元夕·烏忌日 등이라고도 한다.

> 정월 보름날에 약밥[藥飯]을 먹는 것은 신라에서 시작되었다.[11]
> 더위팔기[賣暑]라는 것이 있다. 당(唐)·송(宋) 사람들은 어리석음을 팔았으니, 이것은 더위팔기와 같은 것이다. 다리밟기[踏橋]라는 것이 있는데, 고려의 풍속에서 다리 병을 물리치는 놀이로 하였던 것이다. 속담에, '하룻밤에 열두 다리를 밟으면 열두 달의 재액을 없앨 수 있다.' 하였는데, 임진왜란 후에 이 풍속이 점점 사라졌다. 보름달의 두껍고 엷은 상태를 가지고 그해의 풍흉을 점쳤는데, 그 유래가 오래되었다. 곡식 이삭 늘어놓기, 부럼 깨물기, 줄다리기의 놀이는 모두 신라와 고려의 옛 풍속이자 명절놀이의 한 행사이다.[12]

정월 보름날 약밥을 먹는 유래와 더위팔기·답교놀이·보름달의 두

---

11 『국역 임하필기 3』, 「문헌지장편」, 〈節日〉, 민족문화추진회, 1999, 3쪽.
12 『국역 임하필기 7』, 「화동옥삼편」, 〈上元雜事〉, 민족문화추진회, 2000, 144쪽.

껍고 엷은 상태를 보고 풍흉 점치기·곡식 이삭 늘어놓기·부럼 깨물기·줄다리기의 유래에 대하여 간단히 기술하고 있다. 이러한 풍속은 완전히 사라지지 않고 조선 후기까지도 이어져 내려온 것으로 보인다. 그리고 곡식 이삭 늘어놓기가 눈길을 끄는데, 이는 禾竿의 일종인 듯하다.

(3) 花朝

花朝는 2월 초하루를 말하는데, 中和節·朔日·노래기 날 등이라고도 한다.

> 2월의 초하룻날에 새벽에 일어나서 솔잎을 문간과 뜰에 뿌리는데, 세속에서 말하기를, 냄새나는 벌레들이 싫기 때문에 이와 같이 바늘 같은 것을 뿌려 벽제(辟除)를 하는 것이라고 한다.[13]
> 측천무후(則天武后)가 화조(花朝)에 궁녀에게 여러 가지 꽃을 따서 쌀과 함께 빻아 떡을 찌게 하였는데, 그것을 '花糕'라고 하였다.[14]

花朝는 원래 중국에서 유래된 것인데, 그 내용은 중국의 세시풍속과는 다르다.[15] 『용재총화』를 보면, 위의 인용문과 유사한 내용이 수록되어 있다.[16] 화조 풍속은 중국 세시풍속의 영향을 받았지만, 그

---

13 『국역 임하필기 3』, 「문헌지장편」, 〈節日〉, 민족문화추진회, 1999, 3쪽.

14 『국역 임하필기 6』, 「춘명일사」, 〈花糕〉, 민족문화추진회, 2000, 89쪽.

15 졸고, 「용재총화에 나타난 민속 연구」, 『동양고전연구』 38집, 동양고전학회, 2010, 242쪽.

내용이 다른바 토착적인 것이라 할 수 있다.

(4) 上巳

上巳는 3월 3일·삼진날·삼질을 말하는데, 元巳·上巳節·上除·重三日·踏青節 등으로도 부른다. 上巳·元巳·上巳節은 3월 중 첫 巳日을 명절로 했던 중국에서 붙인 이칭이고, 우리나라에서는 上除·重三·踏青節 등의 별칭으로 부르기도 했다. 이 날은 제비 오는 날로 부르기도 하는데, 花煎놀이와 같은 꽃구경놀이, 들에 나아가 새로 돋은 풀을 밟으며 나물을 캐는 踏青이 유명하다.

> 3월 3일을 상사(上巳)라 하는데 세속에서 이를 답청절(踏青節)이라고 한다. 사람들이 모두 야외(野外)로 놀러 나가는데, 꽃이 있으면 그 꽃술을 따서 술자리를 벌인다. 또 갓 돋은 쑥을 뜯어서 설기떡[雪糕]을 만들어 먹기도 한다.[17]

上巳 풍속은 중국의 영향을 받은 것으로, 고려시대에는 9대 俗節 중의 하나였다. 『宋史』에 보면, "고려에는 上巳日의 쑥떡을 제일 맛있는 음식으로 친다."고 하였고, 『朝鮮賦』에는 "쑥떡은 중국에는 없는 것"이라 하였다.[18] 위의 인용문을 보면, 踏青과 雪糕에 관한 내용

---

16 『慵齋叢話』, 第二卷. "二月初一日花朝 乘曉散松葉於門庭 俗言惡其臭 虫而作針砭"
17 『국역 임하필기 3』, 「문헌지장편」, 〈節日〉, 민족문화추진회, 1999, 3쪽.
18 국립민속박물관 편, 『한국세시풍속사전(봄편)』, 국립민속박물관, 2005, 1861~1887쪽.

을 간략하게 소개하고 있는데, 여기서 雪糕를 만들어 먹는 풍속은 우리 고유의 것이라 할 수 있다.

(5) 초파일

초파일은 4월 8일, 釋迦誕日을 말한다.

> 4월 8일에는 등불을 밝힌다. 아이들이 종이를 잘라 깃발을 만들고 물고기의 껍질을 벗겨 북을 만들어서 마을을 돌아다니면서 등불을 켜는 데 쓸 경비를 걸립(乞粒)을 하는데, 이를 이름 하여 호기(呼旗)라고 한다. 이날이 되면 집집마다 깃대를 세우고 여기에 등불을 단다.[19]

조선시대는 유교를 국시로 하고 抑佛崇儒정책을 시행했음에도 불구하고, 초파일이 되면 연등을 달고 행사를 했다. 이러한 행사는 비록 고려시대보다는 못하지만, 조선 후기까지 계속되었다. 초파일은 불교가 우리나라에 들어와 오랜 역사를 관류하면서 불교에 국한하지 않고 우리 고유의 전통 명절이 되었다고 볼 수 있다. 그리고 呼旗는 오랫동안 풍속으로 전해져 내려온 것이다.

(6) 端午

端午는 5월 5일을 말하는데, 端陽·重五節·天中節·수릿날 등이라고도 한다.

---

19 『국역 임하필기 3』, 「문헌지장편」, 〈節日〉, 민족문화추진회, 1999, 3~4쪽.

5월 5일을 단오(端午)라고 한다. 이날에는 문 위에 쑥호랑이[艾虎]를 매달고 술에 창포(菖蒲)를 띄워서 먹으며, 도회(都會)의 사람들은 저잣거리에다 시렁[棚]을 만들어 세우고 그네뛰기 놀이를 한다.[20]

위의 인용문을 보면, 艾虎와 菖蒲酒, 鞦韆 등에 대한 내용이 있는데, 艾虎는 벽사의 상징적 의미를 내포하고 있어 주목할 만하다. 그리고 창포주 마시는 풍속은 중국의 영향에서 생겨난 것이다. 그런데 성현의 『용재총화』에 보면, 그네뛰기가 당시 조정의 금지 명령으로 인해 성행하지 않는다고 했지만,[21] 이는 조선 전기의 경우이고(조선 전기에도 완전히 금지된 것은 아닌 듯하다.), 조선 후기에도 행한 것으로[22] 보아 완전히 금지된 것은 아니었던 것 같다.

(7) 流頭

流頭는 6월 15일을 말하는데, 梳頭, 水頭라고도 부른다. 梳頭란 머리를 감는다는 의미이며, 水頭란 물 마리(마리는 머리의 옛말임), 즉 물맞이라는 뜻이다.

6월 15일을 유두(流頭)라고 한다. 고려에서는 이날 환관(宦官)의 무리들이 동쪽 시내에 나가서 더위를 피하였는데, 머리를 풀어 헤치고 물속에 들어가서 자맥질을 하며 술을 마시면서 상서롭지 못한 일들을

---

20 『국역 임하필기 3』, 「문헌지장편」, 〈節日〉, 민족문화추진회, 1999, 4쪽.

21 졸고, 앞의 논문, 「용재총화에 나타난 민속 연구」, 244쪽.

22 국립민속박물관 편, 『한국세시풍속사전(여름편)』, 국립민속박물관, 2005, 121쪽.

물리쳤다. 그래서 이날에 물단자떡[水團餠]을 만들어 먹었다.[23]

流頭는 '東流水頭沐浴'의 약자로, 동쪽으로 흐르는 물에 머리를 감고 목욕을 한다는 뜻이다. 이렇게 하는 것은 부정을 가신다는 의미를 지니고 있기 때문이다. 그런데 東流水에 머리를 감는 까닭은 東方이 靑으로 양기가 왕성한 방향이기 때문이다. 그런바 물로 몸과 마음을 통해 정화하는 날이 流頭이다. 流頭는 신라 때부터 있어 온 명절이다. 이익의 『성호사설』에 보면, "流頭는 고려시대에 재앙을 없애려고 기도하던 풍속"[24]이라고 하였다. 그리고 액막이로 모여서 술을 마시는 禊飮을 流頭宴이라고도 한다.[25]

한편, '槐葉冷淘'를 하는 것은 더위를 먹지 않는다는 중국의 풍속에서 유래한 時食이다. 그리고 '水團餠'은 흔히 水團이라고도 하는데, 멥쌀가루를 쪄서 구슬같이 만든 다음, 그것을 꿀물에 넣고 얼음에 채워서 먹는 것으로 辟邪의 의미를[26] 지니고 있다.

(8) 百種

百種은 7월 15일을 말하는데, 百中·白中·百衆·百種節·中元·亡魂日 등이라고도 한다. 佛家에서는 盂蘭盆齋·盂蘭盆齋日이라고 한다.

---

23 『국역 임하필기 3』,「문헌지장편」,〈節日〉, 민족문화추진회, 1999, 4쪽.

24 『星湖僿說』제10권,「人事門」,〈俗節〉.

25 국립민속박물관 편, 앞의 책,『한국세시풍속사전(여름편)』, 290쪽.

26 李杜鉉 外 2人,『新稿版韓國民俗學槪說』, 一潮閣, 1993, 2412~2442쪽.

7월 15일을 세속에서 백중날[百種]이라고 부르는데, 승가(僧家)에서
는 이날에 백 가지의 화과(花果)를 모아서 우란분(盂蘭盆) 불사(佛事)를
배설(排設)한다.[27]

百種은 불가에서 비롯된 것이다. 百種은 석가탄일과 함께 우리의
의식 속에 뿌리깊이 박혀있는 불교적 사고에서 이어지는 세시풍속
의 하나라고 할 수 있다. 百種은 조선 후기까지도 계속 이어졌다.[28]

(9) 除夕

除夕은 12월(섣달) 그믐날 밤을 말하는데, 除夜·除日·歲除·歲暮·歲
末·歲盡 등이라고도 한다.

제석(除夕)에 악공(樂工) 한 사람이 창사(唱師)가 되어 붉은 옷에 가
면(假面)을 쓰고, 방상시(方相氏) 4인이 황금빛 나는 네 개의 눈이 달린
가면에 곰 가죽을 쓰고, 지군(持軍) 5인이 붉은 옷에 화립(畫笠)을 쓰고,
판관(判官) 5인이 연두색 옷에 화립을 쓰고, 조왕신(竈王神) 4인이 청포
(靑袍)에 목홀(木笏)을 들고, 초라니[小梅] 몇 사람이 여자 모습의 가면
을 쓰고 대가 긴 깃발을 들고, 12신(神)이 각각 자신들의 가면을 쓰는
데 예를 들어 자신(子神)은 쥐 모양의 가면을 쓰고 축신(丑神)은 소 모
양의 가면을 쓰는 것이다. 또 악공 10여 인이 도열(桃苅 복숭아나무로

---

27 『국역 임하필기 3』, 「문헌지장편」, 〈節日〉, 민족문화추진회, 1999, 4쪽.
28 국립민속박물관 편, 『한국세시풍속사전(가을편)』, 국립민속박물관, 2006, 68쪽.

만든 지팡이와 갈대 이삭으로 만든 비)을 들고 이들을 따른다. 그리고
아이들 수십 명을 가려 뽑아서 이들에게 붉은 옷에 가면을 씌워서 아
이 초라니[侲子]를 만들어서 의식이 끝날 무렵에 징을 울리며 역귀(疫
鬼)를 몰아내도록 한다. 섣달의 대나(大儺)는 광화문(光化門)과 도성의
흥인문(興仁門), 숭례문(崇禮門), 돈의문(敦義門), 숙정문(肅靖門)에서
행하는데, 아이 초라니와 방상시의 복색(服色)과 주사(呪辭)는 고려(高
麗)의 의식과 같다.[29]

　驅儺儀式은 일 년 동안의 묵은 잡귀를 쫓아내고 새해를 깨끗하게
맞이하려는 의도에서 행하였던 것이다. 이러한 풍속은 고려 靖宗 때
들어와 조선 후기까지 행해졌다. 대궐과 관아에서의 이와 같은 풍속
은 고려와 조선 초기에 觀象監에서 행했던 大儺儀式의 遺俗이라 할
수 있다.[30]

2. 민속놀이

　『임하필기』에 나타난 민속놀이는 세시풍속보다 그 내용이 구체적
이다. 이에 대하여 살펴보기로 하자.[31]

29　『국역 임하필기 3』, 「문헌지장편」, 〈儺禮〉, 민족문화추진회, 1999, 391쪽.
30　국립민속박물관 편, 『한국세시풍속사전(겨울편)』, 국립민속박물관, 2006, 233쪽.
31　민속놀이의 경우, 궁중놀이와 민간놀이로 나누어 논의할 수도 있지만, 여기서는
　　편의상 구분하여 다루지 않았음을 밝힌다.

(1) 紙鳶

연날리기는 정초에 많이 행하는 놀이의 하나이다. 그 내용을 제시하면 다음과 같다.

> 대성(臺城)이 적군에게 포위당했을 때 양(梁)나라 무제(武帝)가 지연으로 성 밖에 위급을 알렸으나 지원병이 오지 않았다. 김수변(金守汴)이 말하기를, '지연을 만든 다음 그 위에 문서를 얹어서 띄워 보내되 북영(北營)에 이르면 줄을 끊어서 사로잡혀 간 자들을 이끌어 냅시다.' 하니, 식자(識者)들이 재상(宰相)에게 이르기를, '그 방법으로 적을 물리치기는 어렵습니다.' 하였다. 그러나 당나라의 장비(張伾)는 임명(臨洺)을 지키고 있다가 전열(田悅)에게 공격을 당했을 때에 마수(馬燧) 등의 구원병이 오지 않자 장비가 급히 지연을 띄웠는데, 그 지연이 전열의 진영을 지나갈 때 전열이 활을 쏘았으나 지연에 미치지 못하였으므로 그 지연은 무사히 마수의 진영에 떨어졌다. 그 지연에 '3일 이내에 구원해 주지 않는다면 임명 사람들이 전열에게 궤멸당할 것이다.'라는 말이 있는 것을 보고 마수 등이 드디어 진군하여 포위를 풀었으니, 이 지연도 때로는 구제용으로 쓰인다. 우리나라에서는 지연으로 놀이를 하는데, 정월 초하룻날 시작하여 대보름에 끝낸다.[32]

중국의 고사와 우리나라의 연날리기에 대하여 간단히 언급하고

---

32 『국역 임하필기 7』, 「화동옥삼편」, 〈紙鳶〉, 민족문화추진회, 2000, 147~148쪽.

있는데, 우리나라의 연날리기에 대한 내용은 자료적 가치가 없다. 그러나 전쟁 때 구제용으로 사용했다는 중국의 고사는 참고할 만하다.

(2) 踏橋놀이

정월 보름날 밤에 사람들이 거리로 나와 다리를 밟는데, 이를 踏橋 또는 다리밟기라고 한다.

영묘조(英廟朝)에 일찍이 대궐 안에 실록청(實錄廳)을 설치하여 당상관과 낭청이 병직(竝直)하였는데, 대제학은 백하(白下) 윤순(尹淳)이고, 낭청은 충정공(忠靖公) 김재로(金在魯), 충헌공(忠憲公) 송인명(宋寅明), 풍원(豐原) 조공(趙公), 오천(梧川) 이종성(李宗城)이었다. 상원일(上元日) 밤을 맞아 금천교(禁川橋)에서 답교놀이를 하기로 약속하였는데, 마침 문형(文衡)을 입시(入侍)하게 하라는 명이 있어 윤공은 함께하지 못하였다. 여러 낭청들이 '사모답교(紗帽踏橋)'로 제목을 내어 시를 지어 서로 보여 주었다. 뒤에 네 낭청은 서로 이어 입각하였는데 윤공만은 들지 못하였으니, 정승이 되지 못할 운명이어서 답교 모임에 함께하지 못한 것인가. 내가 일찍이 갑진년(1844, 헌종10) 상원일에 한각(翰閣)의 동료들과 함께 금천교를 밟으면서 그 일을 들어 우스갯소리를 하였다. 함께 놀던 사람은 규재(圭齋) 남병철(南秉哲), 주계(周溪) 정기세(鄭基世), 송간(松澗) 조병준(趙秉駿), 풍계(楓溪) 김세균(金世均), 양곡(暘谷) 조봉하(趙鳳夏) 등 제공(諸公)으로서 모두 경재(卿宰)에 올랐고, 나 혼자만 먼저 정승이 되었다. 전후의 일이 현격하게 다르게 된

것을 스스로 부끄럽게 여겼다.[33]

　다리밟기[踏橋]라는 것이 있는데, 고려의 풍속에서 다리 병을 물리
치는 놀이로 하였던 것이다. 속담에, '하룻밤에 열두 다리를 밟으면 열
두 달의 재액을 없앨 수 있다.' 하였는데, 임진왜란 후에 이 풍속이 점
점 사라졌다.[34]

　英祖 때 사대부들의 금천교에서의 답교놀이 일화와 이유원과 동
료들의 금천교에서의 답교놀이, 그리고 고려의 풍속에서 다리 병
을 물리치는 놀이로 다리밟기를 하였다는 기록과 속담에 '하룻밤
에 열두 다리를 밟으면 열두 달의 재액을 없앨 수 있다'는 내용이
다. 이유원은 문헌에 나타난 답교놀이와 자신이 금천교에서 실제
로 행했던 다리밟기를 기록으로 남기고 있다. 원래 다리밟기는 중
국의 한나라나 당나라 때부터 있어 왔던 고대의 풍습이다.[35] 그런
데 『동국세시기』를 보면, "이수광의 『지봉유설』에는 정월 보름날
밤의 다리밟기는 고려 때부터 시작되었다."[36]고 하였는데, 이는 잘
못인 듯하다. 위의 인용문에 있는 다리밟기 기사는 자료적으로 가
치가 있다고 하겠다.

33　『국역 임하필기 6』, 「춘명일사」, 〈紗帽踏橋〉, 민족문화추진회, 2000, 128~129쪽.

34　『국역 임하필기 7』, 「화동옥삼편」, 〈上元雜事〉, 민족문화추진회, 2000, 144쪽.

35　이강로, 『세시풍속과 민속놀이』, 세종대왕 기념 사업회, 1988, 78쪽. 다리밟기는
　　고려 때 성행되고 풍기가 문란해서 금지한 일도 있었다.(같은 책, 같은 곳.)

36　최대림, 앞의 책, 53쪽.

(3) 處容舞

처용놀이는 매년 除夜 전날 밤에 궁중에서 한다.

처용놀이는 신라에서 시작된 것이다. 헌강왕(憲康王) 때에 어떤 신인(神人)이 개운포(開雲浦)에 나타나서 왕도(王都)로 들어왔는데 그가 이 가무(歌舞)를 잘하였다고 한다. 세종(世宗) 때에는 그 가사를 고쳐 짓고서 이름하여 봉황음(鳳凰吟)이라 하였으며, 세조(世祖) 때에는 그 제식(制式)을 늘려서 연주하였다. 처음에는 승도(僧徒)들의 불공드리는 것을 모방하여 여러 기생들이 함께 영산회상(靈山會相)을 제창(齊唱)하고 악공(樂工)들이 각기 악기를 가지고 연주를 하며 한 쌍의 학인(鶴人)과 다섯의 처용(處容)과 열 사람의 가면(假面)들이 모두 이를 따른다. 또 연화대희(蓮花臺戲)를 하는데 연못 앞에 큰 연꽃봉오리를 만들어 놓고는 작은 기생이 그 안에 들어가서 보허자(步虛子)를 음악으로 연주한다. 그리고 쌍학(雙鶴)이 그 곡을 따라서 춤을 추다가 나아가서 연꽃봉오리를 터뜨리면 한 쌍의 작은 기생이 연꽃 속에서 뛰쳐나와 뛰면서 춤을 춘다. 그리고 또 다른 기생이 나무아미타불을 부르다가 다시 관음찬(觀音贊)을 하면서 세 바퀴를 두루 돌아서 밖으로 나오는 것이다. 그런데 창경궁에서는 기악(妓樂)을 쓰고 창덕궁에서는 가동(歌童)을 쓰는바, 먼동이 틀 때까지 음악을 연주하고 악공과 기생들에게 각각 포물(布物)을 내려 주어서 벽사(辟邪)를 하도록 한다.[37]

---

37 『국역 임하필기 3』, 「문헌지장편」, 〈處容舞〉, 민족문화추진회, 1999, 51~52쪽.

29

위의 인용문을 보면, 처용놀이의 유래와 처용가무의 형성, 궁중에서의 행사 등을 기록으로 남기고 있다. 그런데 위의 기록은『용재총화』에 실린 내용보다 더 자세하지도 않을 뿐만 아니라, 그 내용도 유사하다.[38] 아마 이유원이 성현의『용재총화』에 수록된 내용이나 아니면『용재총화』의 내용을 보고 기록으로 남긴 다른 문헌을 참고하여 기술한 듯하다.

(4) 觀火
觀火는 불꽃놀이를 말하는데, 처용놀이와 연관이 있다.

> 관화례(觀火禮)는 군기시가 주관하는데, 두꺼운 종이를 겹겹이 겹쳐 만든 포통(砲筒) 안에 석유황(石硫黃), 염초(焰硝), 반묘(斑猫), 유회(柳灰) 등을 채우고는 그 끝에 불을 붙이는 것이다. 그러면 연기가 나고 불길이 치솟아서 포통의 종이가 모두 파열하면서 그 소리가 천지를 진동한다.[39]

불꽃놀이 과정을 간단하게 소개하고 있는데, 앞서 언급한 처용놀이와 마찬가지로『용재총화』에 수록된 내용이나 아니면『용재총화』의 내용을 보고 기록으로 남긴 다른 문헌을 참고하여 기술한 것 같다.『동국세시기』를 보면, "觀火는 궁중에서 하던 儺禮의 역질 귀신

---

38 졸고, 앞의 논문, 「용재총화에 나타난 민속 연구」, 249~250쪽 참조.
39 『국역 임하필기 3』, 「문헌지장편」, 〈處容舞〉, 민족문화추진회, 1999, 52쪽.

을 쫓는 행사의 유풍으로 중국의 풍습을 모방한 것인데, 우리나라에
서는 궁중 안에서만 이런 행사를 한다."[40]고 하였다. 위의 기록으로
짐작컨대, 조선 후기에는 조선 전기보다 그 행사가 축소된 듯하다.[41]

(5) 儺禮

驅儺 의식은 섣달 그믐날 밤인 除夕의 前夜에 하는데, 관상감에서
주관한다.

> 구나(驅儺)에 관한 일은 관상감(觀象監)이 이를 주관한다. 제석(除
> 夕)에 악공(樂工) 한 사람이 창사(唱師)가 되어 붉은 옷에 가면(假面)을
> 쓰고, 방상시(方相氏) 4인이 황금빛 나는 네 개의 눈이 달린 가면에 곰
> 가죽을 쓰고, 지군(持軍) 5인이 붉은 옷에 화립(畫笠)을 쓰고, 판관(判
> 官) 5인이 연두색 옷에 화립을 쓰고, 조왕신(竈王神) 4인이 청포(青袍)
> 에 목홀(木笏)을 들고, 초라니[小梅] 몇 사람이 여자 모습의 가면을 쓰
> 고 대가 긴 깃발을 들고, 12신(神)이 각각 자신들의 가면을 쓰는데 예
> 를 들어 자신(子神)은 쥐 모양의 가면을 쓰고 축신(丑神)은 소 모양의 가
> 면을 쓰는 것이다. 또 악공 10여 인이 도열(桃茢 복숭아나무로 만든 지

---

40 최대림, 앞의 책, 128쪽.
41 졸고, 앞의 논문, 「용재총화에 나타난 민속 연구」, 250~251쪽 참조. 『동국세시기』
　에는 "대궐 안에서 제석 전날부터 대포를 쏘는데, 이를 年終砲라 한다. 火箭를 쏘고
　징과 북을 올리는 것은 곧 大儺의 역질 귀신을 쫓는 행사의 남은 제도이다."라고 하
　였다. 이로써 보면, 『동국세시기』 저작 당시에는 이미 변형되었던 것을 짐작할 수
　있다.(李杜鉉 外 2人, 앞의 책, 259쪽.) 觀火는 조선 후기에 이르면 축소 뿐 아니라 변
　형되었을 가능성도 있다. 그러나 위의 인용문만으로는 변형되었다고 언급하기가
　어렵다.

팡이와 갈대 이삭으로 만든 비)을 들고 이들을 따른다. 그리고 아이들
수십 명을 가려 뽑아서 이들에게 붉은 옷에 가면을 씌워서 아이 초라
니[侲子]를 만들어서 의식이 끝날 무렵에 징을 울리며 역귀(疫鬼)를 몰
아내도록 한다. 섣달의 대나(大儺)는 광화문(光化門)과 도성의 흥인문
(興仁門), 숭례문(崇禮門), 돈의문(敦義門), 숙정문(肅靖門)에서 행하는
데, 아이 초라니와 방상시의 복색(服色)과 주사(呪辭)는 고려(高麗)의
의식과 같다. 관상감 관원이 나자(儺者)를 거느리고 새벽에 근정문(勤
政門) 밖에 나아가면 승지가 역귀를 쫓을 것을 계청한다. 그러면 내정
(內庭)으로 들어가서 서로 창화(唱和)하며 사방에다 대고 부르짖기를
마친 뒤 북을 치고 떠들면서 광화문으로 나오는데, 매 대(隊)마다 횃불
을 든다. 마침내 사문(四門)의 성곽 밖에 이르면, 봉상시(奉常寺)의 관
원이 미리 수탉과 술을 준비하고 있다가 나자가 문을 나오려고 하면
문 가운데에 신석(神席)을 펴고 희생(犧牲)의 가슴을 벽고(䠟辜)하여
찢어서 신석의 서쪽에 자리를 깔고 제사를 지낸 뒤, 끝나면 닭과 축문
을 땅에 묻는다.[42]

驅儺의 주관 관청 및 의식 행사에 대한 기록은『용재총화』의 내
용[43]과 유사하다. 그러나 위의 인용문 중 "관상감 관원이 儺者를 거
느리고~끝나면 닭과 축문을 땅에 묻는다."는 부분은『용재총화』에
는 없는 내용이다. 그러므로 이 기록은 자료적 가치가 있다고 하겠

---

42 『국역 임하필기 3』,「문헌지장편」,〈儺禮〉, 민족문화추진회, 1999, 391쪽.
43 驅儺의 주관 관청과 의식 행사 등에 대한 자세한 내용은『용재총화』제1권(南晚星
   譯,『慵齋叢話』, 良友堂, 1988, 50~51쪽.)에 실려 있다.

다.[44] 조선 후기에 儺禮 의식이 변모되었을 가능성도 있는 듯하다. 그리고 앞에서 언급한 處容舞와 觀火는 儺禮와 관련이 있다.

(6) 假面과 山棚戲·橦絚戲

『임하필기』에는 假面과 山棚戲와 橦絚戲에 대한 기록이 있다. 이를 제시하면 다음과 같다.

> 가면은 『주례(周禮)』 방상시(方相氏)에서 기원하니, 황금 눈이 네 개 달린 가면을 만들어 귀신을 쫓았던 것이다. 『후한서(後漢書)』 「예의지(禮儀志)」에 '대나(大儺)의 의식이 있으며, 짐승을 그린 나무 가면으로 나(儺)를 행한다.'라고 한 것이 그 시초이다. 북제(北齊) 난릉왕(蘭陵王) 고장공(高長恭)이 가면을 쓰고 주(周)나라 군대와 금용성(金墉城) 아래에서 전투를 하였는데, 제(齊)나라 사람들이 그것을 장하게 여겨 난릉무(蘭陵舞)라 하였다. 송(宋)나라 적청(狄靑)은 전투를 할 때마다 철면(鐵面)을 휴대하였다. 철로 만든 것은 군중에서 사용하는 것이었기 때문이다. 우리나라에 있는 산붕희(山棚戲)·동환희(橦絚戲)는 모두 목원(木榞)을 사용하였으며, 삼남 지방에 많이 있다. 옛날에 칙사를 맞이할 때 길 왼편에 도열하였다. 또 절구에 옷을 입혀 문 앞에 서 있는 부인의 자태를 형상한 것이 있었는데, 지금은 모두 없어졌다.[45]

---

44 儺禮는 『오례의』에도 있지만, 중요한 것은 당시 실제로 행했던 내용을 기록으로 남기고 있어 자료적 가치가 있다.

45 『국역 임하필기 7』, 「순일편」, 〈假面〉, 민족문화추진회, 2000, 20쪽.

假面의 기원과 시초에 대하여 중국 문헌을 참고·인용하고, 중국의 고사를 예로 든 후, 우리나라의 山棚戱와 橦絙戱의 재질과 많이 행하는 지역 등을 언급하고 있다. 『미암일기』에 山臺놀이·綵棚놀이·輪棚놀이·鼇山雜戱 등의 기록이 있는바, 궁중이나 민간에서 성행한 것으로 보인다. 특히 중국의 사신들이 올 때마다 공연장을 마련하여(주로 궁궐이나 四大門 大路에서 공연한 듯함.) 이 같은 놀이와 才人들의 공연을 실시하게 하였다는 기사가 있다.[46] 이로써 짐작컨대 이러한 놀이들이 16세기까지 행해졌던 것으로 보인다. 그런데 위의 인용문을 보면, 山棚戱·橦絙戱의 경우 이유원이 생존했던 19세기에는 사라진 듯하다. 위의 인용문의 내용은 자료적으로 가치가 있다.

(7) 投壺

投壺는 화살을 병 속에 던져 넣어서 승부를 가리는 놀이이다.

> 성현(成俔)이 이르기를, '조정에서는 매번 상사일(上巳日)과 중양절(重陽節)에 기로연을 보제루(普濟樓)에서 베풀고 또 기영연(耆英宴)을 훈련원(訓鍊院)에서 베푸는데, 모두 술과 음악을 하사한다. 기로연은 전함(前啣)의 당상(堂上)들이 나아가고, 기영연은 정1품 이상의 종실, 70세 이상이면서 2품 이상인 재신(宰臣), 경연(經筵) 당상관이 나아간다. 예조 판서가 살펴 잔치를 주도하고 승지도 명을 받들고 나아간다. 짝을 지어 투호(投壺) 놀이를 하는데, 진 자가 술잔을 가져다가 이긴 자

---

46 졸고, 「미암일기에 나타난 민속 일고찰」, 『동아시아고대학』 15집, 2007, 384~386쪽.

에게 주어 그 자리에서 마시도록 한다. 악장(樂章)을 연주하여 흥을 돋
운다. 마침내 잔치를 열게 되면 사죽(絲竹)으로 만든 여러 악기를 크게
벌이되 각각 차례대로 하며, 술잔을 서로 전하여 반드시 취한 뒤에야
그만두었다. 날이 저문 뒤에 부축을 받고 나오니, 이 모임에 참석할 수
있는 것을 사람들이 모두 영예로이 여겼다.' 하였다.[47]

投壺는 조정에서 매년 上巳日과 重陽節에 耆老宴과 耆英宴을 베풀
고 술과 풍악을 하사할 때 하던 놀이이다. 위의 기록은 이유원이 성
현의 『용재총화』에 수록된 내용을 인용한 것으로 보인다. 『禮記』에
보면, 投壺는 주인이 손님을 대접하는 한 방법으로 했다고 한다. 이
놀이는 대개 궁중이나 상류층에서 하던 놀로, 삼국시대에 중국에
서 들어와 널리 행하게 되었다.[48]

(8) 陞官圖·選仙圖·陞卿圖

陞官圖는 높고 낮은 벼슬자리를 종이 위에 벌여 놓고 明瓊을 던져
서 점수의 많고 적음에 따라 올라가고 내려가는 것을 정하는 놀이이
다. 選仙圖는 주사위를 사용하여 색깔을 견주어 列仙에 이르는 놀이
이다. 陞卿圖는 일명 從政圖라고도 하는데, 河崙이 만든 것으로 벼슬
의 종류를 품계에 따라 차례로 넓은 종이에 써놓고 주사위를 굴려서
정한 규칙에 따라 올라가기도 하고 내려가기도 하게 만든 놀이이다.

---

47 『국역 임하필기 4』, 「문헌지장편」, 〈耆老宴〉, 민족문화추진회, 1999, 110쪽.
48 이강로, 앞의 책, 223쪽.

세속의 대국(對局) 놀이에 승관도라는 것이 있다. 높고 낮은 벼슬자리를 종이 위에 벌여 놓고 명경(明瓊)을 던져서 점수의 많고 적은 것을 가지고 올라가고 내려가는 것을 정한다. 상고하건대, 당나라 방천리(房千里)의 『투자선격서(骰子選格序)』에 이르기를, '혈격(穴骼)을 가지고 쌍쌍이 짝을 지어 놀이를 한다. 번갈아 가며 판 위에 던져서 숫자의 많고 적은 것을 가지고 관직에 나아가는 차등을 정한다. 숫자가 많으면 귀하게 되고 숫자가 적으면 천하게 된다. 그래서 하급 관리가 되고 만자도 있고 귀하게 장상(將相)이 되는 자도 있다.' 하였다. 일명 백관탁(百官鐸)이라고도 하는데, 명나라 예홍보(倪鴻寶 예원로(倪元璐))가 만들었다 하나 당나라 이래로 이미 있어 왔다. 또 송나라 때에 선선도(選仙圖)가 있었는데, 또한 주사위를 사용하여 색깔을 견준 결과 제일 나은 자가 산선(散仙)이 되고 그다음이 상동선(上洞仙)이 된다. 이러한 식으로 점점 봉래(蓬萊)·대라(大羅) 등 열선(列仙)에 이르니, 역시 채선격(彩選格)의 일종이다. 『요사(遼史)』에 의하면, '흥종(興宗)이 사람을 쓸 때 자신이 직접 고르지 않고 각자 주사위를 던지게 해서 이긴 자를 뽑아서 벼슬을 시켰다.' 하였으니, 정말로 주사위를 가지고 벼슬아치를 뽑았던 것이다. 우리나라에는 승경도(陞卿圖)라는 것이 있는데, 일명 종정도(從政圖)라고도 한다. 또 남승도(覽勝圖)라는 것도 있는데, 이와 비슷하게 판을 늘어놓는다.[49]

위의 내용을 보면, 陞官圖와 選仙圖의 중국(唐·宋)에서의 유래와

---

49 『국역 임하필기 7』, 「화동옥삼편」, (陞官圖), 민족문화추진회, 2000, 147쪽.

놀이 방식, 그리고 陞官圖를 만든 사람과 우리나라에서 행했던 陞卿圖에 대하여 언급하고 있다. 그런데 우리나라에서도 극락과 지옥 사이의 道程을 종이에 도면으로 그려 놓고 주사위를 던져 올라가고 내려가게 하여 승부를 결정하는 佛家의 놀이인 成佛圖가 있다.[50] 陞卿圖는 陞官圖와 成佛圖, 특히 陞官圖를 참고 모방하여 만든 것으로 추정된다. 위의 기록은 자료적으로 가치가 있다.

(9) 石戰

石戰은 정월 대보름날 사람들이 양쪽으로 나누어 서로 돌팔매질을 하는 편싸움이다.

> 안동(安東)과 김해(金海) 두 부(府)의 풍속에, 매년 정월 16일이 되면 돌을 던져 놀이를 함으로써 승부를 겨룬다. 정덕(正德) 경오년(1510)에 왜적이 침입하여 노략질을 하자, 방어사(防禦使) 황형(黃衡)과 유담년(柳聃年)이 두 부의 돌팔매질을 잘하는 자를 모집하여 선봉(先鋒)을 삼아 마침내 왜적을 대파하였다.[51]

위의 내용은 문헌을 참고하여 1510년에 있었던 사실을 기록한 것이다. 石戰은 본래 우리의 고유한 세시풍속의 하나이다. 石戰은 고대의 농경의례에서 비롯된 것으로, 고구려시대에는 尙武的 儀禮로 시

---

50 졸고, 앞의 논문, 「용재총화에 나타난 민속 연구」, 252쪽 참조.
51 『국역 임하필기 5』, 「문헌지장편」, 〈嶺南三邑石戰〉, 민족문화추진회, 1999, 407쪽.

행되기도 하였다고 한다.[52] 위의 내용은 왜구의 침략을 물리친 실화를 기록한 문헌을 참고하여 쓴 것이다.

(10) 宣和牌

宣和牌는 骨牌를 말하는데, 두 사람 혹은 네 사람이 둘러앉아서 한 짝을 내고 한 짝을 맞추고 하는 놀이이다.

> 선화패는 바로 골패(骨牌)이다. 『홍서(鴻書)』에 이르기를, '아패(牙牌)는 서른두 짝에 모두 227점을 기록하였으니 성신(星辰)을 살피는 것이고, 천패(天牌)는 두 짝에 24점을 기록하였으니 하늘의 24절기를 형상화한 것이고, 지패(地牌)는 두 짝에 4점이니 땅의 동서남북을 형상화한 것이고, 인패(人牌)는 두 짝에 16점이니 사람의 인의예지(仁義禮智)는 인성(人性)의 벼리로서 측은(惻隱)히 여기고 부끄러워하고[羞惡] 사양(辭讓)하고 시비(是非)를 가리는 마음으로 발로됨을 형상화한 것이다. 화패(和牌)는 두 짝에 8점이니 태극 원기(太極元氣)가 여덟 절기 사이에 유행하는 것을 형상한 것이다.' 하였다.[53]

위의 내용은 『鴻書』를 인용하여 宣和牌의 牙·天·地·和牌의 점수와 그 의미를 기술한 것이다. 자료적 측면에서 나름대로 참고할만한 것 같다.

---

52 李杜鉉 外 2人, 앞의 책, 223쪽.
53 『국역 임하필기 6』, 「춘명일사」, 〈宣和牌〉, 민족문화추진회, 2000, 107쪽.

(11) 葉子戱와 投牋

葉子戱와 投牋에 대한 내용인데, 우리나라에서 행했던 투전은 노름의 일종이다.

> 구양공(歐陽公)이 이르기를, '당나라 사람들이 모이는 자리에는 엽자격(葉子格)이 성행하였다. 원문(袁文)이 이르기를, 이것은 당나라의 운명을 예언한 말이다. 하였는데, 엽자(葉子)라는 두 글자를 분석해 보면, 엽(葉) 자의 절반은 입세(卄世)라는 글자이고 나머지는 목(木) 자이다. 이 목 자에 아래의 자(子) 자를 보태면 이(李) 자가 되니, 이것은 바로 입세이(卄世李)로서 당나라 20제(帝)의 숫자와 일치한다.' 하였다. 『남당서(南唐書)』에는, '이후주(李後主)의 비(妃) 주씨(周氏)가 또 금엽자격(金葉子格)을 만들었다.' 하였는데, 바로 오늘날의 지패(紙牌)이다. 우리나라에서는 투전(投牋)을 지패라고 하는데, 중국의 제도와 같으면서도 약간 다르니, 내가 일찍이 보았던 것이다.[54]

葉子戱의 일화와 紙牌의 시초, 그리고 우리나라 投牋에 대한 간단한 언급과 함께 이유원이 실제로 보았다는 기록이다. 여기서는 葉子戱의 일화와 紙牌의 시초에 대한 내용이 참고할만한 듯하다.

(12) 骰子와 小骰戱

骰子와 小骰戱는 주사위로 하는 놀이이다. 그 내용은 다음과 같다.

---

54 『국역 임하필기 7』, 「화동옥삼편」, 〈葉子戱〉, 민족문화추진회, 2000, 146쪽.

주사위는 본래 위(魏)의 진사왕(陳思王 조식(曹植))이 만든 것인데, 사기를 구워서 만든 것이다. 『설부(說郛)』에 이르기를, '박투(博骰)는 본래 질박하게 만들었는데, 당나라 때에 와서 뼈를 파서 구멍을 내고 거기에 주묵(朱墨)을 섞어서 칠한 다음 다시 붉은 상사자(相思子)를 취하여 구멍 속에 넣었다. 지금 주사위는 네 개의 구멍 위에 붉은색이 가해졌는데, 역시 본받은 바가 있는 것이다.' 하였다. 『언청(言鯖)』에는 이르기를, '당나라 때의 투경(投瓊)은 한 점만 붉은색을 칠하고 나머지 다섯 점은 모두 검은색을 칠하였다. 이동(李洞)의 시구에 여섯 개의 붉은색은 도장을 던져 놓은 듯[六赤重新投印成]이라는 말이 있다. 또 혈격(穴齡)이라 이름하고, 혹은 명경(明瓊)이라고도 하며, 혹은 투자(投子)라고도 하는데, 대개 투척(投擲)의 뜻을 취한 것이다. 남당(南唐) 때 의조(義祖) 앞에서 박희(博戲)를 하면서 여섯 개의 주사위를 손에 거머쥐고는, 정말 지지 않으시려거든 공은 한 번 던져서 모두 붉은 면이 나오게 하시오. 하였는데, 주사위를 던지자 과연 여섯 개의 주사위가 모두 붉은 면이 나왔으니, 이른바 육홍(六紅)이다.' 하였다. 우리나라에는 소투희(小骰戲)가 있으니 12조 각에 2·4·7은 붉은색으로 만들고 상격(上格)이라 칭하는데, 위의 놀이에 가깝다.[55]

骰子를 만든 사람, 재질, 만드는 방법 및 일화, 그리고 우리나라 小骰戲에 대하여 간단하게 언급한 내용이다. 骰子를 만든 사람, 재질, 만드는 방법 및 일화에 대한 기록은 참고할만한 것 같다.

---

55 『국역 임하필기 7』, 「화동옥삼편」, 〈骰子〉, 민족문화추진회, 2000, 146쪽.

Ⅲ. 세시풍속과 민속놀이에 대한 종합적 평가

본고는 지금까지 『임하필기』에 나타난 세시풍속과 민속놀이에 대하여 살펴보았다. 앞에서 논의한 사항들을 종합하여 결론으로 삼겠다.

세시풍속의 경우, 내용도 간단할 뿐만 아니라, 19세기에 행했던 세시풍속보다는 주로 조선 전기나 후기 문헌들에 수록된 세시풍속을 참고 인용하여 기록으로 남기고 있다. 그리고 이유원이 참고한 문헌들을 밝히지 않은 부분도 있어 출전을 확인하기가 어렵다. 이런 점에서 한계를 노출시키고 있다. 그럼에도 불구하고 元朝 때 행했던 聽讖의 유래와 변모, 上元 시 행했던 곡식 이삭 늘어놓기 행사, 花朝 풍속 행사의 토착성, 上巳日에 雪糕를 만들어 먹는 풍속의 고유성, 除夕 때 행했던 儺禮儀式 등은 주목할 만하다.

민속놀이의 경우, 내용이 세시풍속보다는 길지만, 전체적으로 볼 때 간단한 편이다. 그리고 19세기에 행했던 민속놀이보다는 주로 조선 전기나 후기 문헌들에 수록된 민속놀이를 참고 인용하여 기록으로 남기고 있다. 아울러 필자가 본 논문에서 언급한 민속놀이의 반 정도가 중국의 문헌을 인용하고 있을 뿐만 아니라 우리 민속놀이보다 먼저 제시하고 있고, 내용소개도 우리 것보다 길다. 또 세시풍속보다는 덜 하지만 참고한 문헌들을 밝히지 않은 부분도 있어 출전을 확인하기도 쉽지 않다. 이로 인해 아쉬움을 주고 있다. 그러나 紙鳶을 전쟁 때 구제용으로 사용했다는 중국의 고사, 이유원의 금천교에서의 다리밟기, 나례 의식 행사 중 새벽 근정문 밖에서 승지가 역귀 쫓는 계청서부터 끝나는 부분, 假面의 기원과 시초, 山棚戲와 橦絚戲

의 재질과 많이 행하는 지역, 陞官圖와 選仙圖의 중국(唐·宋)에서의 유래와 놀이 방식, 陞官圖를 만든 사람, 宣和牌의 牙·天·地·和牌의 점수와 의미, 葉子戲의 일화와 紙牌의 시초, 骰子를 만든 사람, 재질, 만드는 방법 및 일화 등은 참고가 되거나 자료적으로 가치가 있다.

그러므로『임하필기』에 나타난 세시풍속과 민속놀이는 민속학적으로 의미가 있다

제2장

개화기 서양인이 본
한국의 의례

Ⅰ. 서양인들이 남긴 개화기 한국에 관한 기록물

朝鮮은 19세기로 들어서면서 격변기를 맞고 있었다. 대내적으로는 봉건적인 질서체제를 타파하고 근대화를 추진해야 한다는 도전과 대외적으로는 외세의 침략을 방어해야 하는 이중적인 과제를 안고 있었다. 다시 말해 보수파와 개화파의 갈등과 民으로부터의 변혁의 요구, 그리고 제국주의 열강의 침투 등으로 정치·사회적인 혼란이 가중되었고, 사회 전반에 걸쳐 변화를 초래하게 되었다. 특히 1876년 강화도조약을 계기로 조선은 일본에 의해 강제적으로 개항하기에 이르렀고, 이로 인해 서양문명과 접촉하게 되었다. 그에 따라 서양인들이 조선에 들어오면서 조선이라는 나라가 서양에 알려지기 시작하였다. 1882년 조선은 미국과의 수호통상조약을 시발로 독일·영국·러시아·프랑스 등 서양의 여러 나라와 차례로 통상외교 관계를 맺으면서 새로운 세계 질서 속에 편입되었다. 물론 그 이전에도 한국에 대한 서양인들의 관심이 없었던 것은 아니지만, 19세기 말 한국이 세계 질서 속에 공식적으로 모습을 나타내면서 그들의 관심은 다양한 형태로 나타났다.

19세기 말에서 20세기 초까지 한국에 온 서양인들은 대개 외교관·군인·의사·교육자·상인·기자·선교사·직업적인 여행가나 탐험가 등 다양하였다. 이들은 한국에 온 목적을 달성하기 위해 한국 사회 전반에 대한 보다 정확한 이해를 필요로 하였다. 그러므로 자신들이 축적하고 있던 지식과 경험 등을 토대로 한국의 정치·경제·사회·문화·역사·언어·교육·지리·종교·풍속 등을 조사·연구하고 그 결과를 정리하여 논문으로 발표하거나 책으로(주로) 출판하였다. 다양한 직업과 목적을 가지고 한국 사회 전반을 관찰하고 정리한 기록물들은 서양인들에게 한국을 알리는데 크게 기여하였을 뿐만 아니라 한국에 대한 그들의 인식 형성에도 중요한 기반으로 작용하였다.[1] 우리가 알고 있는 오페르트의 『금단의 나라 조선』(A Forbidden Land : *Corea*, New York, 1880), 그리피스의 『은자의 나라 한국』(*Corea : The Hermit*

---

1 이배용, 「서양인이 본 한국근대사회」, 『梨花史學硏究』 第28輯(梨大 史學硏究所, 2001, 105쪽.; 최덕수, 「개화기 서양이 바라 본 한국인·한국역사」, 『민족문화연구』 제30집, 한성대, 1997, 127~128쪽 ; 윤승준, 「개화기 한국을 소재로 한 영문소설」, 『개화기 한국과 세계의 상호 이해 −제2부 : 개화기 한국과 서양의 상호 이해』, 단국대 동양학연구소 중점연구소 연구과제 학술세미나 발표요지집, 단국대 동양학연구소, 2002, 55쪽 참조.

Nation, New York, 1882), 칼스의 『조선풍물지』(*Life in Korea*, Macmillian, 1888), 새비지-랜도어의 『고요한 아침의 나라 조선』(*Corea : Land of Morning Calm*, London, 1895), 비숍의 『조선과 그 이웃 나라들』(*Korea and Her Neighbors*, New York, 1897), 언더우드의 『상투의 나라』(*15 Years Among Top-Knots*, Boston, 1904) 등을 그 예로 들 수 있다.

일종의 여행기 또는 기행문 성격의 이 기록물들은 한국의 역사, 정치, 경제, 사회, 문화, 지리, 종교 등 한국 전반에 관한 각종 정보를 총망라하여 소개하고 있다. 그런데 기록자가 의도적이었든 아니었든 간에 소위 '오리엔탈리즘'이라는 말로 축약되는 문화적·인종적[2]· 지적 우월감과 종교적 선입견 등을 기초로 기술하였다면 상당한 위험성을 내포하고 있다.[3] 이 점에 유의하면서 서양인들이 남긴 개화기 한국에 관한 기록물을 검토하는 데에는 매우 신중한 접근태도가 요망된다.

19세기 말에서 20세기 초 낯선 나라에 온 서양인들은 한국의 문화와 생활에 대하여 깊은 관심을 가졌는바, 이에 대한 상세한 소개를 기록으로 남기고 있다. 그 가운데 서양인들은 자기 나라와는 판이한 한국의 의례 문화에 대하여 관심을 가졌고, 자신들이 보고 느낀 것

---

2 특히 선교사들은 복음전파라고 하는 백색 우월주의에 사로잡혀 있었다. 그러나 모두 백색 우월주의에 사로잡혀 있었던 것은 아니었다. 그 대표적인 인물로 알렌을 들 수 있다. 알렌은 한국의 무속을 야만시 하지도 않았으며 가급적이면 그것은 이해하려고 노력했다. 그는 오히려 조선에서의 기독교 포교는 선교사들에게 더 문제가 있다는 생각을 가지고 있었다.(신복룡, 「개화기 서양인의 한국관」, 『코리아 스케치』, 국립민속박물관, 2002, 22~23쪽 참조.)

3 참고로 19세기는 西勢東漸의 제국주의적 현실논리가 강한 시기였음을 인식할 필요가 있다.

을 나름대로 기록하였다. 이 중에는 한국의 의례 문화에 대하여 잘 못 이해한 부분도 있다. 그러나 이러한 기록물들은 당시의 우리의 의례 문화를 이해하는데 많은 참고가 된다는 사실을 인식할 필요가 있다. 아울러 국제 교류가 활발한 오늘날에 있어서도 우리에게 시사하는 바가 크다는 점을 간과해서는 안 될 것이다. 따라서 이에 대한 논의는 개화기 서양인의 한국의 의례 문화에 대한 인식 태도를 밝힐 수 있을 뿐만 아니라 현재적 관점에서 한국의 의례 문화에 대한 이해를 위해서도 필요한 작업이라고 생각된다.

본고에서는 개화기 서양인이 본 한국의 의례(관·계례, 혼례, 상례)에 대하여 살펴보고, 이를 토대로 서양인의 한국의 의례에 대한 이해와 그 한계를 구명하는데 논의의 초점을 맞추려고 한다.[4]

Ⅱ. 개화기 서양인이 본 한국 의례

19세기 이후 서양인들이 한국을 방문하여 수개월 혹은 수년 이상 체류하면서 한국 체험을 통해 한국 또는 한국인에 대한 인식이 본격적으로 형성되었던 것으로 보인다. 이 과정에서 한국인의 생활태도나 관습 혹은 민족적 특성 등에 관해 긍정적 평가 또는 부정적 평가를 하였다. 이러한 평가는 기록자에 따라 인식의 차이를 보이고 있

---

4 Text는 대부분 번역·소개된 자료에 의존하였다. 그런데 일부 번역 자료의 경우 오역된 부분을 발견할 수 있었다. 오역된 부분은 대개 원전을 확인하였지만, 미처 발견을 못해 미확인한 부분도 있을 수 있다. 이는 전적으로 필자의 책임이다.

다. 차이를 보이는 요인으로는 대략 다음과 같다. ① 서양인 기록자의 체류기간[5]과 체험의 깊이에서 오는 차이이다. 대체로 한국에 체류한 기간이 길고 한국의 문화와 습속을 비교적 오래 경험한 서양인들은 상대적으로 한국 사회의 발전 가능성과 한국인의 역동성을 신뢰하는 편에 가깝다.(게일, 헐버트, 맥컨지, 해밀턴, 비숍 등이 이에 속한다) 이에 비해서 한국 체류 경험이 비교적 짧고 한국에 관한 정보가 자신의 직접적 관찰이나 체험이 아니라 주로 일본을 통해서 수집한 서양인들의 경우(여기에는 그리피스, 케난, 커즌 등을 포함시킬 수 있다)에는(정보 수집 경로의 차이) 한국의 절대적 정체나 한국인의 부정적 특성을 부각하는 경향을 볼 수 있다. 다시 말해 일본에 의존한 한국 관련 정보는 당연히 일본인의 시각에서 바라 본 굴절된 정보일 가능성이 매우 높다.(편견과 정치적 이해관계를 갖고 있는 일본의 입장에서 논지를 전개한 그리피스가 대표적인 예이다) ② 서술자의 젠더의 차이(남성과 여성의 차이[6])도 인식의 편차를 낳는 한

---

5 "개항 이후 서양인들이 쓴 한국 관계 저술들을 읽을 때에는 주의할 점이 하나 있다. 1897년 대한제국 출범 이후에 다녀간 저자들은 대체로 한국, 서울에 대해 긍정적인 시각에서 책을 쓰고 있는 반면에 그 이전에 다녀간 사람들은 한국을 가난과 고통, 게으름과 불결함으로 가득찬 사회로 묘사하고 있다. 저 유명한 이사벨라 버드 비숍 여사의『한국과 그 이웃나라들』도 전반적으로 부정적인 시각에서 한국을 서술하다가 마지막 1896년 가을 이후 부분부터 달라지고 있다."(까를로 로제티 著, 서울학연구소 譯,『꼬레아 꼬레아니』, 숲과 나무, 1996, ix쪽.)

6 서양인들이 한국에 와서 가장 연민을 느낀 대상은 여성의 삶이었다.(비숍, 언더우드, 새비지-랜도어 등을 대표로 들 수 있다) 그런데 이러한 연민과는 전혀 달리 남존여비는 하층사회에나 있었던 악습이라고 주장하는 학자(길모어)도 있다. 길모어는 한국의 상류사회의 가정에서는 남편이 아내에게 반드시 경어를 썼으며, 결코 下待하지 않았다는 것이다. 그가 겪어본 바에 의하면, 여성이 비천한 대접을 받는 것은 주로 하층계급에서나 볼 수 있는 현상으로서 한국 사회의 보편적인 현상은 아니었다는 것이다. 길모어의 이러한 관찰은 이 시대의 페미니스트들에게 시

요인으로 작용했다.(비숍과 커즌의 여행기가 이에 해당된다. 특히 여성인 비숍의 글에서는 정세나 산업현황과 같은 커다란 주제보다 혼인예식이나 풍습 등과 같은 사적인 측면에 더 관심을 보이고 있다)

그런데 서양인들은 이러한 인식의 차이를 넘어서는 어떤 공통된 인식 지평 위에서 한국을 조망했던 것으로 보인다. 서양 중심주의와 오리엔탈리즘이라는 인식 지평이 그것이다. 에드워드 사이드는 푸코의 방법론을 차용하여 오리엔탈리즘 분석을 통해 서양과 동양의 이항대립이 정상/비정상, 우월/열등, 강자/약자, 성인/유아, 합리성/비합리성(미신), 선진/후진, 그리고 결국에는 문명/야만의 도식적 대립의 형태로 재생산된다는 것을 구명하였다.

19세기 말 20세기 초 한국과 한국인을 바라보는 서양인의 인식의 특징과 한계도 기본적으로 이러한 서양 특유의 인식 틀 혹은 담론의 그것들에서 크게 벗어나지 못한 것으로 보인다. 그러므로 체류기간과 체험의 깊이, 성별, 정보수집 경로, 일본에 대한 인식 등의 차이에도 불구하고 서양인들의 한국 또는 한국인상을 일차적으로 규정하는 시각은 문화적 차이를 받아들이지 못하는 서양 우월주의에 입각한 가치판단이다. 그것은 서양이 동양을 만날 때 일반적으로 나타나는 타자(Others)에 대한 서양의 자기 우월적 시각 때문이다. 한국에 대해 비교적 긍정적인 이미지를 갖고 있던 서양인들도 서양과 동양의 이원론적 구도로 문제에 접근하는 경우에는 예외 없이 한국을 전

사하는 것이다.(신복룡, 앞의 책, 26~27쪽 참조.)

근대로, 무역사성의 사회로 몰아버린다. 젠더(Gender)의 차이라는 것도 이러한 구도 하에서는 별다른 의미를 부여받지 못한다.[7]

本章에서는 이러한 사항들을 유념하면서 논의할 것이다. 특히 서양인의 한국 의례에 대한 인식태도를 파악하는 경우 반드시 유의할 필요가 있다.

1. 서양인이 본 한국 의례

서양인들이 쓴 기록물들을 살펴보면, 대부분 한국의 의례에 대해 폭넓고 심도 있게 다루고 있지 않다. 특히 출산의례나 수연례에 대한 기록은 거의 찾아보기 힘들고, 관·혼·상·제례의 경우 주로 혼례와 상례에 집중되어 있다. 출산의례의 경우 서양과는 달리 산모와 산파인 여성들만에 의해 이루어지는 의례이기에 서양인이 실제로 보고 느낄 수 있는 기회는 거의 없었던 것으로 짐작된다. 특히 출산에 대한 금기가 엄격한 우리의 출산 관행을 염두에 둔다면 서양인의 접근은 사실상 불가능했던 것으로 보인다. 관례 또한 1894년 갑오경장 때에 내려진 단발령으로 인해 상류층 일부에서만 행하던 것이었지만, 서양인이 주로 상대했던 상류층조차도 관례를 시행하지 않은

---

7 오인영, 「개화기 서구인의 눈에 비친 한국, 한국인」, 『개화기 한국과 세계의 상호 이해 ―제2부 : 개화기 한국과 서양의 상호 이해』, 단국대 동양학연구소 중점연구소 연구과제 학술세미나 발표요지집, 단국대 동양학연구소, 2002.8, 16~20쪽 참조. 서양인의 한국 관련 자료를 번역·소개한 책에 대한 간단한 설명은 신복룡의 『이방 인이 본 조선 다시 읽기』, 풀빛, 2002. 한국 관련 자료의 서양인 저자와 저술 동기는 이배용, 「서양인이 본 한국근대사회」, 『이화사학연구』 제28집, 이대 이화사학연 구소, 2001.을 참고할 것.

경우가 허다했던 것으로 짐작되는 바, 관례를 보기가 어려웠던 것으로 생각된다. 반면 혼례와 상례는 자주 볼 수 있을 뿐만 아니라, 서양인들의 의식절차와 판이하기 때문에 관심을 끌었던 것 같다. 그런데 제례는 집에서 밤에 제사를 지내기 때문에 이를 보기가 쉽지 않을 뿐 아니라, 특히 종교적인 문제와 직결된다고 인식한 때문인지 이와 관련된 기록이 매우 적다.

전체적으로 볼 때 E.B.랜디스의 관례와 상례 논문을[8] 제외하고는 대부분 간단한 나열식 소개나 일반적인 설명에 불과할 뿐이다. 그런데 서양인들의 기록이 하층민 위주인지 아니면 사대부계층 위주인지, 그렇지 않으면 이 둘을 포함한 것인지를 살펴 볼 필요가 있다.

그러면 서양인이 본 한국의 의례를 관·계례, 혼례, 상례 순으로 간단히 소개하겠다.[9]

(1) 관·계례(冠·笄禮)

관·계례에 대한 기록은 매우 적을 뿐 아니라 소략하여 소개하기도 쉽지 않다. 랜디스의 논문(*The Capping Ceremony of Korea* ; 한국의 성인 의례)을 제외하고는 대부분 머리의 형태와 치장 등에 대해 간략하게 기록하고 있다.

W.E.그리피스는 『은자의 나라 한국』에서, 장가들기 전의 한국의

---

8 필자와 오인영은 2003년 2월 하버드대학교에서 자료 조사를 한 적이 있다. 이때 하버드대 와이드너도서관에 소장된 E.B. 랜디스의 논문들을 발굴하였다.

9 제례에 대한 기록은 극히 적고 너무 간단한 소개에 그치고 있어 논의하기가 어렵다. 그러므로 여기서는 한국의 관·혼·상례와 관련된 저서와 논문을 쓴 저자들을 선별하여 관·혼·상·제례별로 간략히 언급하였다.

총각들은 갓을 쓰지 않고 한 가닥으로 머리를 땋아서 뒤로 늘어뜨리
며, 여자들은 자기의 머리를 그대로 간직할 뿐만 아니라 쪽을 아름
답게 부풀어 보이도록 하기 위해 체(髢)와 댕기를 사용한다고 하였
다. 그리고 이들의 관·계례는 결혼식 때 행한다고 하였다. 그리피스
는 결혼 선물은 상투를 올리는 것이 전부이며, 결혼식 날에 머리칼
을 두상(頭上) 위로 감아올리고 온통 치장한다고 하였다. 그리고 그
는 한국의 옛 풍속을 예로 들면서 한국의 남자들은 머리칼을 하나라
도 잘라서는 안 되지만 서울의 멋쟁이들은 기성(旣成)에 대한 저항
적인 요소와 함께 자기의 개인적인 매력을 돋보이도록 하기 위해 상
투의 크기를 계란보다 더 크지 않도록 치장한다고 하였다. 한편, 혼
인하고 싶지 않은 젊은이들이나, 나이가 찼는데도 아내를 구하지 못
한 총각들은 장가든 사람처럼 꾸며 어린아이의 취급을 받지 않도록
하기 위해서 몰래 자기의 머리를 자르거나 아니면 거짓으로 꾸민다
고 하였다. 그러나 이와 같은 습관은 도덕과 예법을 깨뜨리는 것으
로 보았다. 또 머리 형태를 바꾸는 것은 결혼식 전날 밤, 시집갈 처녀
는 자기의 한 친구를 초대하여 자기의 처녀 머리를 결혼한 여인의
머리로 바꾸며, 신랑 될 사람도 친지 중의 한 사람을 초대하여 어른
처럼 자기의 머리를 '올린다'고 하였다. 그리므로 이 일을 할 사람을
매우 신중하게 선발하였으며, 머리를 바꾼다는 것은 인생의 전환점
이 되기 때문에, 혼사에 머리를 치장하는 사람은 '영광스러운 손'으
로 불리었다고 하였다. 그러면서 그는 관(冠)이라든가 머리는 독신
이 성혼을 함에 있어서 중요한 부분을 이루는 것이며, '트레' 머리를
한 사람은 모두가 처녀 총각이고, 갓에 깃을 꽂았거나 상투를 올린

51

사람은 기혼자라고 하였다.[10]

그리피스는 양반계층과 평민계층의 관·계례를 매우 간단하게 기록하였다. 그런데 그는 의식절차보다는 머리의 형태와 치장 등에 주로 관심을 보였다. 그리피스는 제대로 파악도 하지 않은 상태에서 피상적인 기록으로 일관하였다.

호레이스 N. 알렌은 『알렌의 조선 체류기』에서, 조선의 남자 아이들은 여자 아이들처럼 머리를 뒤로 늘어뜨리고 다니기 때문에 외국인들이 남녀를 구별하기가 어려운데, 일단 남자 아이가 약혼을 하게 되면 더 이상 여자 아이들처럼 머리를 뒤로 늘어뜨리고 다니지 않아도 된다고 하였다. 그리고 그는 약혼한 후부터 남자 아이는 조선인들이 자랑으로 여기는 상투를 틀고 다니는데, 일본인들은 조선인들이 상투를 틀고 다니지 못하게 하기 위해 1894년에 단발령을 내리는 바보 같은 실수를 저질렀다고 비판하였다. 알렌은 상투를 틀면 그 이후부터 사람들은 그 남자를 어른으로 대접하게 되는데, 남자다움이 더하면 더할수록 존경심은 깊어진다고 보았다. 그러나 나이가 아무리 많다 하더라도 결혼을 하지 않으면 성인 남자로서 존경을 받지 못할 뿐 아니라 남자 아이에 불과하다고 하였다. 그래서 이런 사람은 백발이 되었다 할지라도 머리를 등 뒤로 땋아 내리고 다녀야 하며, 아이들이라 할지라도 그러한 사람에게는 반말을 쓰게 되어 있다고 하였다. 그는 길에서 가끔 이러한 가엾은 사람을 한둘 만난 적이 있는데, 그들은 매우 외롭고 친구가 없어 적적한 듯하다고

---

10 W.E.그리피스 지음, 신복룡 역주, 『은자의 나라 한국』, 집문당, 1999, 324~326쪽.

기술하였다.[11]

간단하지만 나름대로 비교적 정확한 기록이라 할 수 있다. 알렌의 시선은 주로 평민계층에 있는 듯하다. 그런데 그는 관례 의식절차에는 별 관심이 없고, 일본의 단발령 강제 시행에 대해 바보 같은 실수를 저질렀다고 하였으며, 혼인하지 못한 나이 많은 사람들에게 동정적인 시선을 보였다.

E.B. Landis는 「*The Capping Ceremony of Korea*」에서, 한국의 관·계례의 전통적 의식절차를 포함한 제반사항들을 매우 상세하면서도 정확하게 언급하였는바, 走馬看山식으로 기술하거나 인상비평의 수준인 여타의 여행기나 기행문들과는 다른 본격적 논문이라 하겠다. 지금까지 개화기 서양인들의 한국의 의례에 대한 저술이나 논문 가운데 가장 수준 높은 글 중의 하나라 할 수 있다. 그런데 그가 한국을 언제 방문하였는지[12], 또 어떤 조사과정을 거쳐 자료를 수집하였는지 궁금하다. 현재로서는 이를 확인할 방법이 거의 없다. 그러면 랜디스의 논문을 간단히 살펴보기로 하겠다.

랜디스는 한국의 관·계례 시행 시기에 대해 고대부터 당시까지

---

11 호레이스 N .알렌 지음, 윤후남 옮김, 『알렌의 조선체류기』, 예영커뮤니케이션, 1996, 152~153쪽.

12 관례절차의 세부사항으로 짐작컨대, 그가 유식한 한국인이 도와주지 않으면 알 수 없는 내용들이 있는 바, 랜디스가 한국을 방문했을 가능성이 높다. 그 시기는 논문 게재연도로 보아 1896년 이전으로 추정된다. 그런데 랜디스의 전기적 사항은 파악할 수 없었다. 랜디스가 게재한 논문이 영국인류학회(1907년부터 영국왕립 인류학회로 바뀜)의 학회지인 것으로 보아, 랜디스는 인류학자 혹은 문화인류학자로 추정된다. 그리고 당시 런던대에서 인류학 분야의 연구를 주도한 것으로 미루어 랜디스는 런던대 교수로 추정된다.

간단히 언급하면서, 남자의 경우 대부분 15세에서 20세 사이에 시행한다고 하였다. 그는 당시에는 대부분 정혼한 다음 친영례를 치르기 전에 관례를 행한다고 하였다. 랜디스는 고대와 당시의 관·계례 의례절차를 남자의 경우 告于祠堂·陳設·始加·再加·三加·醮禮·冠字·見于尊長, 여자의 경우 告于祠堂·陳設·合髮·加笄·醮禮·笄字·見于尊長 순으로 매우 상세하게 설명하였다. 그는 주로 양반계층의 관·계례 절차와 방식을 기술하였는데, 고대와 당시의 의식절차를 간간이 간단히 비교 설명하였다.[13] 한국의 의례 문화에 대한 랜디스의 지식이 거

---

13 cf. E. B. Landis, *The Capping Ceremony of Korea*, *Journal of the Anthropological Institute*, May, 1898. pp. 527~531.
여기서는 지면관계상 랜디스 논문의 일부분만을 제시하겠다.
"The head of the clan with oter members of the family and people concerned will arrange themselves in proper order according to their rank and relationship. Those who take part in the ceremony wear full ceremonial dress, the others their holiday clothes. The boy to be capped has his hair tied up in two coils, and wears a dress resembling the holiday attire of boys. A prompter for the boy and an assistant for the tutor having been chosen from among the relatives, they retire to the outer gate and are escorted back to the hall by the head of clan with many ceremonial prostrations. The boy is placed in the centre of the room and faces the south. The tutor occupies a position on his right and faces the east. The assistant takes a comb and combs the boy's hair, and uniting the two coils into one makes a top-knot and puts on the haed-band (No.18). The cap is then handed to the tutor, who slowly advances to where the boy is and, facing him, he hands the cap to the assistant. He then solemnly blesses the boy for the first time thus : 'In this fortunate moon and on this lucky day an addition is made to your dress. You must now diseard all childish thoughts and obey, so that you may attain perfect virtue. May you live long and attain much happiness by the aid of this blessing'(p.528) ⋯ A name is now given to the girl. The mother and governess together descend the steps, the mother on the east and the governess on the west. The girl descends by the western steps and going a little to the east of them, stands facing the south. The governess goes through the same ceremony as takes places in boys, after which the girl prostrates herself four times and retires. The mother and girl now go to the ancestral temple and announce the completion of the ceremony to the spirit tablets. The announcement reads thus :

의 전문가적 수준이라는데 놀라움을 금할 수 없다.

(2) 혼례(婚禮)

혼례는 서양인들이 자주 볼 수 있을 뿐 아니라 관심 때문인 듯 이에 대한 기록이 많다. 때론 잘못 이해한 부분도 있지만 혼례절차를 비교적 자세히 기술하였다.

W.E. 그리피스는 『은자의 나라 한국』에서, 혼례일이 되면 신랑의 집에서는 단을 세우고 편물로 된 장식으로 호화롭게 꾸민다고 하였다. 그런데 대례상을 차리는 곳은 신랑의 집이 아니라 신부의 집이다. 그는 교배례 시 신랑 신부는 정중하게 맞절을 하지만 한마디의 말도 하지 않는다고 하면서 이것으로 결혼이 이루어진다고 하였다. 그리고 결혼 비용은 상당히 들지만 신랑은 잔치 등 선심을 베푸는데 인색하지 말아야 하며, 만약 인색하면 놀림을 받게 될지도 모른다고 하였다. 또 신부는 식장에서나 신방에서 절대 침묵을 지켜야 한다고 하면서 사대부 집안에서는 이 예절을 지켜야 하며, 침묵이 신부의 의무라고 하였다. 그리고 신부는 신방에서 남편의 일에 참견이나 방해를 해서는 안되며 말을 하거나 몸짓을 하게 되면 시댁이나 이웃의 놀림이나 입방아의 대상이 된다고 하였다. 또 신방 엿보기는 신랑집의 계집종들이 엿보거나 엿들으며, 그 보고 들은 바를 퍼뜨리는데,

---

'-(Name) - (No. of daughter, whether eldest, second, third, etc.), has to-day had her hair done up, and we therefore beg to present her in the ancestral temple' The governess is now formally thanked, her health is drunk, and presents are given to her. This all similar to the ceremony described above in the case of boys"(p.531)

신랑이 새댁을 얼마나 좋아하며 새댁에게 어떻게 하는가를 알아보기 위해 이런 짓을 할 수도 있다고 하면서, 이는 일본과 같다고 하였다. 그리피스는 혼인과 상례가 일생에 있어서 두 가지의 중요한 일이라고 하면서 결혼에 관한 어휘와 부부의 결합에 관한 어휘로 '冠을 쓴다.', '깃을 단다.', '자리를 잡는다.'는 말들을 쓰는데, 이는 결혼 행위나 결혼 상태를 지칭하기 위해 남자들 사이에서 사용되는 말들이라고 하였다. 한편, 그는 중매쟁이가 혼사를 조종하여 날을 받게 되면 신부는 2~3명의 친구를 뽑아 들러리를 삼는다고 하면서, 신부의 집이 부자이면 시댁으로 갈 때 가마를 타며, 가난하면 말을 타고 간다고 하였다 또 아무리 가난한 여자일지라도 가슴·등·허리에 장식을 달고 모자나 장옷을 입으며, 이를 살 형편이 못되면 빌린다고 하였다. 그리피스는 혼례에서 가장 눈에 띄는 상징은 거위인데, 한국인들은 부부애의 상징으로 본다고 하였다. 그는 전안례·교배례·근배례·합궁례·현구고례 등을 간단히 기술하면서 결혼한 사실을 입증하는 중요한 문서인 婚書紙에 주목하였다. 그리피스는 이 혼서지에 양가가 서명하고, 신부가 글을 쓸 줄 모를 경우에는 종이 위에 손을 펼쳐 놓고 붓으로 손바닥·손목·손가락을 그대로 그려 手本을 만든다고 하였다. 그리고 신랑은 신부에 대한 사랑의 서약으로서 장인에게 4번 절하고 나서 딸을 평생토록 사랑하겠다는 서약을 글로써 바치는 경우도 있다고 하였다.[14]

그리피스가 보았던 결혼식은 주로 양반계층의 혼례인 듯하다. 평

---

14 W. E. 그리피스 지음, 신복룡 역주, 앞의 책, 324~334쪽.

민들의 혼례라면 신부 측 젊은이들의 신랑 다루기에 대한 언급이 있었을 것이다. 그리고 혼서지가 이 시기에는 결혼을 입증하는 문서로 활용되었으며, 민간에서는 수본도 등장했던 것 같다.[15]

I. B. 비숍은『조선과 그 이웃나라들』에서, 결혼이나 장례, 굿 등은 그 의식과 함께 한국의 독특한 특징이라고 하면서, 결혼식이란 존경과 어른으로의 입문이요 사회적인 위계 속으로 뛰어 들어 감을 의미한다고 하였다. 그녀는 결혼의식 중의 하나인 맞절을 함으로써 다른 사람이 된다고 하여 그리피스처럼 맞절에 의미를 부여하였다. 또, 자랑스러운 상투, 검은 갓 사용, 이름 뒤에 '씨'字 붙음, 경어사용 등은 무명의 존재에서 유명의 존재로 변하는 것이라고 하였다. 특히 비숍은 한국의 여자는 결혼에 의해 자신의 운명이 결정된다고 언급하였다. 그녀는 결혼은 아버지에 의해 결정되며 당사자들은 그것을 당연한 것으로 받아들이는데, 20세가 되어도 결혼하지 못하면 그 아버지는 게으르다는 말을 듣는다고 하였다. 비숍은 남자의 혼인 연령은 보통 17~18세이다. 그런데 마땅히 배필을 남에게 빼앗길지 모른다는 생각을 신부의 부모가 하게 되면 신부는 어린애로서 혼례를 치르는데, 16세가 될 때까지는 부인으로서의 임무를 수행하지 않아도 된다고 하였다. 한편, 10세나 12세 소년들은 그들의 부모가 모종의 이유로 혼인을 바라거나 혼처가 나타나면 결혼하게 되는데, 노란 모자나 울긋불긋한 도포, 꼬마 신랑의 어설픈 위엄 따위의 광경을 마

15 임장혁,「개항기의 서양인이 본 한국문화」,『코리아 스케치』, 국립민속박물관, 2002, 80쪽.

을에서 볼 수 있다고 하였다. 또한 비숍은 혼인의 예비 접촉을 위해 보통 중매자가 끼어들게 마련인데, 신랑이 신부 아버지에게 주는 돈은 없고 신부 또한 지참금을 받지 못하며, 대신 신부는 놋쇠로 모서리를 장식한 예쁜 함을 받는데 약혼식은 없다고 기록하였다. 그리고 결혼 전날 저녁 이전에 신랑의 아버지가 신부의 아버지에게 결혼 서약서를 보낼 수 있으며, 신부의 아버지는 그것을 받기만 하고 답장을 보내지 않는다. 이때 두 필의 비단을 신부의 아버지에게 보내는데, 혼례 때 신부는 그 옷감으로 예복을 차려 입어야 한다고 하였다. 비숍은 청사초롱을 든 남정네들이 이 선물을 신부의 집으로 운반하는데, 도중에 횃불을 든 한 떼의 신부 측 남자들과 맞닥뜨리게 되고 실랑이가 시작되는데, 종종 시늉하는 정도를 넘어 심각한 주먹다짐으로 발전하여 몇 명이 다치기도 할 뿐 아니라, 이때 입은 상처로 죽는 사람도 있다고 하면서 이 실랑이에서 신랑 측 들러리가 지면 신랑의 운이 나쁜 조짐이며, 반대로 신부 측이 지면 신부는 불운을 겪게 될 수 있다고 하였다. 한편, 전날 밤, 신랑 신부의 부모들은 조상의 제단 앞에서 치성을 드리며 내일 있을 행사를 조상에게 알리고, 점쟁이가 길일을 택하면 그날 11시쯤 신랑이 관복차림으로 말을 타고 아버지의 집을 떠나는데, 이날만은 평민도 말에서 내리지 않고 양반을 앞지를 수 있으며, 두 명이 신랑을 앞서 가는데, 한명은 흰 日傘을 들고 붉은 옷을 입고 다른 사람은 원앙(원문에 goose 거위로 되어있음)을 들고 가는데, 원앙은 정숙의 상징이라고 하였다. 그리고 신랑 주변에는 점화하지 않은 홍사초롱을 든 노비와 결혼한 형이, 형이 없는 경우에는 아버지가 대신 따라가게 되며, 목적지에 도달하면 신랑이 붉은 옷을 입은 사람에게서 원앙을 받아 집안으로 들어가 탁자 위에 올려놓는다고 하였다. 그리고 혼례를 관장하기 위해 신부 집에서 두 명의 여인을 고용하는데, 비숍이 생각하기에는 신부는 매우 희한한 존재라고 하였다. 그녀는 대례 당일 신부의 모습에 대해 얼굴은 백분으로 뒤덮이고 붉은 점을 찍고 눈까풀은 접착제를 발라 붙어 있으며, 從者의 부추김을 받아 신랑에게 2번 절하고 신랑은 신부에게 4번 절한다고 하면서 이렇게 여러 사람 앞에서 맞절을 하기만 해도 합법적인 결혼이 성사되며, 혼례가 끝나면 남편은 싫어해도 제2의 아내를 맞을 수 없다고 하였다. 그러면서 비숍은 한국에서의 결혼은 영원한 의미를 갖는다고 하였다. 또한 그녀는 근배례와 합궁례를 간단하게 설명한 후, 하객 접대용 음식상에 대해 비천한 사람들이 먹는 음식상을 차리려면 5~6엔 정도가 들며 매우 싸게 혼례를 치르는 경우라도 75엔 정도가 소비되어 딸이 여럿인 가정은 재정적으로 불행을 초래한다고 하였다. 또 우귀례에 대해 오후에 신랑은 자기 집으로 되돌아오고 잠시 후에 신부가 결혼 예복에 싸여 눈을 봉한 채로, 고용한 두 명의 여인과 계집종, 초롱을 든 남자들과 함께 붉은색 장신구가 돋보이는 가마를 타고 신랑 집으로 오면, 신부는 시부모의 영접을 받고 그들에게 4번 절하고 조용히 앉아 있는다고 하였다. 그리고 나서 신부는 친정으로 되돌아가 봉한 눈을 뜨고 얼굴의 백분을 씻어 내며, 한편, 5시에 도착한 신랑은 그 다음날 아침 다시 본가로 되돌아가고 이렇게 왔다 갔다 하는 과정을 3일 동안 되풀이하고 나서 신부는 보통 가마를 타고 시부모와 함께 살 집으로 들어온다고 기록하였다. 비숍은 침묵은 아내의 첫 번째 임무로, 만일 그녀가 말을 하거나 표정을 지으면 조롱의 대상이 되며, 자신의 위치를 잃어버릴 수도 있다고 하면서, 한국의 여성은 속박 속에서 살아왔으며, 고분고분하지 못하든지 화를 내거나 추문을 불러일으키는 여자는 모진 매를 맞게 되고 상민의 여자로 전락하며, 상류층의 경우 관습상 남편이 아내를 때릴 수 없지만, 재혼이 쉽지 않기 때문에 대부분 체념하는데, 만약 아내가 부정한 짓을 저지르면 남편은 아내를 관아로 데려가 심하게 매질을 하고 노비의 아내로 삼게 할 수 있다고 하였다.[16]

비숍은 양반계층과 평민계층의 혼례를 함께 다루고 있는데 혼인의식 절차 순으로 기록하지를 않고 혼합하여 기록하였다. 서양인들이 쓴 한국관련 여행기나 기행문을 보면 의례의 경우 대부분 두서없이 기록하였다. 그리고 당시의 혼례 절차와 방식에 다소 변모가 있었던 것 같다. 비숍은 결혼, 특히 여성에 대해서는 동정심을 보이고 있는 반면, 남성에 대해서는 비판적이다.[17]

A. H. 새비지-랜도어는 『고요한 아침의 나라 조선』에서, 10살에서 12살 소년들이 혼례를 올릴 경우 진정한 의미에서 부부가 되었다고 볼 수 없고, 사춘기에 이르기 전까지는 함께 살지 않는다고 하면서, 이 기간은 약혼기간에 해당한다고 하였다. 그는 그러한 實例를 들면서 19살이나 20살쯤에 아내와 함께 산다고 하였다. 또 한국의 결혼

---

16 I. B 비숍 지음, 신복룡 역주, 『조선과 그 이웃나라들』, 집문당, 2000, 116~120쪽.
17 비숍은 약자인 한국의 여성에 대해서는 동정심을 보이고 있는 반면, 특히 지배계층인 양반에 대해서는 가혹하게 평가를 하고 있다.(박지향, 『일그러진 근대』, 푸른역사, 2003, 114쪽 참조.)

에서 신랑·신부의 뜻은 거의 고려되지 않으며, 혼사에 관한 일은 대부분 친척이나 중매쟁이의 주선을 통해 성사된다고 하였다. 그리고 신랑과 신부 아버지 사이에 혼담이 오고가고, 어느 賢者에게 날을 받아 결혼식을 올리는데, 신부 측이 멀리 떨어져 살고 있거나 신랑을 보러 가는 경비를 감당할 수 없는 경우엔 신랑은 신부가 자신과 함께 살기 위해 그의 집에 올 때까지 몇 년 동안 참을성 있게 기다릴 수밖에 없다고 하였다. 새비지-랜도어는 '조선의 결혼은 한 장의 복권이다.' 라고 언급하고 있는 바, 비판적 시각을 엿볼 수 있다. 그리고 그는 한국에서는 일부다처제가 인정되기 때문에 첩을 두는 것은 국민적 관습이며, 정부가 축첩을 공인한 것은 아니지만 공개적으로 용인되고 허용된 것이며, 아내가 집을 나가면 정당하게 다시 데려와 공개적으로 볼기를 친다고 하였다. 한편, 새비지-랜도어는 한국의 혼례식은 간단하다고 하면서 서양처럼 신부 집이 아닌 신랑 집에서 치러지며, 신부가 부유하고 양반출신이면 가마를 타고, 보다 신분이 낮으면 조랑말이나 당나귀를 타고 부모·친척·친구들과 함께 신랑의 집으로 가는데, 그곳에 도착해서 신랑 아버지의 영접을 받고 방 가운데에 세워 놓은 작은 단상에 신랑의 아버지가 먼저 앉고, 이어 신부의 아버지가 앉은 후, 신랑이 신부 앞쪽에 무릎을 꿇고 앉아 있으면 한문으로 쓰여진 문서가 작성되는데, 이 한문으로 쓰여진 혼인증명서인 서약서에 신랑·신부의 아버지와 가장 가까운 친척들이 서명을 한다고 하였다. 만일 글을 모르면 指章을 찍는데 이러한 경우가 다반사로 자기가 보아온 것 중 가장 기묘한 것이라고 고백하였다. 그는 만일 신부가 문맹이면 손가락과 손목에 굵은 붓으로 먹물을 칠

61

해 문서 위에 찍는데, 그녀가 명문가 출신이 아닐 경우에는 보다 덜 우아한 방법으로 검정 칠을 해서 손자국을 찍으며, 이어 신랑은 신부에게 순응 또는 동의의 표시로 절을 4번 하면 신부는 2번 절을 한다. 그리고 존경의 표시로 시아버지에게도 4번 절을 올린다. 이로써 혼례가 끝나지만 참석자들에게 더 많은 절을 해야 한다고 하였다. 그리고 합궁 시 신혼부부가 신방에 들면 많은 친지들과 하인들이 낄낄거리며 문가에 귀를 기울이고 앉아 있고, 이때 신부는 한마디도 말을 해서는 안 되며, 만일 신부의 목소리가 새어 나오면 일생동안 놀림감이 되어 주위의 입방아에 오른다고 하였다. 또 중매쟁이나 아버지 혹은 다른 사람이 첫날밤을 도와주는 임무를 맡아 그 결혼이 행복할 것인지 아니면 불행할 것인지를 친척과 친구들에게 이야기하는데, 대개 그들은 일부러 신방에 놓아둔 병풍 뒤에서 자신의 역할을 수행한다고 하면서, 이때 신랑이 신부를 좋아하면 처음 두 주일 정도는 행복에 젖어 서로에게 관심을 쏟지만, 이러한 정열은 점점 식어져 나중엔 남편은 소실을 두는데, 재산 정도에 따라 넷째 소실까지 둘 수 있다고 하였다. 한편, 그는 한국에서는 이혼을 하기란 쉬운 일이 아닌데, 많은 돈을 들이면 가끔 이혼이 성립되는 경우도 있다고 하면서 간통은 으뜸가는 중죄로, 여자들은 간통시 거의 죽도록 매를 맞고 깨어나면 궁궐에서 일하는 하급 관리나 양반의 첩으로 주어진다고 하였다. 그리고 데릴사위에 대해 신체상의 결함이 있거나 신랑감을 찾지 못한 채 나이가 찬 여자들은 돈으로 남자를 구할 수 있도록 허용된다고 하면서 서양식으로는 돈으로 사고파는 결혼인데, 이런 일은 그리 흔치 않지만, 그러한 경우 남편은 보통 몰락한

양반이나 중간계층에서 고르며, 이때 결혼에 대한 보수로서 돈을 지불한다고 하였다.[18]

새비지-랜도어는 양반계층과 평민계층의 혼례를 언급하고 있는데, 평민의 혼례에 관심이 있는 듯하다. 그런데 그는 중매 관습과 신행에 대해 냉소적·비판적인 시각을 보이고 있고, 指章에 대해서는 기묘하다고 하였다. 특히 신랑·신부의 맞절 회수, 신방 엿보기, 혼인서약서 작성방식, 일부다처제 및 축첩제도 등은 우리가 일반적으로 알고 있는 사항과 달라 기록의 정확성에서 문제점을 노출시키고 있다.

호레이스 N. 알렌은 『알렌의 조선체류기』에서, 혼담은 어른들과 중매인만을 통해 이루어지며, 미국인들처럼 구애의 절차는 없고 결혼의 최종 결정은 집안 어른들과 중매인이 하기 때문에, 남자는 자신의 아내가 매력 없는 여자일 경우 기생을 더 좋아하게 되며 실제로 그러한 일이 많았다고 하였다. 그는 약혼기간에 대해 젊은 사람들과 나이든 사람들 간에 여러 차례의 방문이 이루어지고, 그러한 방문을 하는 동안에 신부 부모의 능력에 따라 그리고 약혼 절차에 따라 세심하게 혼숫감을 준비하게 되며, 가끔 볼일이 있을 경우 신부는 표범가죽으로 위를 덮은 사방이 가려진 가마를 타고 방문을 하고, 신랑은 장식 마의를 입힌 말을 타고 방문을 하며, 신랑 신부가 방문할 때에는 하인이나 하녀들이 수행하게 되는데, 수행인의 수행 숫

---

18 A. H 새비지-랜도어 지음, 신복룡·장우영 역주, 『고요한 아침의 나라 조선』, 집문당, 1999, 141~147쪽.

자는 사회적 위치에 따라 달랐다고 소개하였다. 이는 변화 변형된 모습의 한 단면으로 볼 수 있다. 알렌은 결혼식에 대해 언급하기를 결혼 전날이 되면 겁에 질린 신부는 약혼자의 집으로 가게 되는데, 그 집에서 신부는 약혼자의 어머니(시어머니)의 손아랫사람 중의 한 사람으로서 후에 함께 살게 된다고 하면서, 이때 신부는 표범 가죽으로 덮인 빨갛게 장식된 가마를 타고 가는데, 가마의 선두에는 맨머리에 가장 훌륭한 가발 장식을 한 여인과 혼숫감과 선물이 든 빨간 모자기로 싼 짐을 머리에 인 하녀들의 행렬이 이어진다고 하였다. 그리고 서로 주고받는 선물 가운데 하나는 결혼생활의 충실함을 상징하는 거위인데, 거위는 평생 동안 배우자를 한 명만 두는 것으로 알려져 있기 때문이라고 하였다. 한편, 결혼식에는 수차례의 절과 혼배주를 마시는 일, 신랑을 난폭하게 다루며 놀리는 일이 있고, 그런 후에 신방에 들면 신랑은 신부의 옷을 벗기는데, 이때 신부는 수줍은 척해야 된다고 하였다. 또 신랑은 신부의 집으로 가서 결혼식이 거행될 자신의 집으로 신부를 데려오게 되는데, 이때 신부는 얼굴에 분을 바르고 아무 것도 보지 않는 척 눈을 아래로 해야 하며, 신부는 나이 어린 아이에 불과할 수도 있는데, 그럴 경우 성년으로 인정되는 나이, 즉 여자는 열여섯 살 남자는 열여덟 살이 될 때까지 결혼생활이 이루어지지 않는다고 하였다.[19]

알렌은 양반계층과 평민계층의 혼례를 함께 간단히 다루고 있다. 그는 중매와 목안, 신행 등에 관심을 보이고 있다. 그리고 혼인 전 신

---

19 호레이스 N. 알렌 지음, 윤후남 옮김, 앞의 책, 152~155쪽.

랑과 신부가 양가를 방문한다는 것은 변형된 것으로 여겨진다.

E. 와그너는 『한국의 아동생활』에서, 한국의 야심 있는 아버지나 계획적인 어머니들은 어린 딸이나 아들에게 맞는 배필을 구하기 위해 전문적인 중매쟁이의 도움을 받아 더러는 8~9세, 대개 12~16세의 어린 나이에 결혼을 시킨다고 하였다. 한국인들은 복잡한 결혼 의식에 익숙해 있고, 다른 나라처럼 혼인식은 장례식보다는 못하지만 주목할 만한 일이라고 하였다. 그런데 결혼을 시킬 때 가족이 모든 비용을 지출하는데 종종 실제 능력보다 더 많은 돈이 소비된다고 하였는데, 와그너는 결혼 비용의 과다 지출을 우려하였다. 그는 결혼식 날 신랑이 입는 대례복은 원래 궁중 고관의 관복인데, 이날만 입는 것이 허용된다고 하였다. 이렇게 차려 입은 신랑은 화려하게 꾸민 나귀를 타고 신부 집으로 떠나며, 혼례일에 신부가 말을 하는 것은 매우 천박한 태도로 여겼다고 하였다. 와그너는 신부의 화장과 예복에 대하여 자세하면서도 정확하게 기록으로 남겼다. 한편, 그는 대례 전 유교식으로 조상에게 아뢰는 것을 종교적 의식의 성격이라고 하였고, 기러기는 믿음의 상징이라 하였다. 또한 그는 신랑 신부의 맞절에 대해 이상한 절이지만 결혼식의 중요한 부분을 차지한다고 하였다. 와그너는 전안례·교배례·근배례·합궁례·우귀례 등 혼인 예식 절차를 순서대로 비교적 정확하게 기록하였다. 그런데 결혼식이 끝나면 당일 신부는 호랑이 가죽으로 덮여 있는 화려한 장식의 붉은 네모난 가마를 타고 시댁으로 가는데, 사회적 지위나 재산정도에 따라 가마꾼의 숫자가 다르다고 하였다. 그러면서 와그너는 신부가 좋은 시어머니를 만나느냐 아니면 나쁜 시어머니를 만나느냐에

따라 그녀의 행복이 좌우된다고 하였다.[20]

와그너는 평민혼례에 대해 관심을 보였다. 그는 결혼 비용 과다지
출을 우려하였고, 전통적 혼인예식 절차를 비교적 정확하게 기록하
였으며, 신부의 행복에 대하여도 관심을 보였다.

이밖에 헤쎄 바르텍은 「일하지 않는 사람이 더 많은 나라」에서, 한
국 여자들은 결혼을 하면 노예와 다름없다[21]고 하였으며, H. B. 헐버
트는 『대한제국멸망사』에서 직업적인 중매쟁이의 농간을 비판[22]하
였고, E. J. 오페르트는 『금단의 나라 조선』에서 일부다처제가 보편
화된 제도[23]라는 잘못된 사실을 매우 간략하게 언급하였다.

(3) 상례(喪禮)

상례는 서양인들이 흔히 볼 수 있을 뿐 아니라 그 광경 또한 독특
하고 흥미로워서 그들의 호기심을 유발하기에 충분했고, 또 특이한
의식절차나 영혼관 등에 대해 관심을 가진 때문인지 이에 대한 기록
이 四禮 중 가장 많다. 그런데 민간의 평민계층에서 행했던 상례보다
는 양반계층의 상례에 관한 내용이 태반이다. 그 중에는 잘못 이해
한 부분도 있지만 상례절차를 비교적 구체적으로 기술하였다.

W. E. 그리피스는 『은자의 나라 한국』에서, 상례의 예법에 따라

---

20 E. 와그너 지음, 신복룡 역주, 『조선의 모습·한국의 아동생활』, 집문당, 1999,
57~60쪽.
21 김영자 편저, 『조선왕국이야기』, 서문당, 1997, 69쪽.
22 H. B. 헐버트 지음, 신복룡 역주, 『대한제국멸망사』, 집문당, 1999, 419쪽.
23 E. J. 오페르트 지음, 신복룡·장우영 역주, 『금단의 나라 조선』, 집문당, 2000, 114쪽.

언제 어느 곳에서 곡해야 하고, 조문은 어떻게 하는가? 등에 대해 정부에서 발표한 官制喪規에 엄격하게 규정되어 있다고 언급하였다. 그는 시신은 두터운 목관에 넣어야 하며, 장례를 위해 특별히 마련해 치장해 놓은 방에 여러 달 동안 안치해야 하며, 빈소에서만 하루에 서너 번씩 곡을 해야 한다고 하였다. 또 상제는 특별한 상복을 입어야 하는데, 회색 무명으로 만든 것으로서 너덜거리고 기워 붙이고 몹시 더러우며 그 모양은 연미복과 같다고 하면서, 띠는 볏짚과 비단을 섞어서 꼬아 투박한 줄을 만들어 허리에 둘러야 하며, 엄지손가락 굵기의 또 다른 끈을 머리에 두르고, 머리는 지저분한 모시 巾을 뒤집어쓰며, 이 건에 달린 끈의 끝은 볼까지 늘어져 있어야 하고, 특별하게 만든 짚신을 신으며, 마디가 굵은 지팡이를 잡으면 服喪은 끝난다고 하였다. 그리고 상주는 이와 같은 상복을 입고 해가 뜰 무렵의 아침과 식사 전에 빈소에 들어가 쌀이 가득히 담긴 작은 소반을 가지고 들어가서 관 옆에 있는 쟁반 위에 걸쳐 놓고 의식을 집행하는데, 지팡이를 잡고 허리를 구부린 채 슬픈 목소리로 부모가 죽었을 때에는 '아이고 아이고'하며, 다른 친척들은 '어이 어이'한다고 하면서 요란스럽게 길게 울어야 보는 사람들로부터 칭송을 듣는다고 하였다. 이렇게 곡이 끝나면 상제들은 빈소에서 나와 상복을 벗고 음식을 먹는데, 초하루와 보름에는 모든 친척들이 이 의식에 참여해야 하며, 이러한 예는 장례를 치른 후에도 다소간 계속되며 몇 년 동안에 걸쳐 간격을 두고 계속된다고 하였다. 한편, 양반의 경우 무덤 앞에 엎드려 울면서 하루를 보내며 심지어는 이런 자세로 하룻밤을 보내는 경우도 있고, 어떤 경우에는 무덤 앞에 작은 여막을 짓

고 몇 년 동안 묘를 지키는데, 이렇게 해야 효자라는 평을 듣는다고
하였다, 그런데 가난한 사람들은 빈소를 차리거나 성대한 장례식을
치를 수가 없어 매장할 때까지 관을 거적으로 싸서 문밖에 둔다고
하였다. 그리피스는 한국에서 화장의 방법이 있기는 하지만 대개의
경우 매장을 하는데, 아이들이 죽으면 옷과 침구를 묻으며, 장가들
지 않은 사람은 아이로 취급을 받기 때문에 수의나 매장은 아이의
경우와 같다고 하였다. 그러나 장가를 든 사람과 성인들이 죽으면
장례는 좀더 비용이 들며 더 까다롭고 기간도 길다고 하면서, 상례
는 로스(J. Ross)의 『조선전』(Corea)에 소상하게 기록되어 있고, 하멜
(H. Hamel)의 기록에도 있다고 기술하였다. 한편, 이 상례에는 유교
의 의식에 따라서 초혼, 휘장, 향촉, 供饋 등과 함께 평소의 擧喪 방법,
세수, 빗질, 손톱깎이, 상복 등이 있는데, 고대 중국의 예법이 오랫동
안 중국에서 망각되어 오다가 한반도에서 재생되었다는 점이 흥미
있는 일이다고 하였다. 그리피스는 발인 시 운구절차와 묏자리 등에
대해 언급하였는데, 관은 몸이 꼭 끼도록 되어 있으며, 직업적인 매
장꾼에 의해 운구 되고, 관 속에 다시 관을 넣고 이중으로 입관하는
경우가 자주 있으며, 장지로 갈 때 아들들은 걸어서 상여를 따르며
친척들은 가마나 말을 타고 따르는데, 고인의 작위나 벼슬이 적힌
빨간 깃발(명정)이 장례의 맨 앞에 간다고 하면서, 이 깃발은 귀신을
놀래어 쫓아 보내기 위해 그 끝이 두 갈래로 갈라져 있으며, 고관의
장례에는 역시 귀신을 쫓아 보내기 위해 흉악한 가면을 쓴 方相氏를
앞세우고, 벼슬을 하지 않은 경우에는 고인의 이름만을 깃발 위에
쓴다고 하였다. 또, 좋은 묘자리를 얻는다는 것은 노력과 시간과 금

전상 중요한 의미를 갖는데, 왜냐하면 지관에게 돈을 주고 이 문제를 상의해야 하기 때문이며, 풍수는 고인이나 그 후손들의 안녕을 위해 필요한 것이므로 꼭 명당을 찾아야 한다고 하면서, 묘자리가 좋지 않으면 불행한 사태가 일어날 것이고, 그러면 후손들은 묘를 파헤치고 뼈를 골라서 묘를 다시 쓰는데, 이럴 경우에는 그 경비가 많이 든다고 하였다. 그러면서 그는 이와 같은 미신을 통해 유족들의 감정을 충동질함으로써 수천 명의 직업적인 사기꾼들과 자기 기만자들이 생업을 이어가고 있다고 비판하였다. 반면에 가난한 사람들의 무덤은 다만 묘혈과 낮은 봉분으로만 되어 있어, 이 봉분은 풍우에 씻기고 소가 짓밟아 만든 지 얼마 되지 않아 허물어지기 일쑤라고 하여 안타까운 심정을 은연중 내비치고 있다. 이와는 달리 부유층의 비석 세움에 대해서는 그 화려한 치장 등을 예로 들어 못마땅해 하였다. 또 그리피스는 상례는 등급이나 기한에서 천차만별인데, 상복, 음식과 활동의 절제, 성묘, 제물, 위패, 그리고 기타 규율 등이 어리석으리만큼 소상하게 규정되어 있다고 하면서, 그 일례로 백색 또는 백색에 가까운 색깔의 상복 착용, 짚신의 끈, 굴건에 지팡이를 집는 문제까지도 상복으로 보는데 대해 비판적이었다. 그리고 양반들이 머리는 물론 얼굴까지 덮는 뾰죽한 굴건을 쓸 때면 그들은 세상과 절연한 것이나 다름이 없어, 말을 붙이는 사람도 없고 성가시게 구는 사람도 없으며, 심지어는 죄를 지어도 잡아가지 않는다고 하여, 이 굴건을 이용해 프랑스 선교사들이 오랫동안 안전할 수 있었던 이유를 설명하면서 그 맹점을 은근히 지적하였다. 그리피스는 또한 한국인들이 유교윤리에 얼마나 강렬하게 집착하고 있으며, 미신의 힘이 얼마나 강하게 작용하고 있고, 죽은 사람을 위해서 살아 있는 사람들이 그들의 재물을 얼마나 아낌없이 낭비하는가에 대해 비판하는 한편, 조선 수신사들이 동경의 해군학교를 방문했을 때의 실화를 소개하였다. 그 내용은 해군학교에서 비상이 걸리면 학생들은 부모의 장례식에 참석할 수 없을 뿐 아니라, 학업에 빠지는 일이 있어서도 안 된다는 사실을 알고, 아연실색해 얼마동안 말도 못했으며 도무지 이해하지를 못했다고 하였다. 그리고 그는 喪事로 인해 엄청난 비용을 쓰고 젊은이들이 혼기를 놓치기도 하며 가산이 기울어 마땅한 계절에 결혼하지 못하는 등 어리석고 고집스러운 상례 때문에 인구가 증가하지 않았다고 하였다.[24]

그리피스는 양반계층의 상례를 주로 다루고 있는데, 그 내용을 비교적 자세히 기술하였다. 그는 고대 중국의 전통적 상례가 한국에서 재생되었다는데 관심을 보이고 있으며, 유교윤리 집착·미신신봉·상례비용의 과다 지출 등에 대하여 비판적이었다. 특히 세세한 상례 규정과 방법에 대하여 어리석다고 평하였다.

I. B. 비숍은 『조선과 그 이웃나라들』에서, 하루에 3번의 장례식을 보았다고 하면서, 한국의 장례식은 슬픔보다는 오히려 호사스러움을 느끼게 한다고 하였다. 그녀는 장례행렬의 모습을 설명하는 가운데 양반 장례의 호사스러움과 평민 장례의 초라함을 언급하면서, 조문객들의 표정이 슬퍼 보이지를 않고 마치 결혼식처럼 즐거워했다고 하였다. 비숍은 죽음과 매장에 관한 한국의 관습을 설명할 필요

---

24 W. E. 그리피스 지음, 신복룡 역주, 앞의 책, 354~364쪽.

가 있다고 하면서, 남자 또는 여자가 병을 앓으면 먼저 무당을 불러
병을 낫게 해달라고 굿을 하는데 효험을 보지 못하고 죽음을 맞이할
경우, 죽는 사람이 남자일 때에는 가까운 남자 친척을 제외한 모든
여자는 물러나야 하며, 여자의 임종이 가까워질 경우에는 남편과 아
버지와 오빠를 제외한 모든 남자들은 물러나야 한다고 하였다. 그녀
는 죽는 사람이 남자냐 여자냐에 따라 차이를 두는 것으로 이해하였
다. 비숍은 시신을 깨끗이 닦아 깨끗한 천으로 덮고 3일 동안 칠성판
(죽음, 무덤의 의미가 있다고 함) 위에 놓여 지는데, 칠성판은 무덤
앞에서 소각한다고 하면서, 가난한 사람은 3일장이 보통이며, 중간
계층은 9일장, 귀족 또는 고관은 3월장, 왕족은 9월장을 치른다(이
경우 왕의 기호에 따라 줄일 수도 늘릴 수도 있다고 함)고 하였다. 이
부분은 비숍이 잘못 이해하고 있다. 그런데 비숍의 관심은 한국인들
의 영혼관에 있었다. 그녀는 한국인들은 사람이 죽으면 영혼이 세
곳에 머무는 것으로 생각한다고 보았는데, 위패, 무덤, 미지의 세계
였다. 그녀는 시신에서 영혼이 빠져나가는 동안에는 정적만이 감돌
며, 하인이 시신의 웃옷을 벗겨 그것을 허공에 흔들면서 상전의 이
름을 부르고, 잠시 후 고인의 옷들을 지붕 위로 던진다고 하였다. 이
는 떠나는 영혼을 다시 불러서 재생시키고자 하는 것으로 초혼의례
이다. 이러한 의식이 끝난 다음 사자 상을 차리는데, 3명의 使者를 위
한 것으로 밥 세 그릇과 호박을 차려 놓고 상옆에 짚신 세 켤레를 놓
는다고 하였다. 쌀과 짚신은 죽은 이의 영혼을 十大王에게 안내하는
심부름꾼인 사자를 위한 것인데, 30분이 지나면 호박을 깨고 짚신을
태우고 사자 밥을 멀리 던진다고 하면서, 죽은 사람의 영혼은 사자

들의 안내로 저승세계의 심판관인 염라대왕에게로 가서 천당이나 지옥으로 가는 판결을 받게 된다고 하였다. 비록 불교의 영향이 퇴색했지만 불교는 여전히 유지되고 있다고 하였다. 비숍은 한국의 상례가 유교적인 관념이 강하지만 영혼관은 불교적인 관념이 깊게 자리잡고 있는 것으로 보았다. 한편, 장례식 전까지 매일 세 끼니 때마다 곡을 하고, 지관은 돈을 받고 길지를 정해주며, 길일을 택해준다고 하였다. 또 드문 경우이지만 하관 때 미망인은 남편의 시신에서 가까운 의자에 앉고 그 외의 모든 사람들은 넓은 모자를 써 얼굴을 가리고 삼베옷을 입는다고 하였다. 그리고 매장을 하고 봉분을 만든 후에 祭酒를 붓고 제사를 지낸 후 함께 음식을 먹는데, 만약 제단이 무덤 앞에 설치되어 있다면 그 단 위에, 제단이 없다면 작은 상 위에 술과 마른고기를 올려놓는다. 친척들은 이 장면을 보고 다섯 번 절을 하며 반복해서 영혼이 평화롭게 안주하기를 기원한다고 하였다. 여기서 5번 절을 한다는 것은 납득되지 않는다. 비숍의 착오로 보여진다. 이후 산신에게 아뢰는 절차인 祀后土, 반혼제, 반곡, 궤연, 담제 등을 비교적 자세히 기록하였다. 그런데 애도기간 동안 모시는 위패는 빈방이나 대개는 여자의 방에 모셔 놓으며, 가난한 사람들은 방의 한쪽 구석에 있는 상자에 위패를 모셔 두며, 또 다른 조상의 위패를 모셔야 할 경우에는 이름을 쓴 종이를 벽에 붙인다고 하였다.[25]

비숍은 주로 양반계층의 상례를 다루었다. 그녀는 한국의 장례를 특이하게 여겼으며, 한국인의 영혼관에 관심을 보였다. 그리고 초

---

25 I. B. 비숍 지음, 신복룡 역주, 앞의 책, 282~285쪽.

혼·사자상 등은 지방·가문·色目 등에서 약간씩 다른데, 사자상에 호박을 차려 놓는다는 것은 특이하다. 한편, 비숍은 장례시기를 잘못 이해하고 있다.

H. B. 헐버트는 『대한제국멸망사』에서, 매장의 풍습은 전국적으로 같지 않은데 이는 가난한 사람이나 하층계급에 속해 있는 사람들은 부잣집에서 결코 소홀히 할 수 없는 점들을 생략하기 때문이며, 만약 상류 계급의 부자들이 시신을 다루는 방법만을 설명한다면 이와 다른 계급의 사람들의 시신을 다루는 방법에 대한 설명을 생략하는 것이 되기 때문에 중류계급에 초점을 맞추었다고 하였다. 그는 천거정침에서부터 하관 성분 때까지를 비교적 구체적으로 기록하였는데, 여기서는 특이한 부분만 간단히 소개하겠다. 헐버트는 죽어가는 사람을 집 밖으로 내보내 거적 위에 눕혀 놓는 경우가 있는데, 이는 하층계급이나 미신을 믿는 계급에서만 볼 수 있는 경우로 시신이 집안을 더럽히며 불행하게 만든다고 믿기 때문이라고 하였다. 그는 초혼 시 그 집안의 충복이나 상류계급에 속하지 않는 친한 이웃사람 중의 하나가 고인의 속저고리를 들고 지붕 위로 올라가 시신이 누워있는 바로 위에 서서, 왼손에는 깃을 오른손에는 아랫부분의 가장자리를 잡고 북쪽을 향해 3번 흔드는데, 첫 번째로 흔들 때에는 고인의 이름을 큰소리로 외치며, 두 번째로 흔들 때에는 고인이 지낸 제일 높은 지위를 외치며, 세 번째로 흔들 때에는 그 사람이 죽었다고 외친다 하였다. 이처럼 옷을 3번 흔드는 이유는 고인의 인·의·예 때문이라 하고, 또 혼백 궤를 만드는데, 신비한 방법으로 고인의 넋을 궤에 넣는다고 하였다. 그리고 습을 할 때에는 깨끗한 종이로 시

신을 씻으며 그러는 동안에 가족들은 옆방에 앉아 있거나 아니면 가난한 이웃들에게 고인의 옷을 나누어 주기에 바쁘며, 몇 해 동안 잘 간직해 두었던 빗을 이때야 꺼내 쓰고, 염습이 끝나면 6촌 이내의 친족들이 모두 모여 곡을 하는데, 상주들은 차례로 앞으로 나와 가져온 베개 하나에 이마를 대고 특별한 의식을 치른다고 기술하였다. 또 이튿날 아침 소렴을 할 때에는 직업적으로 염습을 하는 사람이 하며, 3일째 대렴 시 입관 준비가 끝나면 고인의 아들들은 손을 씻거나 목욕을 한 다음 방으로 들어가 시신을 마지막 안식처에 안치하는데, 널은 대개 소나무로 만든다고 하였다. 그 이유는 4가지로, 첫째 소나무는 사철나무로 죽을 때까지 잎이 떨어지거나 시드는 일이 없기 때문에 남자다움의 상징처럼 여기고 있으며 둘째, 뱀이나 그 밖의 파충류들이 들어갈 수가 없고 셋째, 소나무는 껍데기만 남겨둔 채 속이 텅텅 비는 일이 없으며 넷째, 소나무는 땅속에 묻히면 즉시 썩는데, 이 중 한 가지 이유만으로도 한국인들이 소나무를 널로 쓰기에 근거가 있다고 하면서, 고대 이집트인이나 무지하고 미신을 신봉하는 민족들과는 대조적이라 하여 긍정적인 평가를 하였다. 한편, 장례는 3일장, 5일장, 9일장이 보통이지만 고인이나 상주의 벼슬이 높은 경우 또는 돈이 많은 경우에는 보통 3월장으로 한다고 하였는데, 이는 헐버트가 잘못 이해한 것이다. 그리고 장지에 미리 2개의 묘비를 마련했다고 하면서 하나는 대비용이라고 하였는데, 이는 묘비와 지석의 용도가 다르다는 것을 이해하지 못한 것으로 착오라 하겠다. 또 장례를 치르면서 가장 중요한 것 중의 하나가 신주를 만드는 일로, 헐버트는 한국인들이 밤나무로 신주를 만드는 것은 밤나무

씨가 오래도록 존속되어 집안이 영원히 계승되는 것을 상징하는 것이라고 믿고 있다고 하면서, 요즈음에는 흉악범들이 신주를 훔쳐 간 다음에 돈을 요구하는 일이 있기 때문에 그 효용도가 줄어들고 있다고 하였다. 신주를 잃는 것은 조상에 대해 큰 죄를 짓는 것으로 한국인들은 인식했다고 하면서 신주를 훔쳐가는 당시의 세태를 은근히 비난하였다. 그뿐만 아니라 헐버트는 장례준비로 옛날에는 후손들이 가산의 절반을 낭비했지만, (한국의 민담에는 효성이 지극한 나머지 자기 아버지 장례를 위해 가산을 탕진한 아들에 관한 일화가 많다고 함) 오늘날에는 그렇게 재산을 탕진하는 경우는 볼 수가 없다고 하였다. 한편, 장례 행렬은 오후 늦게 준비하여 땅거미가 질 무렵에 떠나는데, 이렇게 늦게 떠나는 것은 이 시간이 되면 거리가 조용하기 때문이라고 하면서, 이 시간이 하루 중 가장 조용한 시간이어서 고인의 넋이 행상인의 고함소리나 거리의 소음으로부터 괴로움을 덜 당한다고 하였다. 그는 이러한 점으로 미루어 이때까지도 고인의 넋이 시신과 함께 있다고 한국인들은 믿고 있다고 하였다. 그리고 장례 행렬은 두 사람이 나란히 걸으며 그 뒤에는 나뭇단으로 만든 횃불을 든 사람이 천천히 뒤따르고, 그 뒤에는 초롱을 든 두 줄 사이로 장례 행렬이 지나가는데, 본격적인 장례행렬의 맨 앞에는 호상이 말 위에 높이 앉아 지나가며, 그 뒤에는 고인의 이름과 벼슬을 적은 명정이 따르며, 그 다음에는 긴 초롱의 행렬이 거리를 가로질러 뒤따르고, 그 뒤에는 혼백 궤와 신주를 넣은 일종의 궤가 따르며, 그 양편에는 머리를 길게 풀어헤친 고인의 비복들이 따르는데 그들의 수효는 2~6명이며, 그런 다음에 또 다른 초롱의 행렬이 지나가고 그 뒤에 상여가 뒤따르며, 상여의 바로 뒤에는 맏상주가 가마를 타고 따르며, 그 양 옆에는 고인이 부리던 시비들의 남편들이 따르고, 그 뒤에는 유족들이 따르는데 그들의 가마 양 옆에는 고인의 친척들이 부리는 시비의 남편들이 따르며, 그 다음에는 먼 친척들과 친구들이 따르고, 거리의 사내아이들이 떠들썩거리며 따르는 것으로 행렬은 모두 끝난다고 하였다. 그런데 서울에서는 매장이 금지되어 있고 수구문과 서소문 이외의 성문으로는 상여가 통과할 수 없는데, 이 2개의 문은 오후 9시에서부터 다음날 새벽 4시까지 닫혀있기 때문에 복잡하다고 하였다. 그리고 헐버트는 지관 직업에 종사하는 사람은 시골에서 뽑혀 온 사람들이며, 서울 사람은 자격이 없다는 것이 불문율이라 하였으며, 그러므로 시골 지관은 서울 지관보다 알아준다고 하였는데, 지관들은 대개 시대에 뒤떨어진 사람을 의미하는 '립 반 윙클(Rip Van Winkle)형'의 나태한 사람으로 보았다.[26]

헐버트는 중류계급의 상례에 초점을 맞추었다고 하였지만 양반 계층의 상례(그것도 대부분 서울 지역)를 주로 언급한 것으로 보인다. 그가 본 상례에서는 임종 전 병자를 밖에다 거적 위에 눕혀 놓는 경우(주로 하층 계급이나 미신 신봉자들)와 초혼 시 행하는 절차 등이 특이하다. 그리고 널을 소나무로 사용하는 것에 대하여 과학적이라고 인식한 듯하며, 이것은 미신을 신봉하는 타민족과 대조적이라면서 긍정적인 평가를 하였다. 그러나 장례시기, 묘비와 지석의 사용용도 등에 대해서는 잘못 이해하고 있었으며, 직업적인 지관에 대

---

26 H. B. 헐버트 지음, 신복룡 역주, 앞의 책, 505~520쪽.

해서도 부정적이었다. 특히 신주를 훔쳐가 돈을 요구하는 흉악범들이 있다고 하여 당시의 세태를 반영하였다. 또 발인을 주로 저녁 무렵(대개 서울의 경우)에 행하는 것으로 기술하였다. 헐버트는 임종에서부터 매장에 이르기까지의 상례 절차 및 과정을 충실하게 기록하고 있는바 평가된다.

E. B. Landis는 「*Rites of Korea*」(한국의 의례)에서, 상례의 전통적 의식 절차와 방법 등을 포함한 제반사항들을 매우 상세하면서도 정확하게 언급하였다. 그런데 논제는 한국의 의례지만 상례에 관한 내용들뿐이다. 랜디스가 자세하게 언급한 상례 절차와 방법 가운데, 상례 절차를 대략 간단히 제시하면 다음과 같다. 初終, 襲, 小殮, 大斂, 成服과 喪服(服制), 治葬, 虞祭, 卒哭, 祔祭, 小祥, 大祥, 禫祭, 吉祭 등이다. 특히 그는 服制에 대해 자세히 심도 있게 언급하였는바 주목할 만하다. 일례를 들면 참최복(斬衰服) 3년, 재최복(齊衰服) 3년, 재최복 1년, 재최복 5개월, 재최복 3개월, 대공(大功) 9개월, 대공 7개월, 소공(小功) 5개월, 시마(緦麻) 3개월 등이 그것이다.[27] 랜디스가 중국어를 알았다면 『朱子家禮』나 한국의 家禮書를 참고로 했을지도 모른다.[28] 그러나 논문의 전체 내용으로 보건대 유식한 한국인의 도움을 받은 것으로 추정된다.[29] 랜디스의 상례 관련 논문이 관·계례 관련

---

[27] cf. E. B. Landis, Rites of Korea, *Journal of the Anthropological Institute,* May, 1896. pp.342~361.

[28] 이에 대해서는 추후 정밀하게 검토할 예정이다.

[29] 여기서는 랜디스가 구체적으로 정밀하게 언급했던 服制의 일부분만을 제시하겠다.
"Ⅰ. Mourning Clothes. Cham Choi.—This is the deepest class of mourning. In this

논문보다 더 밀도 있게 다룬 것 같다. 당시에 서양인이 거의 전문가 수준에서 한국의 의례(관·계례와 상례, 특히 상례)에 대해 언급한 것은 획기적일 뿐만 아니라 높이 평가된다. 반면 우리는 서양의 의례 문화에 대해 얼마나 알고 있었을까?

이외에도 까를로 로제티는 『꼬레아 꼬라아니』에서, 한국의 장례식은 주로 해질 무렵에 거행되는데, 이것은 서울에서 볼 수 있는 가장 독특한 광경들 중의 하나라고 하였고, 또 고인에게 가족이나 장례에 참석한 모든 사람들은 5번 절을 올린다고 하였으며,[30] 끌라르 보티에·이쁘리트 프랑뎅은 『프랑스 외교관이 본 개화기 조선』에서, 한국의 여러 의식 가운데 장례식만은 특별히 언급할 만한 가치가 있

---

the garments are made of very coarse hempen cloth and unhemmed. The upper garments are called Choi, and the under garments are called Chi Ma. Hanging down in front from the shoulder is a piece of cloth, which is supposed to catch the tears as they fall. Behind is a wide piece of cloth hanging down from the collar to which it is attached; this is called the Pou Pau. It has a figurative meaning, and that is that the mourner trails his sad heart after him in the dust. On either side also are pieces hanging down from the arm-pits. These are called Pyeng Yeng. These indicate the sad heart of a final child which should be downcast. Again Choi means that the heart is rent and torn, and Pou Pau that he is overcome with sadness. On the shoulder is a binding which is called Chyek, and which signifies that the filial son carries the thoughts of his parents always with him. On the left side covering the heart is also a piece of cloth which is fastened to the collar. It is worn for three years(in reality only twenty-seven months). 1. For one's father. 2. If a father has died before the paternal grandfather, when the latter dies, the first-born grandson wears it. 3. If father and grandfather die before the great-grandfather, when the latter dies the same rule is followed as in No. 2. 4. The father wears if for his first-born son. This is because of the break in the family time. 5. The wife wears it for her husband's father. As her husband wears it she must follow the example of her lord and master. 6. A wife wears it for her husband. 7. A concubine wears it for her lord. 7. A concubine wears it for her lord. 8. A concubine wears it for her lord's father"(p.342)

30 까를로 로제티 著, 서울학연구소 譯, 앞의 책, 132~134쪽.

다고 하면서, 특히 벼슬아치의 장례식은 정말 볼만했다고 하고는, 평민계급의 장례 절차는 관리(사대부)들의 장례를 모방한데 지나지 않으며, 그것도 처음에는 원형을 축소해서 모방하다가 나중에는 겨우 윤곽만 모방했을 따름이었다고 하였다. 그리고 망자의 가족은 삼베로 만든 옷을 입고 두 개의 대나무 막대에 매단 천 조각을 손에다 들고 얼굴을 가리는데(상주가 조문객을 맞이할 때 사용하는 얼굴 가리개인 차면선을 말함) 불편한데다가 우스꽝스럽다고 폄하하였다. 또 부장품에 대해서는 한국에서 매우 높이 평가되었음이 분명하다고 하면서, 마치 고대 이집트 무덤의 신비함을 연상시켜주지만 야만스러운 풍속이라고 평하였다.[31] E. J. 오페르트의 『금단의 나라 조선』에서, 장례는 혼례와 마찬가지로 별다른 제의식이 없이 치러지며, 시신과 어떤 종류의 장신구도 함께 매장하기 때문에 무덤 속에 귀중품이 묻혀 있으리라는 추측은 전혀 사실이 아니고, 화장은 거의 보기 드물며 상류계급에서만 행해지고, 망자의 친족들은 상복을 입지 않으며 부모에 대해서만 엄격하게 지킨다고 하였다.[32] 또 사이에 롱은 「코리아 혹은 조선」에서, 조부모를 포함하여 부모 중 한 분이 돌아가셨을 때 모든 남자는 귀족이건 평민이건 누구나 3년 동안 엄격한 복상기간을 치러야 하며, 불행히도 그 기간 중에 나머지 한 분마저 세상을 뜨면 그 시점으로부터 다시 복상기간이 시작된다고 하면서, 사이에 롱이 한국에 체류하는 동안 오로지 이 옷만을 입고 지내

---

31 끌라르 보티에·이뽀리트 프랑뎅 지음, 김상희·김성언 옮김, 『프랑스 외교관이 본 개화기 조선』, 태학사, 2002), 100~103쪽.

32 E. J. 오페르트 지음, 신복룡·장우영 역주, 앞의 책, 115~116쪽.

는 사람도 여럿 보았다[33]고 기술하고는 이상하게 생각한 듯하다.

서양인들은 한국의 의례(관·계례, 혼례, 상례)에 대해 관심을 갖고 관찰을 통해 기록으로 남겼지만 일부를 제외하고는 일반적인 수준에 머무르고 있다. 특히 관·계례의 경우 혼·상례와는 달리 태반은 그 본래적 의미를 제대로 파악하지 못한 듯하다. 반면 혼·상례(특히 상례)에 대해서는 잘못 알고 기술한 부분(특히 목안과 장례시기에 대해서는 대부분 착오를 보이고 있음)도 있지만 어느 정도 파악한 것으로 보여진다. 서양인들이 쓴 책을 보면 한국의 의례에 대해 긍정적 시각 또는 부정적 시각을 내비치는 부분이 있다. 이는 직업이나 여행목적, 식견, 인식태도 등에서 차이를 보일 수도 있다. 그러나 부정적 시각의 경우 대부분은 서양인 자신들의 기준과 잣대, 소위 문화적·인종적·지적 우월감과 종교적 선입견 등이 작용한 때문으로 보여 진다. 그런바 비록 논문이지만 객관적 입장에서 심도 있게 쓴 랜디스의 논문들을 주목할 필요가 있다.

서양인들이 쓴 책들을 보면 유사한 내용들이 있어 간혹 당혹감을 느낀다. 이들이 기록시 먼저 나온 책들을 보고 참고 또는 인용한 것이 아닌가 하는 생각이 들기도 한다. 그리고 서양인들은 혼·상례의 경우(특히 상례) 가문·色目·지역 등에 따라 그 절차와 방법에 약간씩 차이가 있다는 것을 거의 인식하지 못한 것으로 보인다. 이러한 점들을 우리는 유의할 필요가 있다.

한편, 서양인들의 기록을 통해 당시 우리의 의례 일부가 변화·변

---

33 샤를 바라·사이에 롱 지음, 성귀수 옮김, 『조선기행』, 눈빛, 2001, 257쪽.

형된 것을 엿볼 수 있다. 서양인들의 기록이 당시의 양반계층과 평민계층의 의례 문화를 파악하는데 참고가 된다는 사실을 인식할 필요가 있다.

이유와 목적이 어떠하든 서양인들은 한국의 의례를 얼마나 알고 이해하고 있었을까?

2. 서양인의 한국 의례에 대한 이해와 그 한계

한 민족의 풍습과 문화를 제대로 이해함에 있어 가장 기본이 되는 것은 통과의례 그 중에서도 관·혼·상·제례라 할 수 있다. 개화기 서양인들이 우리나라에 들어와 우리 문화의 실상을 파악하고자 하면서 자연히 관·혼·상·제례에 관심을 가지고 살피게 되었다. 여기서는 앞에서 관·계례, 혼례, 상례별로 논의한 내용을 토대로 당시 시행하고 있던 사대부·평민의례와의 비교 검토를 통해 그 실상 파악과 함께 서양인들의 한국의 의례에 대한 이해 수준과 그 한계를 구명하겠다. 이 과정에서 서양인들의 민속, 특히 의례 문화에 대한 인식태도도 살펴보겠다.

(1) 관·계례—성인됨과 치장의 모순 그리고 인식부족

W.E. 그리피스(『은자의 나라 한국』)는 "결혼 선물은 사실상 상투를 올리는 것이 전부이다. 왜냐하면 결혼식 날이면 머리칼을 두상 위로 감아올리고 온통 치장하기 때문이다…남자들은 머리칼을 하나라도 잘라서는 안 되지만 서울의 멋쟁이들은 기성에 대한 저항적인

요소와 함께 자기의 개인적인 매력을 돋보이도록 하기 위해 상투의 크기를 계란보다 더 크지 않도록 치장한다."(324쪽)고 하였다. 관례의 의미보다는 상투를 올리고 치장한 것에 더 관심을 보이고 있다. 그리고 계란정도의 상투 크기에 저항적인 요소가 담겨 있다는 것은 납득하기가 어렵다. 또 "결혼식이 있기 전날 밤, 시집갈 처녀는 자기의 한 친구를 초대하여 자기의 처녀 머리를 결혼한 여인의 머리로 바꾼다. 신랑이 될 사람도 친지 중의 한 사람을 초대하여 어른처럼 자기의 머리를 올린다. 이 일을 할 사람은 매우 신중하게 선발한다."(324~325쪽)고 하였다. 원래 남자의 경우 주례자는 아버지의 친구나 스승 가운데 학덕과 예법에 능한 사람이 하였고, 여자의 경우 주례자는 친척 중에서 예의범절에 밝은 부인이 하였다. 그런데 시집갈 처녀 본인이 주례자를 친구로 선택한다는 것은 이해하기 어렵다. 위의 내용들은 평민계층에서 행했던 관·계례로 보이나, 실제로 이처럼 행했는지 의문이 간다. 그리피스는 관·계례를 제대로 이해하지 못한 듯하다.

호레이스 N. 알렌(『알렌의 조선 체류기』)은 한국의 관·계례를 어느 정도 이해한 것으로 짐작된다. 그런데 그는 그 절차나 과정 등에는 별로 관심이 없는 것 같고, "결혼하지 않은 사람은 나이가 들어 백발이 되었다 할지라도 머리를 등 뒤로 땋아 내리고 다녀야 하며, 아이들이라 할지라도 그러한 사람에게는 반말을 쓰게 되어 있다. 나는 길에서 가끔 이러한 가엾은 사람을 한 둘 만난 적이 있는데, 그들은 매우 외롭고 친구가 없어 적적한 듯 했다."(153쪽)고 하여 혼인하지 못한 나이 많은 사람들에게 동정 어린 시선을 보이는 정도였다. 알렌은 성인으로서의 책무가 무엇인지를 인식하지 못하였다.

A. H. 새비지-랜도어(『고요한 아침의 나라 조선』)는 관·계례의 절차나 의미에는 관심이 없고, "한국의 남자는 100명 중 99명이 결혼을 하였는데, 그들은 가장 멋진 형태로 머리를 치켜 올려 손질 한다.…소시지의 크기와 모양으로 둥글게 뒤틀어서 머리 꼭대기와 직각을 이루게 곧추세운다. 이는 상투라는 재치 있는 이름으로 자연스럽게 통용된다. 때로는 작은 은이나 금속 구슬을 상투의 꼭대기에 꽂는 경우도 있고, 작은 별갑의 장식을 이마 바로 위의 머리칼에 묶는 경우도 있다."(56~57쪽)라 하여 오로지 머리 형태와 치장에만 관심이 있을 뿐이었다. 대부분의 서양인들이 관·계례를 행하는 근본적인 이유와 성인으로서의 책무를 인식하지 못한 것 같다.

E. B. Landis(「*The Capping Ceremony of Korea*」)는 관·계례의 전통적 의식 절차와 과정 등을 세밀히 정확하게 이해하고 있다. 그러나 관·계례의 본질적 의미나 성인으로서의 책무 등에 대한 보다 심화된 논의가 매우 미흡한바 아쉬움을 남기고 있다.

(2) 혼례—남자 해방 여자 속박의 이중성 그리고 편견

W. E. 그리피스(『은자의 나라 한국』)는 혼례식에 대해 "혼례일이 되면 신랑의 집에서는 단을 세우고 편물로 된 장식으로 호화롭게 꾸민다.…단 위에서 그들은 잠시 서 있는다. 그들은 정중하게 맞절을 하지만 한마디의 말도 하지 않는다. 이것으로 결혼이 이루어진 것이다.…사대부의 집안에서는 이 예절을 지켜야 한다."(325쪽)라고 하여 신랑 집에서 대례를 치루는 것으로 기술하였다. 혼례식은 지역이

나 색목, 가문 등에 따라 약간씩 차이는 있지만, 대부분 신부 집에서 행하였다. 따라서 위의 기록은 그리피스의 착오로 보인다. 또한 그는 "혼례에서 가장 눈에 띄는 상징은 거위이다. 조선 사람들의 눈에는 거위가 부부의 상징으로 보인다."(327쪽)고 했는데, 거위가 아니라 기러기이다. 그는 또 "신랑은 새댁에 대한 사랑의 서약으로서 중요한 의미로 장인에게 4번 절을 하고 나서 딸을 평생토록 사랑하겠다는 서약을 글로써 바치는 경우로 있다."(327쪽)고 하였다. 그리피스가 본 것은 양반계층의 혼례로 파악되는데, 의례를 행할 때에는 남자는 2번이다. 그리고 사랑의 서약서를 바치는 경우는 거의 없다. 그리피스의 기록을 보면 '신부가 2~3명의 친구를 들러리로 삼는다.'(327쪽)든지, '결혼 입증 문서인 혼서지에 양가가 서명한다.'(327쪽)든지, '手本을 만든다.'(327쪽)는 것은 전통적인 혼례 절차와 방식에는 없는 것들이다. 이러한 것들은 개화기 때 생긴 것으로 추정되며, 여기서 변형의 일면을 짐작할 수 있다. 한편, 부부간의 순결에 대해 "아내에 대한 의무 같은 것은 없다. 아내는 상류사회의 계집종보다 조금 더 상위인 정도이다. 양반들은 자신이 아내를 별로 대수롭지 않게 보고 있다는 것을 입증하기 위해 새신랑은 3~4일간만 새댁과 함께 지낸 후에는 상당기간 동안 아내를 멀리한다. 예법상 여자가 생과부 노릇을 하고 있는 동안 남편은 첩들에 싸여 방탕한 시간을 보낸다.…어릴 적부터 그와 같은 멍에에 익숙해졌고 또 자신을 하나의 열등한 족속으로 취급하고 있는 대부분의 아낙네들은 깨끗이 체념하고 자신의 운명을 따른다.…그들은 심지어 폭군과 같은 남편과 무분별한 시어머니에게까지도 묵묵히 복종한다."(330쪽)고 하였다. 그럴 수도 있겠지만, 이는 폄하적 시각에서 본 편견이다. 그리피스가 한국의 의례 문화를 이해했다기 보다는 서양의 잣대로 본 것이라 하겠다. 한국의 결혼 풍습에 대한 그리피스의 그릇된 인식태도를 엿볼 수 있다.

I. B. 비숍(『조선과 그 이웃나라들』)은 결혼식 과정을 설명하는 가운데 "우리가 생각하기에 신부는 매우 희한한 존재이다. 그의 얼굴은 백분으로 뒤덮이고 붉은 점을 찍는다. 그의 눈까풀은 접착제를 발라 붙어 있다.…종자의 부추김을 받아 신부는 남편에게 2번 절하고 남편은 아내에게 4번 절한다. 이렇게 여러 사람 앞에서 맞절을 하기만 해도 합법적인 결혼이 성사된다. 혼례가 끝나면, 설령 남편이 아내를 싫어한다 해도 제2의 아내를 맞을 수 없다. 남자가 부정한 관계를 맺는 경우가 많이 있기는 하지만 조선에서의 결혼은 영원한 의미를 갖는다.…비천한 사람들이 먹는 음식상을 차리려면 5~6엔 정도가 들며 매우 싸게 혼례를 치르는 경우라도 75엔 정도가 소비되어 딸이 여럿인 가정은 재정적으로 불행을 초래한다고 한다."(118쪽)라고 하였다. 여기서 주로 신부의 화장을 보고 희한한 존재라 하였는데, 이는 서양 화장법과 한국 화장법의 차이를 인식하지 못한데서 기인한 것으로 보인다. 그리고 신랑·신부의 맞절 횟수도 착오에서 비롯된 것이다. 그러나 그녀가 결혼 비용의 과다 지출로 인한 심각성을 언급한 것은 제대로 파악한 것이라 하겠다. 한편, 비숍은 신부의 첫 번째 임무로 침묵을 들고 있다. 그리고 여성의 결혼 생활에 대하여 "조선의 여성은 속박 속에서 살아 왔다.…그들은 말없이 현모양처의 법칙을 따른다.…그들은 결혼해서 애정을 기대하지 않으며

구습을 타파하겠다는 생각은 결코 할 수가 없다. 대개 그들은 시어머니의 지배에 순종하며"(120,143쪽)라고 하였는데, 그녀는 한국 여성의 결혼 생활을 이해할 수 없었던 것 같다. 가정 내에서 서양 여성과의 위치와 역할을 비교한다면, 한국 여성은 침묵 속에서 속박만 당하는 것으로 볼 수 있다. 그러나 한국 여성의 주부권을 이해했다면 보다 새롭게 이해할 수 있지 않을까 한다. 주부권을 얻기까지의 과정이 서양인의 눈에는 남편이나 고부간의 갈등으로 측은하게 보였던 것은 당연할지 모른다.[34] 이 때문인지 비숍은 여성에 대해서는 동정심을 보인 반면, 남성에 대해서는 비판적이다. 비숍은 『한국과 그 이웃나라들』(1897)을 쓰기 위해 1889년부터 4차례에 걸쳐 11개월간 한국을 방문하고 계획적이며 예리한 통찰력으로 한국의 생활과 풍습을 조사한 것으로 알려져 있다. 그녀는 한국인의 혼례에 대해 어떻게 이해했을까? 앞에서 언급했듯이, 비숍은 한국의 혼례를 어느 정도 파악한 것으로 보인다. 그러나 그녀 역시 서양의 입장, 여성의 시각을 벗어나지 못하고 있다.

A. H. 새비지-랜도어(『고요한 아침의 나라 조선』)는 한국의 혼례에 대해 "조선의 결혼은 참으로 한 장의 복권이다. 나는 왜 그들의 결혼이 대등한 두 개의 복권이 될 수 있는지 알 수 없다."(142쪽)라고 하여 의구심을 품고 있다. 그 대표적인 일례가 중매 관습이다. "조선의 결혼에서 신랑·신부의 뜻은 거의 고려되지 않는다. 그들을 위한 일은 친척이나 중매쟁이의 주선을 통해 성사된다.···결혼식 당일에

---

34 임장혁, 앞의 책, 80쪽 참조.

서야 그가 꿈꾸어 왔던 묘령의 여인 대신에 곱사등이에 몰골이 흉한 절름발이와 혼인하게 된 사실을 알게 된 신랑의 당혹감을 상상해 보라…그러한 상황에서 부모님을 슬프게 하지 않는 길은 위풍당당하게 그 혼례를 치르고 가장 이른 시기에 미모의 첩들을 들이는 외에는 방도가 없지 않은가?"(142~143쪽)라고 하여 냉소적·비판적 시각을 내비치고 있다. 그러므로 그는 "조선에서는 일부다처제가 인정되기 때문에 첩을 두는 것은 국민적 관습이다. 정부가 축첩을 공인한 것은 아니지만 공개적으로 용인되고 허용된다."(143쪽)라고 하여 일부다처제를 인정한다고 하였는데, 이는 잘못 이해한 것이다. 한국은 조선조부터 개화기까지 일부일처제였다. 또 혼례식에 대해 "조선의 혼례식은 간단한데, 서양처럼, 신부 집이 아닌 신랑 집에서 치러진다.…앞으로 자신의 생활이 얼마나 크게 바뀔지를 전혀 깨닫지 못하는 신랑이 신부 앞쪽에 무릎 꿇고 앉는다. 그러면 수백 글자의 기묘한 한문이 쓰여진 문서가 작성된다. 그것은 아무개 군과 아무 성씨의 사이에 성스러운 혼례가 치러졌음을 증명해 주는 문서이다. 우리가 앞서 살펴보았듯이 여자는 낮은 성이기 때문에 이름을 가질 자격이 없다. 이 서약서에는 신랑·신부의 아버지와 가장 가까운 친척들이 서명한다. 만약 글을 모르면 지장을 찍는데 이러한 경우가 다반사이다. 그런데 나는 그동안 보아온 모든 표지 중에서 이것이 가장 기묘한 것이었음을 고백하지 않을 수 없다. 만일 신부가 문맹이라면 손가락과 손목에 굵은 붓으로 먹물을 칠해 문서 위에 찍는다.…이러한 보다 간단한 과정이 그 의식을 더욱 인상적으로 만든다.…그때 신랑은 그에게 순응 또는 동의의 표시로 절을 4번 하면 이어서 신부가

2번 절을 한 다음, 존경의 표시로 시아버지에게도 4번의 절을 올린다."(144쪽)고 기술하였다. 결혼식이 신랑 집에서 행해진다고 한 것은 착오로 보이며, 신랑·신부의 맞절 횟수도 잘못 이해한 것이다. 그런데 새비지-랜도어가 기괴하다고 고백한 지장은 당시 평민계층에서 행했던 것이 아닌가 추측된다. 원래 지장 같은 것은 없다. 또 일종의 혼인서약서를 작성하고 신랑·신부의 아버지와 가까운 친척들이 서명한다는 것 역시 과거에는 없었던 절차와 방식이다. 이 또한 변형된 것으로 짐작된다. 그리고 신방 엿보기에서 "중매쟁이나 아버지 혹은 다른 사람이 첫날밤을 도와주는 임무를 맡아…대개 그들은 일부러 신방에 놓아둔 병풍 뒤에서 자신의 역할을 수행한다."(146쪽)고 하였는데, 이러한 일은 과거나 당시에도 있지 않았다. 그가 무엇을 근거로 이렇게 기술하였는지는 의문이다. 새비지-랜도어의 기록은 사실과 다른 부분들이 있는바 신빙성에서 문제가 있다. 새비지-랜도어는 한국의 혼례를 제대로 이해하지 못했을 뿐 아니라 정확성에서도 믿을 수가 없다. 서양의 관점에서 기술한 것으로 보인다.

이 밖에 다른 서양인들의 한국의 혼례에 대한 이해 수준을 간단히 살펴보겠다.

호레이스 N. 알렌(『알렌의 조선 체류기』)은 혼례를 피상적으로 다루고 있다. 그는 혼례를 약간은 이해한 것 같으나 일반적인 사항만 간단히 기술하는데 그치고 있다. 그리고 혼인 전 신랑과 신부가 양가를 방문한다는 것은 변형으로 보여 진다. 그런데 다음의 기록을 주목할 필요가 있다. "젊은 미국 여성 선교사들이 하는 일 가운데 하나는 그들의 선교 학교에 다니는 젊은 여성들에게 적절한 신랑감을 찾아주고 그들의 부모 노릇을 해주는 일이다. 물론 그들의 결혼식은 미국의 결혼식처럼 세련됨과 근엄함을 더해 준다."(155쪽) 이 글을 통해 알렌의 시각의 일단을 엿볼 수 있다.

E. 와그너(『한국의 아동생활』)는 우리의 전통 혼례 절차와 방식을 비교적 정확하게 이해하고 있다. 또 E. J. 오페르트(『금단의 나라 조선』)는 "일부다처제는 조선에서는 보편화된 제도이며…남자가 거느리는 여자들의 수는 신분과 지위에 따라 다르다.…남자와 여자의 아버지나 친척 간에 돈이 오고 가면 남자는 여자를 자신의 집으로 데려올 수 있으며 그를 상품이나 물건처럼 마음대로 취급할 수 있다."(114쪽)고 하였다. 이는 그릇된 인식태도의 대표적인 예로써 오페르트는 우리의 혼례를 전혀 이해하지 못하였다. 그의 편향된 시각을 간파할 수 있다.

(3) 상례—호기심과 복잡한 저승길 절차 그리고 부정적 시각

W. E. 그리피스(『은자의 나라 한국』)는 한국의 상례에 대해 어느 정도 파악하고 이해한 것으로 보인다. 일례를 들어 "부모가 죽었을 때에는 '아이고 아이고'하며, 다른 친척들은 '어이 어이'한다."(359쪽) 등을 보면 그의 상례에 대한 이해 수준을 가늠해 볼 수 있다. 그런데 喪杖에 대하여 "이 긴 지팡이는 매끈한 대나무로 만든 상장으로써 상주임을 나타내는 것 이외에는 아무런 뜻이 없다."(359쪽)고 하였다. 상장은 상주가 짚는 지팡이로, 아버지의 喪에는 대나무 지팡이, 어머니의 喪에는 오동나무(또는 버드나무) 지팡이를 짚는다. 굵

기와 길이의 차이에 따라 상주 순으로 잡는다. 그리피스가 대나무 지팡이를 언급한 것은 일반적으로 볼 때 맞다. 헌데 아무런 뜻이 없다는 것은 잘못 이해한 것이다. 대나무(오동나무와 버드나무 포함)는 변함없는 효심을 상징하는 것이다. 또 장례 행렬시 "아들들은 걸어서 상여를 따르며 친척들은 가마나 말을 타고 따른다."(360쪽)고 했는데, 친척들도 가마나 말을 타고 따르지 않는 것이 통례이다.(예외도 있음) 그리피스의 다음과 같은 지적을 유의할 필요가 있다. "조선에서는 매장, 상례 그리고 위패 등에 관한 용어가 많은 것으로 보아 조선인들이 유교의 윤리에 얼마나 강렬하게 집착하고 있으며, 미신의 힘이 얼마나 강하게 작용하고 있으며, 죽은 사람을 위해서 살아 있는 사람들이 그들의 재물을 얼마나 아낌없이 낭비하는가를 알게 된다.…상사가 있으면 엄청난 비용을 쓰고 젊은이들은 혼기까지 놓친다.…이밖에 상사로 인해 가산이 기울고 마땅한 계절에 결혼하지 못하는 등 어리석고도 고집스러운 상례로 인해 인구가 증가하지 않는다."(362~364쪽) 상례비용 과다지출, 혼기 연장 등은 객관적으로 비판하였는바 수긍할 필요가 있다. 그러나 전체 문맥으로 보건대 그가 어떤 시각에서 기술하였는가를 엿볼 수 있다.

I. B. 비숍(『조선과 그 이웃나라들』)은 한국의 장례를 특이하게 인식하였다. 그녀는 우리의 상례를 대략 어느 정도 파악하고 이해한 듯하다. 그런데 장례시기에 대해 "조선의 관습은 가난한 사람의 경우 3일장을 하도록 되어 있으며, 중간계층은 9일장, 귀족 또는 고위 관료들은 3월장을 치르며"(283쪽)라고 하였는데, 이는 잘못 이해한 것으로 보인다. 治葬 中 葬期는 천자 9월장, 제후(왕) 7월장, 경대부 5

월장, 士踰月葬(달을 넘겨서 날짜를 골라 장사를 지내는 것을 말함)
이다. 또 "시신에게 옷을 입힐 때, 가슴둘레를 단단하게 묶어 때로는
어깨뼈가 부서지기도 하는데 이는 행운의 표시로 해석된다."(283쪽)
고 하였는데, 필자가 처음 접하는 기록으로 이해되지 않는다. 염을
할 때 시신에 이상이 있어서는 안 되는 것으로 알고 있다. 그리고 사
자상의 경우, "탁자를 문 밖에 놓고 그 위에 밥 세 그릇과 호박을 차
려 놓고 그 옆에 짚신 세 켤레를 놓는다. 쌀과 짚신은 3명의 使者를
위한 것인데…30분이 지나면 호박을 깨고 짚신을 태우고 사자 밥을
멀리 던진다."(283쪽)고 하였는데, 이 또한 가문·색목·지역 등에 따
라 다르다. 헌데 쌀과 짚신은 3명의 사자를 위해서라고 하였는데 잘
못 이해한 것 같다. 사자는 둘인데 셋씩 차리는 것은 망인의 영혼을
의식해서인 듯하다. 그리고 30분이 지나면 호박을 깨고 짚신을 태우
고 사자 밥을 멀리 던진다는 것은 납득되지 않는다. 그런데 호박을
차려 놓는다는 것은 특이하다. 또한 장지에서 하관 할 때 "드문 경우
이지만 미망인은 그 남편의 시신에서 가까운 의자에 앉고"(284쪽)라
고 하였다. 원래 여자는 장지에 가지 않는 것이 통례이다. 이때는 개
화기라 그럴 수도 있겠지만 의자에 앉는다는 것은 잘못 이해한 것이
다. 의자에 앉을 수가 없다. 또 매장·성분 후 반혼제를 지낼 때 5번
절을 한다고 하였는데 이 또한 착오로 보인다. 의례 시 절은 남자는
2번, 여자는 4번이다. 상례는 가문·색목·지역 등에 따라 다르기 때문
에 단정적으로 언급해서는 안 된다는 사실을 인식하지 못한 것 같다.
비숍은 장례식에 대해 "우리는 그날 세 번의 장례식을 보았다.…이
장례식은 슬픔보다는 호사스러움을 느끼게 했다.…악기를 소지한

사람을 포함해서 남성 조문객들, 탁자, 음식 상자 등의 거대한 집단
이 뒤따랐다. 그러나 그들의 표정은 슬퍼 보이지는 않았다."(282쪽)
고 하였다. 그녀가 한국의 장례식을 이상하게 생각했던 것으로 짐작
된다.

E. B. Landis(「*Rites of Korea*」)는 유가적 상례 절차와 방식 등을 구
체적이면서 정밀하게 다르고 있다. 그가 객관적인 입장에서 상례를
논의한 것으로 보인다. 이로써 보건대, 랜디스가 우리의 상례를 정
확하게 파악하고 이해한 것 같다. 그런데 그의 논문은 문헌(아마『주
자가례』와 한국의 가례서 〈가례즙람·사례편람〉 등을 참고한 듯) 위
주의 논의로, 현장론적 측면에서 아쉬움을 남기고 있다. 그가 당시
우리나라 상례의 실상을 관찰 파악하여 이를 문헌자료와 함께 논문
에 반영했더라면 매우 수준 높은 논문으로 평가되었을 것이다.

이외에 다른 서양인들이 우리의 상례에 대해 얼마나 이해하고 있
었는지 간략히 살펴보겠다.

H. B. 헐버트(『대한제국멸망사』)의 상례에 대한 이해는 일반적인
수준 정도인데, 잘못 알고 있는 부분도 적지 않다. 그가 언급한 초혼
방법은 기존의 방식과 다소 차이가 있다. 즉 고인의 이름, 지위, 사망
순으로 외친다고 하면서, 이는 인·의·예 때문이라 하였는바 색다르
다고 하겠다. 또 습할 때 종이로 시신을 씻는 것도 독특하며, 가족들
이 가난한 사람들에게 옷을 나누어준다는 것도 눈길을 끈다. 그런데
염습이 끝난 후 6촌 이내의 친척들이 모두 모여 곡을 한다고 하였는
데, 6촌이 아니라 8촌이다. 한편, 헐버트는 소나무를 널로 사용하고
있는 데에 대해 한국인이 미신을 신봉하는 타민족과는 다른 민족이

라 하여 긍정적인 평가를 내리고 있다. 그리고 상주의 벼슬이 높거나 돈이 많은 경우 보통 3월장을 한다고 하였는데 잘못 이해한 것이다. 신분 계급에 의한 것이지, 돈, 즉 부자와는 상관이 없다.(3월장은 앞에서 언급했음) 한편, 장지에 묘비를 2개 준비한다는 것은 잘못 파악한 것으로, 이는 묘비와 지석의 사용용도를 이해하지 못했기 때문이다. 특히 흉악범들이 신주를 훔쳐가 돈을 요구한다든지, 직업적인 지관을 립 반 윙클형의 시대에 뒤떨어진 나태한 사람이라고 혹평하면서 이들을 통렬하게 비판하였다. 또 막 상주가 가마를 탄다는 것은 잘못 이해한 것이다. 헐버트는 미신과 다름없는 풍수지리설을 신봉하는 한국인과 지관(특히)에 대해 부정적이다. 이를 통해 그의 시각의 일면을 추찰해 볼 수 있다. 한편, 까를로 로제티(『꼬레아 꼬라아니』)는 상주의 얼굴 가리개인 차면선을 그 사용의 의미를 이해하지 않고 우스꽝스럽다고 폄하한 것이라든지, J. S. 게일(『전환기의 조선』)이 "남자의 영혼은 천당으로 가고, 여자의 영혼은 지옥으로 간다. 거기에는 부활의 뜻이 없다."(63쪽)고 한 언급에서, 이들이 서양의 시각으로 우리의 상례를 인식하고 있음을 감지할 수 있다.

서양인들의 한국의 의례에 대한 이해 수준은 천차만별이다. 전체적으로 볼 때 잘못 이해한 부분도 있지만, 대강 어느 정도 일반적인 수준까지는 알고 이해한 것 같다. 그러나 그 근원적 의미나 본질 등에 대해서는 태반은 이해하지 못한 것으로 보인다. 그리고 우리의 의례 문화에 대한 서양인들의 인식태도에서 세부적·구체적으로 명시되지는 않았지만 서양 중심, 소위 문화적·인종적·지적 우월감과 종교적 선입견 등이 은연중 작용하고 있었다. 다시 말해 서양 중심의 큰 틀은 변함이 없고, 한국의 의례 문화라는 작은 틀에서는 직접 표출되기보다 간접적으로 작동하고 있는 바 별 차이가 없는 것 같다. 우리 의례의 근원·본질에 대한 이해부족과 서양 중심적 인식태도 등이 그 한계라 하겠다. 한국인이 서양에 물들지 않은 채 전통 상태로 남아있는 것을 선호했으면서도 그들이 서양식 예절을 따르지 않을 때에는 참을 수 없어 했다[35]는 비숍의 고백은 시사하는 바가 크다.

한편, 혼서지 작성 및 서명, 지역에 따른 신행의 변형, 서울에서의 해질 무렵 장례식, 양반·평민 계층 의례의 혼합과 변화·변형 등은 당시의 의례 문화를 객관적으로 파악·이해하는데 도움이 된다.[36]

---

35 박지향, 앞의 책, 99쪽 참고.

36 당시 땅을 찾아온 서양인들의 시각을 통해 우리가 미처 깨닫지 못했던 것을 되짚어 보는 것은 백년이 지난 지금의 역사가 그 당시의 역사와 크게 다르지 않기 때문이다. 그들의 글과 사진을 통해 우리는 자신의 자화상을 되돌아봄으로써 이 시대를 살아가는데 필요한 깨달음을 얻을 수도 있을 것이다. 그러므로 다음의 몇 가지 사항을 유의할 필요가 있다.
첫째, 우리는 저들의 지적이나 충고를 겸허하고도 빈 마음으로 경청할 필요가 있다. 남의 눈에 비친 우리의 모습은 우리가 미처 생각하지 못한, 그래서 우리가 놓쳐버린 모습이 생생하게 재현되는 경우가 있다. 따라서 그들의 눈에 비친 우리의 모습은 또 다른 거울을 통해 우리를 보는 것과 같다. 둘째, 우리는 제3국인이 우리에 관해 쓴 여행기나 견문기를 읽으면서 호기심에 빠진 나머지 그들이 우리를 어떻게 보았느냐에만 몰두하다가 우리가 그들을 어떻게 보았느냐를 읽는데 소홀해서는 안 된다. 셋째, 서양이 본 우리의 모습을 읽으면서 우리는 저들의 백색우월주의를 경계해야 한다. 넷째, 우리는 백여 년 전에 일어난 서양과 우리의 만남, 그리고 그 길항 과정이 지금의 우리에게 주는 교훈이 무엇인가를 끊임없이 자문해야 한다. (신복룡, 앞의 책, 19쪽 참조.)

Ⅲ. 서양 중심적 사고와 편향된 평가

개화기에 한국을 방문한 서양인들은 우리의 의례 문화에 대해 긍정적 평가 또는 부정적 평가를 내리고 있다. 이러한 평가는 기록자에 따라 차이를 보이고 있다. 그 요인으로는 체류기간과 체험의 깊이, 성별, 정보수집 경로, 직업이나 여행 목적, 식견이나 개인적 인식태도 등을 들 수 있다. 문제는 이들 대부분이 근본적으로 서양중심적 사고 내지는 오리엔탈리즘 등과 같은 서양 우월주의 시각을 보이고 있다는 점이다. 특히 부정적 시각의 경우, 문화적·인종적·지적 우월감과 종교적 선입견 등이 작용한 때문으로 보인다. 따라서 이러한 요인들이 한국의 의례를 잘못 이해했던 주원인이었던 것 같다. 아무튼 서양인들은 한국의 의례에 대해 어느 정도 일반적인 사항까지는 알고 이해한 것으로 보인다. 그러나 태반은 본질적 의미에 대해 이해하지 못하였고, 서양 중심의 편향된 인식태도를 은연중 내비치었다. 이것이 그 한계라 할 수 있다.

관·계례는 성인됨과 치장의 모순 그리고 인식부족, 혼례는 남자해방 여자 속박의 이중성 그리고 편견, 상례는 호기심과 복잡한 저승길 절차 그리고 부정적 시각으로 함축할 수 있다.

한국의 의례 문화에 대해 랜디스처럼 거의 전문가적 수준에 도달할 정도로 알고 있는 서양인도 있는 반면, 그렇지 못한 서양인들도 있다. 솔직히 말해 서양인들에게 우리 의례 문화의 본질과 의미까지 파악하기를 기대하는 것은 무리일지도 모른다. 그러나 어찌되었든 그들은 우리의 의례 문화를 파악하려고 했다. 그런데 이 시기의 한

국인들은 서양의 의례 문화에 대해 얼마나 알고 있었을까? 필자는 이 점을 반문하지 않을 수 없다.[37]

---

37 한 문명이 다른 문명과 만날 때 그 만남은 정복과 지배가 아니라 상호접촉과 상호 작용, 그리고 상호변형의 길로 가는 것이 정도일 것이다. 그러나 불행히도 이제까 지의 인류의 역사는 한 방향으로의 압도가 지배해 왔으며, 서양이나 동양 모두 자 기와 타자, 문명과 야만, 남성과 여성 등의 이분법적 사고에 길들어져 있었다는 것 을 인식할 필요가 있다.(박지향, 앞의 책, 297쪽 참조.)

제3장

개화기 서양인들과의
민속 관련 민간문화교류
― 평가와 제안

Ⅰ. 개화기 서양인들과의 민간문화교류

19세기 말에서 20세기 초까지의 국제 정세는 영국·프랑스·러시아 등을 비롯한 서구 열강이 동아시아로 세력을 확장하고, 일본은 명치유신을 통해 근대화에 성공함으로써 조선에 대한 강점 야욕과 함께 대륙 진출을 획책하던 시기였다. 이러한 국제 정세 속에서 조선 또한 격변을 겪고 있었다. 봉건적인 질서체제를 타파하고 근대화를 추진해야 한다는 도전과 외세의 침략을 방어해야 하는 이중적인 과제를 안고 있었던 것이다. 다시 말해 개화파와 보수파의 갈등과 다툼,

백성들로부터의 변혁의 요구, 그리고 제국주의 열강의 침투 등으로
정치·사회적인 혼란의 가중과 함께 사회 전반에 걸쳐 변화를 초래하
게 되었다. 특히 1876년 강화도조약을 계기로 조선은 일본에 의해
강제적으로 개항하기에 이르렀고, 이로 인해 서양문명과 접촉하게
되었다. 그에 따라 서양인들이 조선에 들어오면서 조선이라는 나라
가 서양에 알려지기 시작하였다. 1882년 조선은 미국과의 수호통상
조약을 시발로 독일·영국·러시아·프랑스 등 서양의 여러 나라와 차
례로 통상외교를 맺으면서 새로운 세계 질서 속에 편입되었다. 물론
그 이전에도 조선에 대한 서양인들의 관심이 없었던 것은 아니지만,
19세기 말 한국이 세계 질서 속에 공식적으로 모습을 나타내면서 서
양인들의 관심은 다양한 형태로 나타나게 된다.

　19세기 말에서 20세기 초까지 한국에 온 서양인들은 대개 외교관·
군인·의사·교육자·상인·기자·선교사·학자·직업적인 여행가나 탐
험가 등 다양하였다. 이들은 주로 외교·통상·선교·봉사·교육·연구·
여행 등을 목적으로 한국을 방문하였는데, 자신들의 목적을 달성하
기 위해 한국 사회 전반에 대한 보다 정확한 이해를 필요로 하였다.
그러므로 그들은 자신들이 축적하고 있던 지식과 경험 등을 토대로
한국의 정치·경제·사회·문화·역사·언어·교육·지리·종교·풍속 등
을 조사·연구하고 그 결과를 정리하여 논문으로 발표하거나 책으로
출판하였다. 다양한 직업과 목적을 가지고 한국 사회 전반을 관찰하
고 정리한 기록물들은 서양인들에게 한국을 알리는데 크게 기여하
였을 뿐만 아니라 한국에 대한 인식 형성에도 중요한 기반으로 작용
하였다.[1] 이 과정에서 서양인들은 한국인들과의 접촉을 통해 한국의

실상을 파악 이해할 수 있었으며, 한국인들 또한 서양인들과의 접촉을 통해 서구세계와 문화에 대해 눈뜨는 계기가 되었다. 이러한 점들을 통해 볼 때 개화기 서양인들과의 민간문화교류는 그 의의가 크다고 하겠다. 더구나 개화기는 한국이 세계 사회의 일원으로 등장하는 시기와 일치한다는 점에서 한국이 세계 사회에 어떠한 모습으로 비추어지기 시작해서 오늘의 모습으로 자리 잡게 되었는가를 점검하는데도 일익을 담당할 수 있을 뿐 아니라, 개화기 대외 민간문화교류에 대한 본격적이고 종합적인 첫 번째 연구라는 점에서, 또 한국학 발전에 커다란 기여를 한다는 점에서도 그 의미가 매우 크다.

특히 낯선 나라에 온 서양인들은 한국의 문화와 생활에 대하여 깊은 관심을 가졌는바, 이에 대한 상세한 소개를 기록으로 남기고 있다. 그 가운데 서양인들은 자기 나라와는 판이한 한국의 민속에 대하여 호기심과 관심을 가졌다. 그러므로 자신들이 보고 느낀 것을 나름대로 기록으로 남겼다. 그리고 민속 관련 기록물들은 당시 우리의 민속자료가 거의 없는 현실에서 우리의 민속 문화를 이해하는데 귀중한 자료일 뿐만 아니라, 국제교류가 활발한 오늘날에 있어서도 우리에게 시사하는 바가 크다.

본고는 단국대학교 동양학연구소가 1999년 12월 1일부터 2005년 11월 30일까지 6년간 진행해온 한국학술진흥재단 중점연구소 지원

1　이배용, 「서양인이 본 한국근대사회」, 『이화사학연구』 제28집, 이대 사학연구소, 2001, 105쪽.; 최덕수, 「개화기 서양이 바라 본 한국인·한국역사」, 『민족문화연구』 제30집, 한성대, 1997, 127~128쪽 참조.

연구과제 「개화기 대외 민간문화교류 자료초」의 제2세부과제인 「개화기 서양인들과의 민간문화교류 자료초」에서 역사·종교·경제·문학·민속 등 여러 분야에 걸쳐 이룩한 연구 성과 중, 민속 분야의 자료 및 연구 성과에 대한 평가와 제안에 논의의 초점을 맞추었다.[2]

Ⅱ. 민속 관련 자료 및 연구 성과에 대한 평가

1. 자료

그동안 개화기 서양인들과의 민간문화교류의 실상을 보여주는 구체적이고 체계적인 자료의 집성은 매우 미진한 상태였다. 이 같은 상황에서 우선적으로 해야 할 작업은 자료의 수집과 정리였다. 더욱이 국내는 물론이거니와 한국과 관련된 많은 구미의 자료들이 노출되지 않은 채로 해외에 산재해 있는 상태에서 관련 자료의 전면적인 수집은 그것 자체만으로도 커다란 의의가 있다.

그런 연후에 수집한 자료들을 체계적으로 정리 분석하여 한국학 및 관련 분야 연구자들에게 제공하는 것이 필요하다. 수집한 자료의 공개 및 제공은 연구역량의 낭비와 시행착오를 막을 수 있기 때문이다. 더구나 국내 연구자나 연구기관에서 추진해 온 자료 수집이 특

---

2 이 글은 필자가 1, 2세부과제의 실무를 총괄하였을 뿐 아니라 민속분야를 책임 맡았던 관계로 마무리 차원에서 쓴 것임을 밝힌다.

정분야에 편중되어 있다든지, 지속적이지 못한 상황에서는 일관성
있게 꾸준히 관련 자료들을 전면적으로 수집·집대성해 나가는 작업
은 대단히 절실하고도 시급한 과제가 아닐 수 없다. 따라서 이 점을
감안하여 우선 국내외에 산재한 자료를 조사 수집하는데 진력을 다
하였다. 예를 든다면 국내에서는 서울대·연대·고대·이대·단대 등
대학도서관, 정신문화연구원, 국사편찬위원회, 국립중앙도서관, 국
회도서관, 외교안보연구원, 학회, 독립기념관, 정부기록보존소 등
각종 연구기관, 심지어 문중 및 개인 등을 통하여 관련 자료를 조사
수집하였다. 이 과정에서 자료 및 관련 도서들을 복사 또는 구입(국
내 서점을 통해)하였다. 그뿐만 아니라 인터넷이나 도서 및 자료 목
록 등을 통해 해외에 산재되어 있는 자료들도 조사 수집하였다. 특
히 자료 수집에서 매우 중요하고 효율적인 방법이라 할 수 있는 현
지 자료 조사에 주력하였다. 예를 든다면 영국의 공문서보관소, 신
문도서관, 영국도서관, 옥스퍼드·케임브리지·런던대학 도서관, 미
국의 뉴욕 공립도서관, 미국 국립문서기록청, 하버드대학의 옌칭연
구소 도서관과 와이드너 도서관, 고서점 그리고 자료수집 범위를 확
대해 비영어권 나라인 프랑스의 파리대학 도서관, 퐁피두센터, 독일
의 함부르크대학 및 프랑크푸르트대학 도서관, 폴란드의 바르샤바
대학 도서관, 이탈리아의 로마대학 도서관 등과 이들 나라의 고서점,
이밖에도 동양학연구소와 자매결연을 맺고 있는 영국 셰필드대학
의 한국학연구소, 프랑스 사회과학연구대학의 한국학연구소, 네덜
란드 라이덴대학의 한국학연구소, 스웨덴 스톡홀름대학의 한국학연
구소 등을 통해 자료 조사 및 수집에 노력을 기울였다. 해외 자료 조

사 및 수집은 여건이 허락되는 한도 내에서 어느 정도 이루어졌다고 할 수 있으며, 이들 수집 자료들은 마이크로필름, 소책자·논문·신문·잡지의 복사물, 그리고 현지에서 구입한 관련 고서들이다. 이러한 자료 수집과 정리를 토대로『개화기 한국 관련 신문 자료집 The Times 1894-1910』(2001),『개화기 한국 관련 구미 소책자 및 논문 자료집』(2003),『개화기 한국 관련 잡지 자료집 The Morning Calm 1890- 1910』1-8(2003) 등의 자료집을 발간하였으며, 연구과제 종료 연도인 2005년 11월 30일 이후『개화기 한국 관련 구미인들의 기행 자료집』1-2(2006),『개화기 한국관련 구미무역보고서 자료집』(2006) 간행하였다. 특히 자료 정리는 연구 성과를 드러내기 위한 일종의 마무리 작업으로서 자료들을 체계적으로 분류·해제·목록화 하는 작업을 의미한다.

이 같은 자료 조사 및 수집은 민속 분야에서도 똑같이 적용하였다 그동안 수집한 민속 분야 관련 자료들을 대략 제시하면 다음과 같다.

A.H. 새비지-랜도어 지음, 신복룡·장우영 역주,『고요한 아침의 나라 조선』(집문당, 1999); W.R. 칼스 지음, 신복룡 역주,『조선풍물지』(집문당, 1999); H.B. 헐버트 지음, 신복룡 역주,『대한제국멸망사』(집문당, 1999); H.N. 알렌 지음, 신복룡 역주,『조선견문기』(집문당, 1999); W.E. 그리피스 지음, 신복룡 역주,『은자의 나라 한국』(집문당, 1999); E.J. 오페르트 지음, 신복룡·장우영 역주,『금단의 나라 조선』(집문당, 2000); 샤를 바라·사이에 롱 지음, 성귀수 옮김,『조선기행』(눈빛, 2001); E.G. 캠프·E. 와그너 지음, 신복룡 역주,『조선의 모

습·한국의 아동생활』(집문당, 1999); I.B. 비숍 지음, 신복룡 역주,『조선과 그 이웃 나라들』(집문당, 2000); 호레이스 N. 알렌 지음, 윤후남 옮김,『알렌의 조선체류기』(예영커뮤니케이션, 1996); 끌라르 보티에·이뽀리트 프랑뎅 지음, 김상희·김성언 옮김,『프랑스 외교관이 본 개화기 조선』(태학사, 2002); J.S. 게일 지음, 신복룡 역주,『전환기의 조선』(집문당, 1999); 까를로 로제티 저, 서울학연구소 역,『꼬레아 꼬레아니』(숲과 나무, 1996); 국립민속박물관,『파란 눈에 비친 100년 전의 한국-코리아 스케치』(국립민속박물관, 2002); 김영자 편저,『조선왕국 이야기』(서문당, 1997); 유길준 저, 채훈 역,『서유견문』(명문당, 2003); P.G. 묄렌도르프 저, 신복룡·김운경 역주,『묄렌도르프 자전(自傳) 외』(집문당, 1999); L.H. 언더우드 저, 신복룡·최수근 공역,『상투의 나라』(집문당, 1999); 박영숙 편저,『서양인이 본 꼬레아』(남보사연, 1998); G.W. 길모어 지음, 신복룡 역주,『서울풍물지』(집문당, 1999); E. 와그너 지음, 신복룡 역주,『한국의 아동생활』(집문당, 1999); 김원모 완역,『알렌의 일기』(단국대 출판부, 1991); 프레데릭 불레스텍스 지음, 이향 옮김,『착한 미개인 동양의 현자』(청년사, 2001); 조르주 뒤크르 지음, 최미경 옮김,『가련하고 정다운 나라, 조선』(눈빛, 2001); 민선식 편,『은자의 나라: 사진으로 본 옛 한국』(YBM 시사, 2002);『근세 동아시아 서양어 자료총서 1-200』(경인문화사, 2001-2004. 중국이나 일본 관련 자료도 있음.); 카르네프 외 4인, 김정화 옮김,『내가 본 조선, 조선인: 러시아 장교 조선 여행기』(가야넷, 2003); 아손 크렙스트 지음,『스웨덴 기자 아손, 100년전 한국을 걷다』(책과 함께, 2005); 李鍾應,『西槎錄』·『셔유견문록』(『東洋

學』 제32집, 단국대 동양학연구소, 2002);Elizabeth A. Macculy, *A Corn of Wheat:or the Life of Rev. W.J. McKenzie of Korea*(영국 British Library 소장, 1903);Martina Deuchler, *Confucian Gentlemen, and Barbarian Envoys: The Opening of Korea, 1875-1885*(Univ. of Washington press. 1977): James S. Gale, *Korean Sketches*(Royal Asistic Society Korea Branch, 1975); Allen, Horace Newton, *Korean Tales: Being a Collection of stories translated from the Korean Folklore*(영국 British Library 소장); Authur W. Douthwaite, *Notes on Korea*(1884); JaHyun Kim Haboush & Martina Deuchler, *Culture and the State in Late Chosun Korea*(Harvard Univ. Asia Center, 1999); George Heber Jones, *Korea: The Land, People, and Customs*(Cincinnati: Jennings and Graham); Isabella Bird, *Korea and Her Neighbours*(KPI. 1897); His Majesty's Stationary Officer, *Corea Report for the Year 1891-189 5·1901 on the Trade of Corea*(London, 1902); Great Britain Foreign Office, *Corea. Report of the Result of Experiments in Cotton Culture in Corea*(London, 1900); *En Corea*(1904); *Notes on Corea and its People* (1894); E.B. Landis, *Mourning and Burial Rites of Korea*, Journal of the Anthropological Institue, 1896(하버드대 와이드너 도서관 소장); E.B. Landis, *Native Dyes and Methods of Dying in Korea*, Journal of the Anthropological Institue, 1897; E.B. Landis, *The Capping Ceremony of Korea*, Journal of the Anthropological Institue, 1898; E.B. Landis, *Notes on Exorcism of Spirits in Korea*, Journal of the Anthropological Institue, 1899; W. Sieroszewski, *Corea*(1905. 폴란드 바르샤바대학

도서관 소장) 등등을 들 수 있다.[3]

그런데 이들 자료들은 랜디스의 의례 관련 논문(특히 관·혼·상·제례)을 제외하고는 대부분 간단한 나열식 소개나 일반적인 설명에 불과할 뿐이다. 그것도 한국의 역사·사회·문화·지리·종교·풍속 등 한국 전반에 관한 기술 중 민속의 어느 특정 관심 분야에 대해서만 간략히 언급하거나 개괄적으로 다루고 있는 정도이다.

서양인들이 쓴 민속 관련 기록물들을 살펴보면 대부분 폭넓고 심도 있게 다루고 있지 않다. 그리고 서양인들의 한국 민속에 대한 이해 수준도 천차만별이다. 전체적으로 볼 때 잘못 이해한 부분도 있지만, 대강 어느 정도 일반적인 사항까지는 알고 이해했던 것 같다.

개화기에 한국을 방문한 서양인들은 우리의 민속에 대해 긍정적 평가 또는 부정적 평가를 내리고 있다. 이러한 평가는 기록자에 따라 차이를 보이고 있다. 그 요인으로는 체류기간과 체험의 깊이, 성별, 정보수집 경로, 직업이나 여행목적, 식견이나 개인적 태도 등을 들 수 있다. 문제는 이들 대부분이 근본적으로 서양 중심적 사고 내지는 오리엔탈리즘 등과 같은 서양우월주의 시각을 보이고 있다는 점이다. 특히 부정적 시각의 경우 문화적·인종적·지적 우월감과 종교적 선입견 등이 작용한 때문으로 보인다. 따라서 이러한 요인들이 한국의 민속을 잘못 이해했던 주원인이었던 것 같다. 아무튼 서양인들은 한국

---

3 그런데 일부 번역 자료의 경우 오역된 부분을 발견할 수 있었다. 원전과의 확인 대조를 통해 오역된 부분을 바로잡는 것도 필요하다.

민속의 근원적인 의미나 본질 등에 대해서는 태반은 이해하지 못한 것으로 보인다.[4] 사실 서양인들에게 우리 민속 문화의 본질과 의미까지 파악하기를 기대하는 것은 무리일지 모른다. 그러나 어찌되었든 그들은 우리의 민속을 파악·이해하려고 했다. 그리고 이를 기록으로 남겼다. 그런데 이 시기의 한국인들은 서양의 민속에 대해 얼마나 알고 있었으며, 기록으로 남겼을까? 필자는 이 점을 반문하고 싶다. 개화기 한국인이 서양의 민속에 대해 남긴 기록들은 俞吉濬의 『서유견문』(1895), 李鍾應의 『서유견문록』(1902), 金漢弘의 「西遊歌」(1908) 등을 들 수 있을 정도이다. 이들 기록 중 유길준을 제외하고는 대부분 서양의 민속(특히 의례)이나 풍속에 대해 이해하지 못하였을 뿐 아니라 부정적·비판적이었다. 그만큼 서양인들과 인식의 차이를 보였다. 그리고 민속 관련 기록도 유길준을 제외하고는 매우 소략하게 언급하고 있다. 그런데 서양의 의례나 풍속을 어느 정도 파악 이해하고 있었던 유길준도 부정적 시각을 내비치고 있다.[5]

서양인들이 쓴 한국의 민속 관련 기록물들을 검토하는 데에는 매우 신중한 접근태도가 요망된다. 그것은 기록자가 의도적이었든 아니었든 간에 소위 오리엔탈리즘이라는 말로 축약되는 문화적·인종적·지적 우월감과 종교적 선입견 등을 기초로 기술하였다면 상당한 위험성을 내포하고 있기 때문이다. 그리고 그리피스나 케난, 커즌처럼 민속 관련 기록물(대부분 소략)이 직접적인 관찰이나 체험이 아니라 주로

---

4 졸고, 「구한말 서양인이 본 한국 의례 일고찰」, 『동양학』 제36집, 단국대 동양학연구소, 2004, 45~73쪽 참조.

5 유길준 저, 채훈 역, 『서유견문』, 명문당, 2003, 360~380쪽 참조.

일본을 통해서 수집하여 쓴 것이라면(특히 그리피스) 굴절된 정보에
의한 기록으로[6] 객관성이 결여된바 신빙성이 없다고 하겠다.

어쨌든 서양인들이 자신들에 익숙한 가치관 등을 배제하고 한국
을 이해하는 것은 쉽지 않았을 것이다. 이들이 소개한 한국의 민속
에는 잘못 이해 인식한 부분도 있고, 거부감을 주는 내용도 있다. 그
러나 이러한 잘못된 인식이나 오해가 한편으로는 한국에 대한 애정
에서 비롯된 것일 수도 있다는 점을 생각해 볼 필요도 있다.[7] 아울러
이러한 기록들이 개화기 당시의 우리의 민속을 이해하는데 많은 참
고가 된다는 사실도 인식할 필요가 있다.[8]

서양인의 민속 관련 자료 중 한국의 의례(관·혼·상·제례)를 거의
전문가 수준에서 심도 있게 쓴 랜디스의 논문(이 자료는 2003년 2월
필자와 오인영이 자료 조사 및 수집 차 하버드대학을 방문하였을 때
와이드너 도서관에서 발굴한 것으로, 2003년 7월 필자가 학계에 소
개한 바 있으며, 2003년 8월 동양학연구소에서 발간한『개화기 한국
관련 구미 소책자 및 논문 자료집』에 전문이 수록되어 있다.)은 획기
적일 뿐만 아니라, 그 자료적 가치가 높이 평가된다.

---

6 졸고,「개화기 서양인이 본 한국의 의례문화」,『개화기 한국과 세계의 상호 교류』,
   국학자료원, 2004, 299쪽.
7 졸고,「개화기 서양인의 한국 의례에 대한 인식과 그 의미」,『개화기 대외 민간문화
   교류의 의미와 영향-제2부: 개화기 한국과 서양의 민간문화교류』, 단국대 동양학
   연구소 중점연구소 연구과제 학술세미나 발표요지집, 2004. 8, 72쪽.
8 "개화기 당시 한국 땅을 찾아온 서양인들의 시각을 통해 우리가 미처 깨닫지 못했
   던 것을 되짚어 보는 것은 백년이 지난 지금의 역사가 그 당시의 역사와 크게 다르
   지 않기 때문이다. 서양인들의 글과 사진을 통해 우리는 자신의 자화상을 되돌아
   봄으로써 이 시대를 살아가는데 필요한 깨달음을 얻을 수도 있을 것이다."(신복룡,
   「개화기 서양인의 한국관」,『코리아 스케치』, 국립민속박물관, 2002, 19쪽 참조.)

현재 서양인들의 한국 민속 관련 자료는 체계적으로 정리되지 못한 상태이다. 그러므로 추후『개화기 서양인의 한국 민속 자료초』(가제)를 발간할 예정이다. 이렇게 되면 개화기 서양인이 쓴 한국 민속자료는 어느 정도 정리될 뿐만 아니라, 민속학 연구자들에게도 도움을 줄 수 있는 바, 그 의미가 크다고 하겠다.[9]

2. 연구 성과

동양학연구소가 한국학술진흥재단 중점연구소 지원 연구과제(대화기 대외 민간문화교류 자료초)를 수행(1999.12.1-2005.11.30)하기 전까지 민간 차원의 문화교류에 대한 연구는 거의 전무한 상태라고 해도 과언이 아니었다. 그동안 동양학연구소가 수행해 온 중점연구소 연구과제의 연구 성과는 학술총서 3권(『개화기 한국과 세계의 상호이해』, 2003;『개화기 한국과 세계의 상호 교류』, 2004;『개화기 대외 민간 문화교류의 의미와 영향』, 2005), 저서 1권(『구한말 최초의 순국열사 이한응』, 2007), 번역서 1권(『조선의 설화와 전설』, 2007), 자료집 34권(1세부과제 21권, 2세부과제 13권), 3차례의 학술 세미나 및 발표 요지집 6권(1·2세부과제 각 3권), 세부책임자·공동연구원들이 등재지 및 등재후보지에 발표한 논문 20여 편 등으로 방대한 분량이라 할 수 있다. 이상에서 보듯 그 연구 성과는 높이 평가할 만하다.

---

9 H.G. 아르노스가 쓴『한국의 설화와 전설 *Korea:Märchen und Legenden*』(1893. 영국 British Library 소장)은 앞에서 간단히 소개한바 있다. 세부적인 논의는 문학 분야로 미룬다.

애초 본 연구과제는 총괄과제 명에서 알 수 있듯이 자료수집 및 정리에 주 초점을 맞춘 것이었다. 그러나 자료집 해제나 자료의 체계적인 집대성만으로는 본 연구 과제를 심도 있게 연구하는 데에는 문제가 있음을 인식하였다. 그래서 시도한 것이 세부책임자와 공동 연구원들의 개별 논문 발표와 2002년부터 실시한 학술세미나이다. 이처럼 자료 수집 정리와 병행하여 수집한 자료의 연구에도 많은 노력을 기울여왔다. 특히 자료의 분석 및 연구는 개화기 한국 문화의 근대성의 총체적 전모라든지, 한국(인)의 정체성이나 문화적 독자성을 파악하는데도 일조가 된다는 점에서 그 의의가 있다고 하겠다.

개화기 서양인들과의 민간문화교류에 관한 자료초는 한국인의 정체성을 바르게 이해하고 정립하려는 탐구과정의 한 축으로서, 서양인들이 실제로 한국과 한국인을 어떻게 바라보고 인지하였던가를 보여주는 자료들을 수집 정리하고 분석하는 것을 연구의 주된 내용으로 하고 있다. 이 같은 연구방향은 민속 분야에도 예외 없이 적용하였다.

그런데 개화기 서양인들의 한국의 민속에 대한 연구는 랜디스의 의례 관련 논문들을 제외하고는 거의 찾아볼 수 없다. 그리고 한국인들의 개화기 서양인들의 한국 민속에 대한 연구는 필자의 의례 관련 논문들을 제외하고는 거의 전무한 상태이다. 신복룡(『이방인이 본 조선 다시 읽기』, 풀빛, 2002)과 임장혁(「개화기 서양인이 본 한국문화」, 『코리아 스케치』, 민속박물관, 2002) 등의 글은 간단히 소개하거나 일반적이고 개략적인 언급으로 본격 논문이라 할 수 없다. 따라서 랜디스와 필자의 논문에 대해서만 언급하려고 한다.

랜디스는 의례와 관련하여 3편의 논문(*Mourning and Burial Rites*

of Korea, 1896; *Native Dyes and Methods of Dying in Korea*, 1897; *The Capping Ceremony of Korea*, 1898)을 발표한 바 있다. 이들 논문들을 살펴보면, 랜디스가 한국을 언제 방문하였고, 또 어떤 조사과정을 거쳐 자료를 수집하였는지 현재로서는 확인할 방법이 거의 없지만, 한국의 의례 문화에 대한 랜디스의 지식이 거의 전문가적 수준이라는데 놀라움을 금할 수 없다.

관·계례의 경우 랜디스는 고대와 당시의 관·제례 의식절차를 매우 상세하게 설명하였다. 그는 주로 양반계층의 관·계례 절차와 방식을 기술하였는데, 고대와 당시의 의식절차도 간간이 간단히 비교 설명하였다. 특히 상례의 경우 랜디스는 상례의 전통적 의식절차와 방법 등을 포함한 제반사항들을 매우 상세하면서도 정확하게 언급하였다. 랜디스의 상례 관련 논문은 다른 의례 관련 논문보다 더 밀도 있게 다루고 있어 높이 평가된다.

그러나 랜디스는 관·계례의 본질적 의미나 성인으로서의 책무 등에 대한 보다 심화된 논의를 하지 못하였고, 상례에 대한 논의 시 문헌(아마『주자가례』와『가례즙람』·『사례편람』인 듯: 유식한 한국인의 도움을 받은 것 같음.) 위주의 논의로 현장론적 측면에서 아쉬움을 남기고 있다. 랜디스가 당시 우리나라 상례의 실상을 정밀하게 관찰 파악하여 이를 문헌자료와 함께 논문에 반영했더라면 매우 수준 높은 논문으로 평가되었을 것이다. 그럼에도 불구하고 랜디스와 그의 의례 관련 논문들은 한국 민속학사나 한국 의례사에서 평가할 필요가 있다.

송재용은 2편의 논문(「개화기 서양인이 본 한국의 의례 문화」,

2003; 「개화기 서양인의 한국 의례에 대한 인식과 그 의미」, 2004)을 통해 개화기 서양인이 본 한국의 의례(주로 관·혼·상·제례)에 대한 전반적인 검토와 이를 토대로 서양인의 한국 의례에 대한 이해와 인식, 그 의미와 한계를 구명하였다. 개화기 서양인의 한국 의례에 대한 연구에 있어 최초의 논문들이라 할 수 있다. 그리고 이 논문들은 개화기 당시의 우리의 의례 관련 자료가 매우 적은 상황에서 당시의 의례 문화를 조망하고 있어 평가할 만하다. 특히 서양인들의 기록을 통해 당시 우리의 의례 일부가 변화·변형되었음을 밝혔을 뿐 아니라, 양반 계층과 평민계층의 의례 문화를 파악하는데도 참고가 된다는 점에서 그 의의가 있다. 따라서 송재용의 논문들은 개화기 의례 문화 연구의 선행 연구로 의미가 있는바 평가할 만하다. 그러나 한국인과 서양인들의 자료를 통해 당시의 의례 문화를 좀 더 심도 있고 정밀하게 파악하는데 소홀했다는 점을 지적할 수 있다. 송재용의 관심은 의례에 국한되어 있고, 또 개화기 당시의 민속 관련 자료가 매우 적은 현실에서 의례를 제외한 민속 분야 전반을 구체적으로 밀도 있게 다룬다는 것은 무리가 있는 것도 사실이다. 그러나 이에 대한 연구는 반드시 할 필요가 있는바 아쉬움을 남기고 있다. 그러므로 이에 대한 보완의 일환으로 추후 발간 예정인 『개화기 서양인의 한국 민속 자료초』의 해제편에서 이를 다룰 예정이다.[10]

---

10 이와 더불어 2012년에 『개화기 한국과 영국의 문화적 거리와 표상』(부록 : 개화기 한국과 영국의 교류사 연표)을 발간하였고, 『근대 동아시아(한·중·일·러) 관련 자료집』(가제)도 추후 출간할 예정이다.

Ⅲ. 민속 분야의 연구 성과 의의 - 제안을 겸하여

필자는 단국대학교 동양학연구소가 1999년 12월 1일부터 2005년 11월 30일까지 6년간 진행해 온 한국학술진흥재단 중점연구소 지원 연구과제 「개화기 대외 민간문화교류 자료초」의 제2세부과제 「개화기 서양인들과의 민간문화교류 자료초」의 민속 분야 수집 자료와 연구 성과를 총 점검하고 평가하였다. 앞에서 논의된 사항을 토대로 제안을 제시하는 것으로 마무리를 삼고자 한다.

본 연구과제의 연구 성과는 한국 근대 문화를 거시적이고 종합적으로 연구하는데 일조가 될 뿐만 아니라, 21세기 한국학 발전에도 커다란 기여를 할 것으로 확신한다. 그리고 개화기 민간문화교류를 연구하는 국내외 연구자와 연구기관에 자료 제공과 함께 민간문화교류의 모습을 재조명함으로써 앞으로의 민간문화교류에 하나의 교훈을 제공할 수도 있을 것이다. 이를 위해서는 연구 결과물의 데이터베이스화와 관련 분야 연구자들에게 자료를 개방하여 제공할 필요가 있다.(그 가장 좋은 방법의 하나가 단국대 중앙도서관 또는 동양학연구소에 별도의 자료실을 설치 운영하는 것이다.) 그리고 연구 성과를 사회적으로 확산하고 대중적 관심을 제고하는 것도 중요하다.

이 같은 기본 틀을 바탕으로 민속 분야의 경우 다음과 같이 몇 가지 제안을 하고자 한다.

첫째, 개인(한국인, 서양인) 및 국내외 연구기관에서 소장하고 있는 민속 관련 자료들의 체계적인 목록 작성과 함께 이들 자료들의 항목별 집성, 그리고 항목별·기사별 분류 색인 작업과 데이터베이스화를 한다.

둘째, 단국대 중앙도서관이나 동양학연구원에 별도의 자료실을 설치 운영[11]하여 여기서 민속 관련 자료들을 국내외 전공자나 연구기관에 제공한다.[12]

셋째, 연구 범위와 시기를 확대하여 체계적이고 종합적인 연구(개인 및 공동)와 함께 이를 일제강점기까지 연관시켜 논의한다.[13]

넷째, 연구 성과의 사회적 환류의 일환으로 일반 교양도서를 출간한다.

다섯째, 기존의 CD 제작을 활용하는 한편, 콘텐츠 개발을 통해 전문가 뿐 아니라 일반 대중에게까지 확산시킨다.

민속 분야의 연구 성과는 새로운 자료 발굴과 서양인들의 한국 민속 관련 자료 수집 및 정리, 그리고 의례 연구의 선구적 업적과 연구 영역의 폭을 넓혔다는 점에서 나름대로 민속학적으로 의의가 있을 뿐만 아니라 평가할 만하다.

---

11 자료의 보존 관리 및 원활한 연구 등을 위하여 현재 단국대 동양학연구원 산하에 동아시아전통문화연구소가 설립 운영 중에 있지만, 연구인력 충원 및 재정지원을 통해 체계적인 연구가 필요하다.

12 현재 단국대학교 동양학연구원이 소장하고 있는 개화기에서 일제강점기(특히 개화기)까지의 대외민간문화교류 자료나 민속자료 등(국내 및 일본, 미국, 유럽 등)은 국내에서 거의 독보적이라 할 수 있다. 연구자들이 열람 활용할 수 있기를 고대한다.

13 단국대학교 동양학연구원에서는 연속작업의 일환으로 2005년 12월 1일부터 2015년 11월 30일까지 한국연구재단 지원 중점연구소 연구과제(총괄과제 명 : 개화기에서 일제강점기까지 한국문화 전통의 지속과 변용. 9년)를 수행한 바 있다.

개화기에서 일제강점기까지

한국 민속 연구

제2부

일제강점기

개화기에서 일제강점기까지

한국 민속 연구

제1장

일제강점기 전통주의
위축과 변모

Ⅰ. 일제강점기 전통주에 대한 민속학적 시각

예로부터 우리나라는 지방, 가문마다 독특한 제조방법과 맛을 지닌 다양한 술들을 만들어왔다. 이는 조선후기 徐有榘(1764~1845)를 비롯한 실학자들의 저술과 士大夫家에서 전해진 調理書 등을 보면, 수많은 술들이 소개되고 있는바[1] 이를 통해 짐작할 수 있다. 그러나

---

1 徐有榘가 1827년경에 쓴 『林園十六志』(一名, 林園經濟十六志, 林園經濟志)에는 200여종의 주조법이 소개되어 있고, 실학자 洪萬選(1643~1715)이 1710년경에 쓴 『山林經濟』에는 60여종의 술이 소개되고 있다. 그리고 李時明의 부인 安東 張氏(1598~1680)가 1670년경에 쓴 『飮食知味方』(일명, 규곤시의방, 음식디미방)에는 이씨 가문의 家釀酒 49종이 소개되고 있으며, 徐有本의 부인 憑虛閣 李氏

일본이 우리나라를 강점하고 술 관련 법령(특히 酒稅法, 酒稅令 등) 등을 시행하면서부터 우리의 傳統酒[2]는 점차적으로 사라져버렸다.[3]

그럼에도 불구하고 일제강점기 전통주에 대한 민속학적 시각에서의 본격적인 연구는 필자의 과문인지 몰라도 거의 없다고 해도 과언이 아니다. 그나마 논의된 것도 부분적 또는 단편적인 언급이거나, 일제의 酒造業 정책과 朝鮮의 주조업에 대한 연구가 주류를 이루고 있다.[4] 게다가 관련 문헌자료도 적을 뿐만 아니라 찾아보기도 쉽지 않다. 그러므로 필자는 여기에 주목하였다.

그런바 본고는 민속학적 시각에서 일제강점기 술 관련 문헌자료

(1759~1824)가 1809년경에 쓴 『閨閤叢書』에는 수십여 종의 술이 소개되고 있다.

2 전통주는 우리 고유의 술을 포괄적 개념으로 사용한 것으로, 민속주, 향토주, 가양주, 약주, 탁주, 소주 등등은 모두 전통주에 포함된다.

3 우리 전통주는 일제에 의해 사라져버렸다는 표현이 더 맞는 것 같다. 그리고 한국 전통주의 역사는 정확하게 추정하기는 어렵다. 다만 우리나라의 문화가 중국의 문화권과 밀접한 관련이 있어왔다는 점에서 술의 유래도 중국에서 연유한 것이라는 견해가 많다. 또 농경을 시작하면서부터 술을 빚어 마셨던 것으로 보인다. 우리나라 문헌 가운데 술이 처음 등장하는 기록은 『帝王韻紀』이다. 우리 고유의 술의 역사가 오랜 세월을 거치면서 발전한 것으로 보이는데, 특히 조선시대에 발전하여 전성기를 이루었던 것으로 보인다.(박진영, 「전통주 복원의 사회문화적 의미」, 전북대 석사학위논문, 2009, 6쪽.)

4 李盛雨, 『韓國食經大典』, 향문사, 1981. ; 정태헌, 『일제의 경제정책과 조선사회』, 역사비평사, 1996. ; 박록담, 『한국의 민속 전통주』, 효일문화사, 1996. ; 박록담, 『명가명주』, 효일문화사, 1999. ; 박록담, 『전통주 비법 이백십일가지』, 코리아 쇼케이스, 2006. ; 정현순·오문석, 『한국의 술』, 도서출판 두남, 2002. ; 정동효, 『傳統酒大典』, 홍익재, 2003. ; 정동효, 『우리나라 술의 발달사』, 신광출판사, 2004. ; 朱益鍾, 「日帝下 韓國人 酒造業의 發展」, 『經濟學研究』40권 1호, 한국경제학회, 1992. ; 이철호·김기명, 「옛 문헌에 의한 한국 술의 종류와 제조 기술」, 『생물산업』6권 4호, 한국산업미생물학회, 1993. ; 李承姸, 「1905년~1930년대초 일제의 酒造業 정책과 조선 주조업의 전개」, 『韓國史論』32권, 서울대학교 인문대학 국사학과, 1994. ; 박진영, 「전통주 복원의 사회문화적 의미」, 전북대 석사학위논문, 2009.

의 종합편이라 할 수 있는『朝鮮酒造史』를 중심으로 전통주의 위축
과 변모에 대하여 살펴보겠다. 논의는 자료 소개 및 검토, 일제의 술
관련 법령 시행 등으로 인한 전통주의 위축, 전통주의 변모 순으로
하겠다.

이상의 논의를 통해 일제강점기 때 우리 전통주가 어떻게 위축·
변모되고, 한편으로 수많은 전통주가 어떻게 단절되었는지를 파악
하는데도 일조를 할 수 있으리라 본다. 그러므로 이러한 논의는 민
속학적으로 그 의미가 있다고 하겠다.

Ⅱ. 일제강점기 전통주의 위축과 변모

술은 예로부터 우리의 食文化에서 빼놓을 수 없는 한 부분으로, 우
리 조상들은 술을 사랑해왔다. 그러므로 각 지방이나 집안에서 빚은
술은 매우 다양했을 뿐만 아니라 다채롭게 전승되어 왔다. 이처럼
술이 발달하게 된 이유는 첫째, 대부분의 술은 쌀을 그 원료로 하고
있다는 점, 둘째, 유교를 기반으로 하는 문화 속에서 관혼상제는 매
우 중요한 의례로 행해져 왔고 술은 의례에서 빠질 수 없는 필수적
인 음식이라는 점, 셋째, 술은 사회적 공동체를 유지하는데 중요한
매개물이었다는 점[5] 때문에, 특히 조선시대에 다양하게 발전해 왔던

---

5 배영동,「음식디미방에 나타난 술의 다양성과 그 사회적 의미」,『문화재』34, 국립
　문화재연구소, 2001, 112~113쪽.; 박진영, 위의 논문, 6~7쪽. 참고로「世宗大王 誡
　酒敎書」를 보면, "대저 들으니 옛적에 술을 만든 것은 그저 마시려고 만이 아니라

것 같다.

우리 선인들은 술에 대해 '藥食酒同源'이라는 인식을 한 것으로 보인다. 그래서 술은 때로는 병을 치료하는 약주로, 때로는 救荒酒(飢困將死人救活法)로, 때로는 음식으로 여겼다.[6]

그러나 일본이 우리나라를 강점하면서부터 우리의 술과 술 문화는 엄청난 타격과 함께 변환기를 맞이하지 않을 수 없게 되었다. 일본이 우리나라를 강점하며 가장 먼저 했던 일은 토지조사와 주류조사였다.[7] 식민지 수탈을 위한 가장 효과적인 방법이었기 때문이다. 이와 함께 일본은 식민지 재정을 확보한다는 명목아래 酒稅法, 酒稅令 등 술 관련 법령을 만들어 시행하였다. 이는 조선인 자본이 조선 시장을 배경으로 성장할 수 있는 대표적인 업종이었던 酒造業을 정리 축출하고 대자본으로 흡수 통합하는[8] 한편, 우리 전통주를 말살하려는 일제의 의도에서 비롯된 것이다. 이로 인해 조선 민중에 대한 술을 통한 수탈이 심각해지고, 우리 전통주는 점차로 사라지는 비극을 맞게 된다. 그러면 『朝鮮酒造史』를 중심으로 자료 소개 및 검

神明을 받들고 賓客을 대접하고 늙은이를 奉養하려는 것이었다. …(후략)"(『世宗實錄』15年(1433) 10月條)라고 하였는바 그 의미를 짐작할 수 있다.

6 박진영은 전통주가 음식이라는 점에 주목하여, "전통주가 음식이라 함은 일상적인 음식의 하나로서 생산·소비되었음을 의미한다. 이는 전통주가 예로부터 음식에 대한 내용을 기록한 조리서에 기록되었다는 점에서 어느 정도 확인할 수 있다. 음식은 신체의 원활한 활동만을 위해서 배를 채워주는 존재라기보다는 우리의 일상생활의 모습을 들여다보게 해주기 때문에, 음식은 사람들의 삶, 즉 문화와 밀접한 관련을 맺고 있다."(앞의 논문, 11쪽.)고 하였다. 나름대로 설득력이 있어 보인다.

7 정현순·오문석, 앞의 책, 51쪽.

8 정태헌, 앞의 책, 68쪽.

토, 일제의 술 관련 법령 시행 등으로 인한 전통주의 위축과 변모 등
에 대하여 살펴보기로 하자.

1. 자료 소개 및 검토

현전하는 일제강점기 때의 술 관련 문헌자료는 적다. 그것도 대부
분은 일본인들이 쓴 것이다. 일제강점기 때 술 관련 문헌자료 및 논
저는 이성우가 조사하여 소개한 바[9] 있다. 이성우가 조사한 바에 의
하면, 일제강점기 술 관련 자료 및 논저는 조사보고서 4권, 단행본
20권, 논문 및 기사 108편이다. 이들 자료 및 논저는 대부분 조선총
독부 및 일본인이 기록한 것이다.(조사보고서 및 단행본은 조선총독
부와 일본인이 쓴 것으로, 한국인이 쓴 것은 없다.) 그런데 이들 문헌
자료는 현재 찾아보기도 쉽지 않을 뿐만 아니라 『조선주조사』를 능
가하지 못한다. 참고로 이성우의 조사에 누락된 자료 중 1906년에서
1942년까지 잡지에 실린 술 관련 기사는 필자가 조사한 바에 의하면
대략 35편 정도이다. 그러나 이들 기사들은 매우 단편적인 글로 참
고가 안 되는바 소개를 생략한다.[10] 그리고 현재 일제강점기 술 관련

---

9 이성우, 앞의 책, 380~394쪽.
10 잡지에 실린 기사 내용이 〈禁酒〉(『서울』 2권1호, 1920.2.15, 108쪽.), 〈麥酒 이야기〉
   (『別乾坤』 4권5호, 1929.8.1, 179쪽.), 〈民族건강과 飮酒〉(『新生』 3권2호, 1930.2.6, 46
   쪽.) 등등의 단편적이고 소략한 글로 참고가 안 되는바, 여기서는 소개를 생략한다.
   참고로 개화기 때의 술 관련 자료로는 『술방문』(국립도서관 소장본, 찬자 미상, 필
   사본, 1861년 추정(?).)이 있는데, 술 만드는 법 7種을 소개하고 있다.(이성우, 위의
   책, 378쪽 재인용.)

연구업적들은 대부분 『조선주조사』를 주 자료로 하여 논급한 것으로 보인다.[11] 그러므로 여기서는 일제강점기 당시 대표적 술 관련 문헌자료라 할 수 있는 『朝鮮酒造史』(淸水武紀 編, 朝鮮酒造協會, 昭和 10年(1935).)에 대해서만 언급하겠다. 『조선주조사』는 편찬책임자 淸水武紀가 쓴 後記를 보면, "小我를 버리고 대동단결하여 통제를 도모할 필요가 있다. … 주조에 대한 일반사회의 인식을 살펴보고자 하는 뜻에서 本書가 이루어졌다. 그리고 본서의 발행은 本年 6월 창졸간에 결정되어 불과 3개월이라는 짧은 기간에 편찬된 것이며…"[12]에서 보듯, 주조업자들의 대동단결과 통제, 주조에 대한 사회인식 차원에서 편찬한 것이라 운운하고 있지만, 실상은 갑자기 결정되어 3개월 만에 27명〔주로 일본인과 일본에 협조적인 조선주조협회[13] 조선인 회원〕의 도움을 받아 편찬하였다. 이 책을 단시일 내에 편찬할 수 있었던 것은 일본인들이 그동안 조사한 보고서 등을 수합 정리하였기 때문에 가능했던 것으로 보인다. 이는 중일전쟁을 앞두고 일본이 전쟁수행을 위해 물자, 특히 양곡절약정책 등을 펴기 위해 편찬을 서두른 것 같다. 결국 이 책은 식민통치와 수탈 차원에서 편찬된 것으로 판단된다.

그런바 일제강점기의 전통주의 위축과 변모를 살펴보기 위해서

---

11 그런데 『조선주조사』는 1935년에서 1945년 해방 전까지의 조사 기록이 없다는 점 등에서 문제점을 노출시키고 있다. 그리고 우리 술 문화의 역사에 대하여 일본인들은 편견과 편향된 시각을 가지고 있다.

12 배상면 편역, 『조선주조사』, 우곡출판사, 1997, 576~577쪽.

13 조선주조협회 회칙 9조를 보면, 조선총독부 재무국장(일본인)이 회장을 하는 것으로 되어 있다.

는『조선주조사』를 중심으로 논의할 필요가 있다. 본고가『조선주조사』를 Text로 삼은 이유도 여기에 있다.

『조선주조사』는 11章으로 구성되어 있다.[배상면이 편역한『조선주조사』는 10장으로 되어 있다.[14]] 주요사항을 중심으로 간단히 살펴보겠다.[15]

『조선주조사』제1장 〈연혁〉을 보면, 제1절은 〈朝鮮酒의 남상〉으로, 2항 〈조선주의 남상〉에서 주목할 것은 조선주의 종류로 탁주, 약주, 소주 3종류를 들면서, 이 가운데 제조방법으로 보아 탁주가 가장 오랜 역사를 가진 것으로 본 점이다. 제2절은 〈시대에 따른 변천〉인데, 1. 통감부시대(1905~1909) 2. 합방이후 주세법 시행시대(1910~1915) 3. 주세령 발포 이후 大正시대(1916~1925) 4. 昭和시대(1926~)로 4分하고 있다.

이러한 시대구분은 나름대로 설득력이 있어 보인다. 그러나 이 책은 1935년 발간 이후부터 1945년 해방 전까지의 조사 기록이 없는바 한계를 노출시키고 있다.

그러면 항별로 살펴보기로 하자. 1항 〈통감부시대(1905년~1909년)〉를 보면, 당시의 주류로는 藥酒, 濁酒, 燒酒 등을 들 수 있는데, 그 중에서도 약주가 주종을 이루고 있고, 서울 부근의 중산층 이상이 소비하였으며, 自家用酒는 비밀리에 전해내려 왔다고 한다. 그리고 탁주는 주로 서울 이남에서 제조하였으며, 하층계급의 음료로써 식

---

14 배상면 편역, 앞의 책, 21~573쪽.
15 여기서는 배상면 편역본(우곡출판사, 2007년 개정판)을 참고(33~573쪽.)로 하였다.

량으로 삼을 정도였는데, 당시 매우 많이 소비되었다고 한다. 또 소주는 주로 서울 이북에서 소비하였으며, 남부에서는 여름철에만 마셨다고 한다. 한편, 일본주는 1876년경 부산에서 荒木某氏가 탁주를 제조한 것을 효시로, 1884년 西峰三郎, 福田增兵衛 등이 부산에서 청주업을 시작하여 1897년경부터 점차 마산, 인천, 서울 등 다른 곳에서 창업하는 사람이 생겨났다고 한다. 그리고 1897년 8월 한일협약에 따라 目賀田種太郎(메카다 슈타로)이 한국 재정고문에 취임하면서 주조방면의 조사가 실시되었고, 1909년 2월 처음으로 한국에 酒稅法이 시행되어 주류를 釀成酒, 蒸溜酒, 混成酒 3종으로 구분하고, 각종별로 제조 수량을 수 계급별로 나누어 과세하였다. 주세법의 발포(1909년 주세가 총 세액의 13%를 차지하였다.)와 아울러 종래의 혼잡한 조선 주조업계를 근본적으로 개선하고, 장래의 진전을 꾀하기 위해 경성부 외곽에 양조시험소를 설립하여 주류의 시험 연구를 실시함으로써 정치적, 산업적으로 업계에 새로운 전기를 마련하였다고 언급하였다.

일본인들의 주류업 진출, 특히 강점 이전인 1876년에 부산에서 탁주를 제조한 것이라든지, 1897년에 주조방면 조사를 한 것이라든지, 주세법을 시행한 것은 일본의 의도가 어디에 있었는지 분명히 알 수 있다. 이는 우리의 전통주를 없애려는 의도에서 비롯된 것이다. 그럼에도 불구하고 식민지 시각에서 발전 운운하며 기술하고 자찬한 것은 납득하기 어렵다.

2항 〈합병 이후 주세법 시행시대(1910~1915)〉를 보면, 1911년 10월 1일 서울에 조선총독부가 설치되면서 세정의 갱신과 상업발전에

힘쓴다는 명목으로 주세법을 개정 정비하기 시작하였다. 그리고 이 당시 주류 제조업자의 수는 전조선 총호수의 약 1/7에 해당되었다고 한다.

일제는 이 시기가 조선 주조업이 일신하는 계기가 되었으며, 조선 주조업의 요람시대라고 언급하고 있는데, 오히려 우리에게는 수난의 시기였다고 할 수 있다.

3항 〈주세령 이후 大正시대(1916년~1925년)〉를 보면, 1916년 7월 주세령이 발포되고, 같은 해 9월부터 시행되었는데, 이전 주세법의 양성주, 증류주, 혼성주의 구분을 양조주, 증류주, 재제주로 개정하였으며, 특히 재래방법에 의해 제조되는 조선주를 탁주, 약주, 소주와 기타 주류로 구분하였다. 일제는 주세령 시행과 함께 총독부 및 경기도 외 6도에 주조 기술관을 배치하여 그들로 하여금 주조의 개선 지도에 종사토록 하였다. 그런데 일제는 제조자 대부분이 무교육자여서 소수의 인원을 가지고는 도저히 지도 개선의 성과를 올릴 수 없다고 보고, 군소 제조장을 합동 집약하여 제조장의 설비를 갖추고 자력이 있으며 교양도 있는 인물에게 주조 경영을 맡도록 지도하려는 취지에서 1919년~1920년경부터 점차 각지 제조장들이 연합하도록 유도하였다.

이는 일제의 自家用酒 폐지를 위한 술책일 뿐만 아니라, 주세를 조선 민중에게 전가시키려는 의도로, 결국 대다수 조선 민중에 대한 술을 통한 수탈이 얼마나 막대한 것인가를 보여주는 것이기도 하다.[16]

---

16 이숭연, 앞의 논문, 70쪽.

일제는 이 시기를 조선 주조업의 정리시대라고 명명했으며, 주조업이 조선 사업계의 총아로 부각되었다고 하였다. 그러면서 주류별로 그 狀勢를 다음과 같이 열거하였다. 탁주와 약주는 품질이 점차 개선되기 시작했고, 소주는 점점 진전하여 자리를 잡아갔고, 제조장의 합동 집약(특히 총독부의 서북조선5도소주업 집약방침에 따라)이 성공하여 성과를 올리게 되었으며, 청주는 주세령 발포와 함께 自家用酒가 폐지되면서 전 조선에 제조 업장이 189개가 되었다고 한다. 그리고 주류의 輸移出入에 대해서 輸移入酒는 청주, 맥주, 소주가 주를 이루었는데, 맥주가 증가하였다고 한다. 그러나 輸移出 되는 양은 극히 적은 양에 불과하였다고 한다.

여기서 우리 전통주가 일제에 의해 탄압받고 점차 사라져가고 있음을 감지할 수 있다.

4항〈昭和시대(1926년~)〉를 보면, 1928년~1929년에 이르러 종래 행하였던 조선주 제조장의 합동 집약은 일단락되었고, 1929년 5,000여 개였던 제조장 수가 1934년 4,112개로 줄어들었다. 한편, 自家用 면허자는 그 수가 점차 줄어들었다.

제조장과 특히 自家用 면허자가 줄어들었다는 것은 일제의 탄압으로 전통주가 점점 사라지고 있다는 반증이기도 하다.

일제는 이 시기에 이르러 약주와 탁주는 품질이 향상되고, 소주는 1927년 黑麴소주의 부흥으로 麯子소주는 점차 그 모습이 사라지고, 주정식 소주의 진전이 이루어져 품질이 향상되었다고 하였다. 그리고 청주는 품질향상이 이루어져 일본 내 銘釀品을 능가하는 것을 배출하였으며, 맥주는 그 수요가 증가하여 종래에는 전부 이입에만 의

존했으나, 1933년 조선맥주와 기린맥주의 영등포 공장이 설립되어 1934년부터 판매됨으로써 일본에서 이입할 필요가 없게 되었고, 일부를 만주에 수출하였다고 한다.

이로써 짐작컨대 가까스로 살아남은 우리 전통주도 점차 변모된 것으로 보인다. 그런데 일제는 1934년 주세 세액이 1,600만원으로 당시 조세 총액의 30%를 차지하고, 각종 조세 중 제1위에 오르게 되어 이 시대를 조선 주조업의 약진시대라고 일컬었다. 이는 무엇을 의미하는 것인가? 주세 조세 총액의 30%, 각종 조세 중 1위, 여기서 일제가 식민 통치의 재원확보를 위해 주세를 거두었다는 것을 알 수 있다. 일제의 이러한 의도와 목적은 주류가 설령 기술적으로 개선 향상되는 면이 있을는지 몰라도 궁극적으로는 우리 민족에 대한 수탈이요, 전통주 말살 정책의 일환이라 하겠다.

제2장 〈술의 종류와 제조법〉을 보면, 제1절은 〈종류와 품질〉로, 1921년부터 주조업자의 집약과 적극적인 당국의 지도에 의해 위생과 경제적인 부문에서의 대대적인 개선을 행함으로써 조선주의 품질 향상이 이뤄졌고, 이는 대중의 수요를 환기시켜 조선주가 대종을 이루게 되었다고 기술하고 있다.

수긍이 되는 점도 있지만, 종당에는 우리의 전통주가 점차 사라지는 결과를 초래하였다.

제3장 〈술의 생산과 수급〉을 보면, 제1절은 〈주류의 생산량〉으로, 1항에서는 〈주류의 제조수량〉을 언급하고 있는데, 〈주세법 시행시대의 제조수량〉과 〈주세령 이후의 제조수량〉에 대하여 종류별, 지방별로 신고수량 및 조사를 근거로 하여 도표로 상세하게 제시하고 있다.

2항은 〈주류의 생산액〉에 대한 것으로, 도표로 종류별·연도별로 자세하게 밝히고 있다. 제2절은 〈주류의 輸移出入高〉로, 1항은 〈주류의 수이입고〉인데, 〈주세법 시행시대 주류 수이입량표〉와 〈주세령 시행 이후 주류 수이입량표〉로 나누어 종류별·연도별로 도표화 하여 제시하고 있다. 2항은 〈주류의 輸移出量〉으로 〈주세령 시행 이후 수이출 주류 면세량 및 주세 상당금액 교부 양표〉를 종류별·연도별로 도표화 하여 제시하고 있다. 제3절은 〈주류의 소비량〉에 대한 것으로, 〈주세법 시행시대 주류 소비량표〉와 〈주세령 발포 이후의 주류 소비량표〉를 종류별·연도별로 아주 상세하게 도표로 제시하고 있다.

종류별·연도별로 제시한 통계 숫자는 귀중한 자료라 하겠다. 이는 이 책의 강점이기도 하다. 그리고 당시 유입된 일본 술과 서양주 등의 소비량을 통해 짐작컨대, 이들 술들(일제가 전통주 말살을 위해 의도적으로 수입, 생산, 판매, 소비시켰지만)도 우리 전통주 단절에 어느 정도 영향을 끼친 것으로 보인다.

제4장 〈주류의 거래〉를 보면, 제1절은 〈주류 판매 거래방법〉으로 獻酒家, 壺酒家, 色酒家, 內外 酒家, 飯家, 煎骨家별로 간단히 언급하고 있다. 1항은 〈주류별 거래상황〉, 2항은 〈최근 각 도별 조선주의 거래상황〉으로, 간단하게 종류별로 거래상황과 거래방법 등에 대하여 기술하고 있다. 제2절 〈주류 판매점 분포현황〉에서는, 〈1916년 이후의 각 주류 제조장수표〉는 연도별로 비조선주(양조주, 증류주, 재제주)·조선주(탁주, 약주, 소주)로 나누어 도표로 제시하고 있으며, 〈1919년 이후의 주류 판매점 분포상황표〉는 연도별로 요리점(일본인, 조선인, 외국인)·음식점(일본인, 조선인, 외국인)으로 나누어 도표로

제시하고 있다.

이 역시 귀중한 자료라 하겠다. 특히 주류 판매 거래방법으로 獻酒家, 壺酒家, 色酒家, 內外 酒家, 飯家, 煎骨家 대한 언급은 민속학적으로 의미가 있다고 하겠다.

제5장 〈주조업의 개선에 대한 시설〉을 보면, 제1절 〈개선에 대한 정부의 시설〉에서는 〈연구기관〉과 〈지도기관〉에 대하여 비교적 자세하게 언급하고 있다. 그리고 제2절 〈주조단체의 결성〉에서는 1항 〈府郡島 단위의 주조단체〉를 보면, '청주 주조조합', '청주 이외의 주조조합', '경성 조선주 양조조합 정관', '판매조합 및 국자조합'에 대하여 자세하게 언급하고 있다. 2항은 〈道 단위의 주조단체〉에 대한 내용인데, 도별로 주조조합을 간단하게 제시하고 있으며, 3항의 〈기타 주조단체〉에서는 '조선양조협회', '전조선 주조조합연합회', '전조선 소주업자연합회', '재단법인 조선주조협회'에 대하여 간단히 설명하고 있다. 제3절 〈품평회〉를 보면, 〈조선총독부 주최〉, 〈재단법인 조선주조협회 주최〉, 〈각 道府郡島 및 관내 주조단체 주최〉 내용을 연도별로 소개하고 있다. 제4절 〈강습회〉에서는 〈재단법인 조선주조협회주최〉와 〈 각 도부군도 및 관내주조단체 주최〉 내용을 연도별로 소개하고 있다.

5장의 내용에서 일제에 협조하는 친일 어용단체의 일면을 감지할 수 있다.

제6장 〈주조법의 변천〉을 보면, 통감부시대, 주세법 시행시대, 주세령 시행 후 대정시대, 소화시대로 나누어 각 절마다 설명하고 있다. 제1절은 〈청주〉, 제2절은 〈朝鮮酒 제조법-약주, 탁주, 소주, 국자〉

로, 술 종류별로 매우 상세하게 언급하고 있다.

위의 내용은 귀중한 자료로, 여기서 우리 전통주의 변모의 일면을 엿볼 수 있다.

제7장 〈술에 관한 법령〉을 보면, 제1절은 〈주세법〉으로, 1항 〈통감부 시대〉에서는 '주세법 시행의 취지'와 '주세법'을, 2항 〈합병 이후 주세법 시행시대〉에서는 '주세법 시행 당시의 주세 과세상황'을 상세하게 가록하고 있다. 제2절은 〈주세령 발포〉에 대한 내용으로 자세한 설명과 함께 '1916년 주조연도의 주세액'을 연도별로 영업용주, 自家用酒, 수이입주를 제조량과 세액으로 나누어 도표로 제시하고 있다. 제3절은 〈주세령의 개정〉으로, 1항 〈주세령 개정 1912년 이후〉에는 3차례의 개정(1919년 3월, 1920년 8월, 1922년 4월)을, 2항 〈소화시대〉에는 2차례의 개정(1927년 3월, 1934년 6월)을, 3항 〈부 주세령〉에는 5차례의 제령(2호 1916년 7월, 5호 1919년 3월, 23호 1920년 8월, 6호 1922년 4월, 9호 1927년 3월, 22호 1934년 6월)과 현행 주세령에 대하여 매우 자세하게 기록하고 있다. 제4절은 〈조세징수 방법의 변혁〉으로, 1항은 〈조선주 제조장의 집약〉, 2항은 〈검사감독의 충실〉, 3항은 〈조선 소주와 비조선 소주의 구분 철폐〉, 4항은 〈自家用酒 제조 면허의 정리〉, 5항은 〈밀조주 단속의 장려〉인데 아주 상세하게 언급하고 있다. 제5절은 〈세금액수〉에 대한 내용인데, 1항 〈주조별 연도별 비교〉에서는 '주세법 당시의 주류별 세액'과 '주세령 발포 이후 주세별 세액'을, 2항 〈다른 조세와의 비교〉에서는 '주세의 조세 수입상의 지위' 등을 주로 도표를 이용하여 자세하게 제시하고 있다. 제6절은 〈주류의 관세〉에 대한 것인데, 1항은 〈이입세〉를, 2항은 〈수

입세〉를, 3항은 〈출항세〉를 언급하고 있는데, 주로 세율에 대한 내용이다. 제7절은 〈위생단속〉으로, 주로 '위생단속 관련 법령'에 대하여 소개하고 있다.

7장은 귀중한 자료이다. 그러나 7장에서 일제의 수탈과 전통주 말살 의도를 간파할 수 있다.

제8장 〈재단법인 조선 주조협회〉를 보면, 제1절은 〈연혁〉으로, '창립 당시의 조선 주조협회회칙'과 '役員 및 회원의 이동'을, 제2절은 〈기부행위 및 사무처리 세칙〉으로, '기부행위 요령', '재단법인 조선 주조협회 기부행위', '사무처리 세칙(1935년 1월 개정)'을, 제3절은 〈사업〉으로, '기관 잡지의 발행', '품평회 개최', '주조업자 대회', '조선주 披露會', '주조 시찰단', '주조 강습회', '주조 간담회' 등을 기술하고 있다.

8장은 조선총독부와 조선인 주조 자본과의 밀착 내지는 친일파의 경제적 기반과 일제의 통치 기반의 일부를 파악할 수 있는[17] 자료라 하겠다.

제9장 〈주조의 장래에 대한 명사의 의견〉을 보면, 이 책에 기고했던 일본인과 한국인의 글을 통해 이들의 우리 전통주에 대한 생각을 엿볼 수 있으며, 특히 한국인의 친일적 행태를 간파할 수 있다.

제10장은 〈주된 주조장의 개항〉으로 일제강점기 당시 주조장의 위치, 제조주 종류 및 제조수량, 판매상황, 경영자의 성명과 약력 등, 그 실상을 파악할 수 있는 자료라 하겠다.

---

17 이승연, 위의 논문, 132쪽.

이상에서 보듯, 『조선주조사』는 일제의 식민 통치와 수탈 등의 목적으로 쓴 것이지만, 조사 기록 등은 비교적 정확한 편이라 할 수 있다.[18] 1935년 발간 이후부터 1945년 해방 전까지의 조사 기록이 없어 한계를 드러내고 있지만, 술과 관련된 내용을 전반적으로 상세하게 다루었는바 자료로서 높이 평가된다. 따라서 『조선주조사』는 일제강점기 술 관련 자료의 종합편이라 할 수 있다. 중요한 것은 이 책을 통해 우리 전통주가 일제에 의해 대부분 사라져버렸다[어쩌면 '일제가 없애버린'[19]]는 사실을 확인했다는 점이다. 그러나 한편으로는 우리 전통주(약주, 탁주, 소주 등) 일부가 변모된 면도 파악할 수 있었다는 점이다.

2. 일제의 술 관련 법령 시행 등으로 인한 전통주의 위축

조선시대에서 개화기까지 우리의 전통주는 그 종류가 매우 많았다. 이성우·이현주의 「한국 고문헌에서 보는 주류 색인」(『한국식문화학회지』제1권 제1호, 1986.)을 보면, '647항목의 술과 그 제조과정에 대하여 언급'하고 있다. 또 정현순·오문석은 『한국의 술』에서 '조

---

18 조사 기록이 비교적 정확하다고 하는 것은 '지방별 연도별 주류 제조 수량표,', '연도별 주류 생산액표', '연도별 주류 수이입량표', '연도별 주류 소비량표', '연도별 각 주류 제조장수표', '연도별 주류 판매점 분포상황표', '연도별 각 주류 분석표', '연도별 주류 과세상황표', '연도별 주류 주세액표' 등 주로 통계적 숫자를 말하는 것이다.

19 정대성 저, 최진선 역, 『재일동포가 찾아낸 우리 술의 역사와 문화 그리고 지혜』(원제 : 조선의 술), 이회문화사, 2006, 190쪽.

선시대에는 우리 술의 종류가 3백여 종이 넘을 정도로 찬란한 술 문화를 형성했고, 고장과 가문에 따라 술을 다양하게 만들었다'고 했다.[20] 이로써 보건대 1909년 주세법 시행 이전까지 얼마나 많은 종류의 우리 술이 존재했는지 확실하지는 않지만, 어쨌든 수많은 우리의 전통주가 만들어졌고 계승되어 왔던 것으로 보인다. 그러므로 이 시기에는 節氣酒(정월 대보름날 아침에 마시는 이명주, 5월 5일 단오날에 마시는 창포주, 6월 보름 유두일에 마시는 유두주, 9월 9일 중양절에 마시는 국화주 등등), 鄕土酒(전라도 여산의 호산춘, 서울의 약산춘, 김천의 두견주, 평양의 감홍주 등등), 藥用酒(인삼주, 구기자주, 오가피주, 죽력고 등등) 등 매우 다양한 종류와 독특한 맛을 지닌 전통주가 있었다.[21] 그러나 일본이 우리나라를 강점하고 식민 통치의 재원을 확보하기 위해 수탈 정책의 일환으로 주세법, 주세령 등의 술 관련 법령을 시행함으로써[22] 이후 우리 전통주는 위축을 받고 쇠퇴의 길을 밟게 된다. 어쩌면 사라져버리는 비운을 맞게 된다는 표현이 더 적절할지도 모른다. 그러면 일제의 술 관련 법령 시행 등으로 인한 전통주의 위축, 전통주의 위축과 변모에 대하여 살펴보기

---

20 정현순·오문석, 앞의 책, 21쪽.

21 고려대학교 민족문화연구원, 『한국 민속의 세계 3 〈의생활·식생활〉』, 고려대학교 민족문화연구원, 2001, 441~463쪽. ; 정현순·오문석, 위의 책, 13~19쪽. ; 정대성 저, 최진선 역, 앞의 책, 48~73쪽.

22 1910년 강점 이전, 그러니까 1905년 을사늑약 이후 통감부 시대나 1909년 주세법이 시행되기 훨씬 이전인 1876년 병자수호조약(일명, 강화도수호조약) 때부터 우리나라는 일제의 영향력 하에 있었다고 해도 지나치지 않을 것이다. 특히 1897년 한일협약에 의해 메가다 슈타로가 재정고문으로 취임하면서 주조방면의 조사를 실시한 것을 보면, 이때부터 식민 통치를 어느 정도 받기 시작한 것으로 보인다. 일제의 고도로 계산된 식민 통치와 수탈의 야욕을 감지할 수 있다.

로 하자.

일제는 1897년 주조방면 조사를 시작할 때부터 식민 통치의 재원 확보와 수탈의 야욕을 보였다. 그것은 당시 조선 사회의 전체 술 소비량이 막대한데 비하여 조세가 부과되지 않았기 때문이었다. 이때의 酒造業은 일부 직업적 주조업자가 있었지만, 자가 양조와 부업적인 형태가 일반적이어서 아직 조세행정이 미치지 않고 있었다.[23] 그래서 새로운 稅源을 개발한 것이 酒稅였다. 일제는 주세가 식민 통치의 재정확보와 수탈을 위한 가장 효과적인 방법이라는 사실을 파악했기 때문이다. 마침내 주조방면 조사를[24] 마친 일제는 1909년 酒稅法을 발포 시행하였다. 주세법(1909년〈융희 3년〉, 2월 3일. 법률 3호)의 조문을 살펴보면,[25] 일제가 1909년에 발포 시행한 주세법은 주조 면허제의 시행과 주세 부과, 주류 및 누룩 제조기술의 개선, 주조장의 기업화 방침, 원료 판매의 통제 등 酒造業 전반을 통제하기 위한 방안의 하나였다.[26] 이는 궁극적으로 일제의 식민 통치의 재원확보

---

23 이승연, 앞의 논문, 69쪽. 조선시대에는 금주정책으로 술에 대한 과세나 전매제도가 없었다. 그리고 술의 공업적 양조보다는 집에서 家釀酒를 빚어 마시는 가양주 문화가 그 특징이었다.(정현순·오문석, 앞의 책, 51쪽.) 그러므로 일제의 주세법 시행은 우리나라에서 최초로 시행된 주세법이라 해도 과언이 아니다.

24 일제는 1906년 통감부 설치로 폐지된 재정고문부 기능을 넘겨받아 신설된 임시 재정조사국이 경성·평양·원산 등 주요 도시에서 실시한 조사를 토대로 1909년 국세로서 최초의 소비세인 주세법과 연초세법을 제정 시행하였다.(정태헌, 앞의 책, 68쪽.)

25 배상면 편역, 앞의 책, 289~291쪽.

26 일제는 조선인 자본이 조선 시장을 배경으로 성장할 수 있는 대표적 업종으로 주조업과 연초업이라고 파악하였다. 그러므로 일제는 주조업과 연초업을 정리 축출하고 대자본으로 흡수 통합하기 위해 주세법과 연초세법을 공포 시행하였다. 이는 식민 통치의 재원확보를 하기 위해서였다.(정태헌, 앞의 책, 68쪽.)

를 위한 수탈정책의 일환이자, 우리 전통주를 말살하려는 고도의 치밀한 계략에서 비롯된 것이라 하겠다. 주세법 시행 이후 주세령 발포 전까지 외래주가 대거 유입 음용되고, 우리 전통주는 일반 서민들 사이에서 겨우 명맥을 유지했다.[27]

한편, 일제는 주세법에 만족하지 않고, 1916년 酒稅令을 발포하여 주조업에 대한 본격적인 통제를 시행하였다. 주세령의 식민지성을 여실히 드러내기 시작하였다고 하겠다. 다시 말해 일제의 본격적인 주세 수탈과 전통주 말살이 시작된 것이다. 일제는 주세법 시행을 통해 과세 대상인 39만여 개 제조장의 생산규모(신고 석수) 등 주조업과 주류시장에 대한 전반적인 실태를 치밀하게 파악했다. 그리고 이 자료를 기초로 1916년에 제정된 주세령은 주세법과 구별되는 몇 가지 규정을 신설함으로써 주류의 개량, 생산자의 감소, 제조장의 집약을 통해 주세(주조업)의 본격적 수탈을 가능하게 했다. 주세령의 주요 내용을 간단히 요약 제시하면 다음과 같다. ① 조선주를 조선 재래의 방법에 의하여 제조하는 탁주, 약주, 소주로 규정(1조) ② 종래의 주세법에서 양성주, 증류주, 혼성주의 구분을 醸造酒, 蒸溜酒, 再製酒로 변경(2조) ③ 1석당의 세율을 정하여 造石數에 따라 과세액을 산출하는 방식으로 전환함과 동시에 세율을 인상하고 증류주, 재제주는 그 酒精 함유도수에 따라 그 세율을 구분(3조) ④ 1개 주조장에서는 1 주조년도에 청주 100석 이상, 맥주 500석 이상, 주정과 비조선 탁주는 50석 이상, 조선주인 소주는 2석 이상, 기타 주류는 한

---

27 정현순·오문석, 앞의 책, 52쪽.

가지당 5석 이상을 제조하지 못하는 자는 면허를 주지 않음(6조) ⑤ 기존의 自家用酒 면허소지자에게는 조선주에 한하여 제조량을 소량으로 제한(23조) 등이다.[28]

일제는 주세 수탈과 주조업의 통제를 위해서 자가용 주 제조를 통제 금지시켜 주류의 생산과 소비를 분리시키고 영세 주조업을 정리 축출하고자 하였다. 아울러 각 지방의 전통적인 민속주도 존재시키려고 하지도 않았다.[29] 이후 주세령은 5차례(1919년, 1920년, 1922년, 1927년, 1934년)에 걸쳐 개정되었다. 이로 인해 일제의 주세에 의한 착취가 지능화되고, 한편으로 自家用酒의 면허가 극히 억제되어, 1932년에는 自家用酒 면허자가 단 1명이었고,[30] 급기야 1934년에는 자가용 주 면허 제도를 폐지시켜 버렸다.[31] 이승연은 "이렇게 自家用酒를 폐지하는 과정에서 각 지방에서 특색을 가지고 전해 내려오던 수백 수천여종의 향토주가 자취를 감추게 되었다. 이들 향토주는 이미 주세령에서 조선주를 조선 재래의 방법에 의하여 제성된 탁주, 약주 및 소주로 규정할 때에 탁주, 약주, 소주의 어느 범주에도 들지 못하여 말살의 운명이 정해졌고, 이는 자가 양조의 폐지과정에서 현실화되었다."[32]고 하였는바 설득력이 있어 보인다. 1935년 이후 전

---

28 배상면 편역, 앞의 책, 308~341쪽.

29 정태헌, 앞의 책, 76쪽.

30 정동효, 『우리나라 술의 발달사』, 앞의 책, 182쪽.

31 주익종은 "自家用酒는 1920년대 말에는 사실상 중단되었다."(앞의 논문, 278쪽.)고 주장하였다.

32 이승연, 앞의 논문, 86쪽. 이승연은 "1934년경에 이르면 조선 소주업자가 전부 도산하고 조선 소주도 그 자취를 감추게 되었다."(같은 논문, 121쪽.)고 주장하였다.

시체제에 들어간 일제는 전시 재정의 수요를 충족시키는데 한계를 느껴 새로운 소비세를 신설하였는데, 이때 주세는 1938년에 제정된 '朝鮮支那事變特別稅令'(1939년 개정)에 의해 물품세로 증징되었고, 1940년 '제3차 세제 정리'에서는 酒種別로 2년 사이에 3.3~5.3배가 증징되었다.[33]

한편, 일제의 주세법, 주세령 발포 시행으로 전통주가 수난을 당하자, 우리 민중들은 이에 굴하지 않고 저항하였다. 그것은 특히 여자들(며느리나 딸)에게 전통주 제조법을 전수시키거나(해방 후 이들에 의해 전통주 복원이 가능하였음.) 밀주를 제조하는 것이었다. 사실 일제의 단속을 피해 만든다는 점에서, 우리나라의 누룩은 사용하기도 편리했고 보존도 가능해 술을 만들고 싶을 때는 언제라도 누룩을 이용해 담그는 것이 가능하였다.[34] 이처럼 밀주가 성행하자 일제는 1916년부터 주류 단속을 강화시켰다. 이때 일제는 '주류 밀조 방지 선전 전단'을 만들어 배포하였는데, 전단의 내용으로 보아 당시 상당히 적극적이고 조직적인 밀주 단속과 밀·기울에 대한 수매 활동이 전개되었음을 짐작케 한다.[35] 그러나 일제가 주세법과 주세령을 발포 시행하면서 모든 주류를 약주, 소주, 탁주로 획일화 시키

---

33 정태헌, 앞의 책, 161~163쪽. 주세법, 주세령 등 술 관련 법령의 시행을 통해 주류의 주세, 제조업, 제조장, 제조수량 등등의 실태를 파악할 수 있는데, 이에 대해서는 정태헌(같은 책, 68~169쪽.), 주익종(앞의 논문, 269~295쪽.), 이승연(위의 논문, 69~132쪽.) 등이 심도 있게 구체적으로 논급하였는바 참고하기 바라며, 상세한 내용은 이들의 연구 성과로 대신한다.

34 정대성 저, 최진선 역, 앞의 책, 192~193쪽.

35 박록담, 『명가 명주』, 앞의 책, 69쪽.

고, 1920년을 기점으로 신기술이 도입되어 재래식 누룩을 사용하던 방법에서 흑국, 황국(특히 흑국)의 배양균을 사용하는 입국법이 활용되고, 자가 양조의 금지와 自家用酒 면허 제도를 폐지시킴과 아울러 신식 술이라는 획일적인 술들이 일제의 통제 하에 제조됨으로써 우리 전통주는 대부분 맥이 끊기게 되었다.[36]

결과적으로 볼 때 술 관련 법령(특히 주세법과 주세령) 시행 등은 우리 전통주를 위축시키는 계기가 되었다고 하겠다.

3. 전통주의 변모

일제의 술 관련 법령 시행(주세법, 주세령) 등으로 인해 우리 전통주는 대부분 사라져버렸다. 그런데 현전하는 문헌자료로는 개화기나 일제강점기 때 우리 전통주의 종류가 몇 종이었는지 제대로 파악하기도 어려울 뿐만 아니라, 일제강점기 때 어떤 종류의 전통주들이 사라졌는지 정확하게 파악하기도 어려운 실정이다. 그러므로 여기서는 우리 전통주 가운데 어떤 전통주가 어떻게 변모되었는지, 그리고 일부 단절된 전통주가 해방 후 어떻게 복원되었는지 사례를 들어 논의하는데 주 초점을 맞추겠다. 그러면 이에 대해 살펴보기로 하자.

먼저 우리의 전통주에 대해 살펴보겠다. 여기서는 구한말 때의 우리 전통주(약주, 탁주, 소주 등. 주로 제조법 중심으로 기술)에 대하

---

36 정동효, 『우리나라 술의 발달사』, 앞의 책, 180쪽.

여 알아보고, 다음으로 일제강점기 때의 우리 전통주(약주, 탁주, 소주 등. 주로 제조법 중심으로 기술)를 통감부시대, 주세법 시행시대, 주세법 시행 후, 소화시대별로 살펴보겠다.[37]

그러면 구한말 때의 전통주에 대해 알아보겠다. ①약주는 황해도 이남 특히 서울 부근에서 널리 음용되고, 북부지방에서는 수요가 매우 적었다. 약주는 갈색을 띤 연노랑색의 투명한 술이지만, 대개는 약간 혼탁된 것으로 일종의 방향을 가지며 일본식 청주보다 감미와 산미가 세고 12~18%의 알코올을 함유한다. 약주 빚기는 독에 물을 붓고 가루누룩을 집어넣어 水麴을 만든다. 여기에 찹쌀가루를 쪄서 떡처럼 만든 것을 넣어서 酒母(酒本)을 만들고 다시 멥쌀·粉麴·물로 빚어 숙성시킨다. 숙성된 술밑에 용수를 박아 넣고 그 속에 괴인 술은 퍼낸다. 이것을 전주라 한다. 이렇게 해서 다 퍼내면 처음 술빚을 때 넣은 물과 동량 또는 배량의 물을 넣어(後水라 함.) 다시 우려내어 용수에 괴인 술 곧 후주를 퍼낸다. 전주와 후주는 따로 저장해 두었다가 마실 때 적당히 섞고 판매용의 약주로도 삼는다. 또 주모에 조국을 사용하는 경우, 술 빚는데 국자를 사용하지 않는 경우, 주모를 쓰고 술밑 빚는데 멥쌀 쓰는 경우, 주모를 쓰지 않고 찹쌀·조국·물로 단번에 빚어 넣어 숙성시키는 경우 등이 있다. 약주 제조의 원리는 일본식 청주와 비슷하나 1~2석의 독에 소량을 빚어 넣고, 또 일반적으로 저어주는 일이 거의 없는 점이 다르고, 또 누룩의 종류도 다르

---

37 일제강점기 때의 우리 전통주에 대한 언급은 현재 체계적으로 정리된 문헌이 없어 『조선주조사』(배상면 편역본〈2007년 개정판〉) 제6장 제2절〈朝鮮酒 제조법〉을 참고(197~383쪽)로 하였다.

다. 그리고 약주를 빚을 때 여러 가지 약초를 섞어 줌으로써 약용으로 쓰는 약용 약주도 있다. ②탁주는 조선시대 식품서를 보면, 대부분 純濁酒이다. 그런데 구한말의 탁주는 막 걸러서 쌀알이 뭉개진 뿌연 빛깔의 혼탁액이다. 산의 냄새가 세고 알코올은 6~7% 정도이다. 그 제조법은 여러 가지이지만 대표적인 것은 멥쌀·조국·물로써 술밑을 빚는다. 이밖에 멥쌀 대신 찹쌀을 쓰는 경우, 약주지게미로 만드는 것 등이 있으며, 주모를 미리 만들어두고 이것으로 술밑을 빚는 경우도 있기는 하지만 대부분의 경우 주모를 쓰지 않는다. ③소주는 북부지방(평안도, 함경도)에서는 소주를 많이 마시고, 또 연중 만들고 있으나 다른 술의 음용은 매우 적다. 제조방법은 지방에 따라 차이가 있고, 국자는 일반적으로 조국이며, 곡물로서는 남부지방은 주로 멥쌀·찹쌀이며, 북부지방에서는 기장이 주가 되고 조·옥수수·그 밖의 잡곡을 쓴다. 서울에서는 공덕리나 마포 동막 부근에서 많이 제조되었다. 3월경 큰 독에 물 8말쯤 넣고 쌀 9말을 쪄서 넣어 다시 국자 50개를 부수어 넣고 매일 1~2회 휘저어주면 3주간 정도로 숙성하는데, 5월쯤부터 이 술밑을 고리를 써서 증류한다.

다음은 일제강점기 때의 전통주에 대하여 살펴보겠다.[38] 통감부 시대의 ① 약주(경성 이희상의 제조법)는 매년 9, 10월경부터 다음해 4, 5월경까지 제조하는 것으로, 중류층 이상에서 음료로 제공되었다. 쌀 9되를 蒸煮하여 퍼서 충분히 냉각한 후 5, 6말 용량의 질그릇 1개

---

38 제조법은 지방, 가문, 제조장 등에 따라 약간씩 차이가 있는바, 여기서는 하나씩만 예를 들겠다.

에 넣고 분곡(소맥껍질이 혼입된 것) 5개 반을 조분(거친 가루)으로 갈아서 혼합한다. 여기에 물독 1동이의 물을 첨가하여 충분히 교반하여 방치해두면 점차 발효하다가 10일쯤 후에 숙성된다. 이것이 주모다. 여기에 찹쌀 3말(증자하여 멍석에 펴서 널어 충분히 냉각시킨 것)을 첨가하여 그 위에 물독 2동이의 물을 붓고 攪拌하여 방치하면 점차 발효하면서 10일쯤 지나면 숙성한다. 숙성되면 표면에 뜬 술지게미를 조심스럽게 건져내고 남은 술덧에 길고 가느다란 용수를 박아 그 속에 고인 약주를 퍼 올린다. 그 다음 3동이의 물을 추가로 넣어 잘 교반한 후에 재차 용수를 삽입하여 약주를 퍼내고 처음 받아둔 것과 혼합하여 판매한다. 芳香이 있고, 甘酸味가 모두 강하며, 酒精分容量은 10% 내외이다. 보존기간은 7일 내지 30일간이나 제조방법의 기술, 기후 및 보존법 여하에 따라 달라진다. ② 탁주(경성지방 제조법)는 쌀 3말을 물에 침지시켜 하룻밤 방치하고 다음날 소쿠리에 쌀을 건져 반쯤 건조시킨 후 굵게 분쇄한다. 이것을 증자한 후 돗자리에 넓게 펴서 냉각시킨다. 이것을 누룩 7개를 거칠게 가루 낸 것(조국)과 혼합하여 5~6말 용량의 독(土甕 : 흙으로 만든 항아리)에 담고, 물을 물독 3동이 정도 넣고 교반하여 방치하면 2~3일 내지 4~5일이면 숙성한다. 숙성되면 체로 여과하고 지게미에 물을 첨가하여 비벼 부순다. 다시 물을 첨가하고 여과하여 마신다. ③ 소주(경성지방 제조법)는 경성의 경우 5월경부터 9~10월경까지 飮用되었고, 대부분의 제조는 성 밖 공덕리 부근에서 이루어졌는데, 그 제조법은 다음과 같다. 3월경부터 414~432ℓ의 큰 독에 물 144ℓ를 길어 넣어둔다. 여기에 쌀 144kg을 쪄서 넣고, 다시 국자 40kg을 굵게 빻아 넣어 교반한다. 이후 매일 1~2회씩 교반하면서 3주 정도 숙성시킨 후, 뚜껑을 덮고 흙으로 발라 밀폐한다. 그 후 5월경부터는 수요에 따라 증류한다. 한 독으로 알코올 37~38도의 소주가 130ℓ 생산된다. 술지게미는 돼지의 사료로 이용한다.

주세법 시행시대의 ① 약주, ② 탁주 제조법은 통감부시대의 약주, 탁주 제조법과 크게 다를 바가 없어 생략한다. ③ 소주(원산시험소 지도법)의 경우 개량된 요점은 다음과 같다. ㉠ 재래의 토기 소주 시루의 사용을 폐지하고, 일본 주조용 시루를 사용함으로써 한 번에 다량을 증자하여 연료를 절약. ㉡ 국자를 잘게 분쇄하여 사용비율을 줄임. ㉢ 주모(쌀 16kg, 국자 9kg, 물 18ℓ)를 사용하고 급수를 늘림. ㉣ 재래 토고리(土古里)의 증류출구에 냉각 사관(蛇管)을 부착. ㉤ 水槽를 높은 곳에 설치하여 냉각수를 자연적으로 흘러내리게 하여 물 바꿈 하는 인력을 절감. ㉥ 부뚜막에 솥 하나만을 축조하여 장작을 사용해서 증류하므로 인력을 절감하는 것 등이다.

주세령 시행 후의 ① 약주(경성 가회동 후작 이재원의 제조법)는 주모의 경우 담금에 사용하는 멥쌀(정백미)은 충분히 씻은 후 분말로 세분한 뒤 열탕을 부어 익힌다. 독에 넣어서 하룻밤 방 냉한(젖산균의 번식을 유도하는 것) 후, 수세한 국자분과 혼합하여 떡 모양처럼 만들어 온돌 내에서 교반하지 않고 담금 한다. 약 10일 후 前段과 같은 방법으로 제2단을 담금 하여 방치한 후 1주일~10일이 되면 주모로서 숙성된다. 이것은 우리 고유의 독특한 방법이며 고체발효의 원형이다. 한편, 술덧의 경우 찹쌀을 水洗하여 적당히 침지한 후, 증자하여 냉방 후 급수함과 동시에 담금한다. 담금 후 교반하지 않고 온실 내에 들어놓고 독에 뚜껑을 하여 적당히 보온하여 방치한다. 그리고 발효 중에는 하루 1~2회 뚜껑을 열어 가스를 날려 보내야 한다. 약 3주 후면 술덧이 숙성된다. 숙성 후 술덧의 부유물을 걷어내고 용수(가래나무로 만듦)를 술덧 안에 삽입하여 전주 약 2말을 얻는다. ② 탁주는 위의 이재원의 약주 제조법 과정의 전주를 얻는 것까지는 유사한데, 다시 그 殘渣(술지게미)에 쌀 3되 죽을 쏜 것, 국자분 1되 5홉, 물 1말 5되를 가하여 잘 교반하여 4~5일 뒤 소쿠리에 건져낸다. 이것을 체로 걸러서 탁주로 음용한다. ③ 소주의 겨우 개선된 요점은 대략 다음과 같다. ㉠ 콘크리트 탱크의 설치, 엔진보일러 이용 실행 등의 설비 개선 ㉡ 국자 사용비율의 감소 ㉢ 엔진보일러 등의 이용으로 원료 처리방법의 개선 ㉣ 고리의 사관 냉각기 개선-銅古里 사용으로 다량의 銅分이 용해된 소주가 생산되자, 1924년 조선총독부의 지시로 각 지방은 점차 흡입식 증류기로 전환. ㉤ 배달용기를 서양 화통으로 변경시킨 것 등이다.

소화시대 약주와 탁주의 경우 酒造用水는 거의 전부 생수를 사용하였다. 그리고 담금 하는 일이 없어졌고, 재래의 소용량 질그릇도 거의 찾아볼 수 없게 되었다. 또 통일된 개량국자가 공급되었으며, 재래주모 외에 속양주모를 육성하였다. 특히 탁주 담금에 주모를 사용하는 곳이 더욱 많아졌다. 한편, 술덧은 급수비율은 증가하고 반대로 국의 비율이 감소하였다. ① 약주는 使用米에 찹쌀 외에 멥쌀을 혼용하였고, 분국을 썼으며, 주모는 충청도의 경우 속양 및 개량주모를 사용하였다. ② 탁주는 사용미를 찹쌀을 혼용, 멥쌀가루를 혼용하였다. 그리고 조국을 그대로 사용하였고, 주모는 충청도의 경우 속양주모를 보통 사용하였다. ③ 소주는 증류기는 거의 증기흡입식을, 냉각기는 정류탑과 輕銀蛇管의 병용이 많아졌으며, 원료의 전처리는 증류기관 또는 석유원동기 분쇄기를 사용하였다. 특히 흑국을 대부분 사용함으로써 흑국소주가 유행하였다. 또 1925년부터 신식 소주(대부분 당밀을 원료로 하여 이루게스式, 교무式 등의 정교한 연속식 증류기로 주정 및 소주를 증류. 일반적인 취향은 당밀 소주보다 전분 소주를 선호)가 등장하였다.

이상에서 보는 바와 같이, 우리 전통주 특히 약주, 탁주, 소주가 변모되었음을 알 수 있다.

사실 일제강점기 때의 전통주는 대부분 영세업자나 自家 또는 부업의 형태로 만들었기 때문에, 일제가 주세법, 주세령 등의 시행을 통해 주세 부과, 주조장의 집약화, 원료 판매의 통제, 신기술 도입, 自家用酒 제조 금지 및 면허제도 폐지 등등을 함으로써 사라져버렸다(특히 향토주 등)고 해도 지나친 말은 아니다. 비록 타의(일제에 의해)에 의해서였지만, 전통주 가운데 특히 약주, 탁주, 소주 등은 변모되었다고 하겠다.

다음은 일부 단절된 전통주 또는 전승된 전통주가 해방 후 어떻게 복원 또는 변모되었는지 사례를 들어 살펴보겠다.[39] 여기서는 죽력고, 이강주, 백화주 순으로 간단히 알아보겠다.[40]

竹瀝膏는 청죽을 잘게 쪼개 불에 넣고 구워, 양쪽에서 스며 나오는

---

39 일제의 주세법, 주세령 시행 및 밀주 단속에도 불구하고, 해방 후까지 계속 지속된 전통주(특히 家釀酒 등)들도 있다.

40 여기서는 박진영, 앞의 논문, 30~105쪽을 참고하였다.

진액에 소주를 넣고, 꿀과 생강즙을 넣은 다음, 끓는 물에다 중탕하여 제조한 술을 말한다. 조선 중기 이후부터 제조되기 시작한 것으로 추측되며, 대나무가 많은 전라도 지방에서 주로 빚었던 약용주이다. 죽력고 무형문화재 기능보유자인 송명섭(남. 53세)의 '구술자료'를 보면, 죽력고 제조법은 그의 어머니 은계정(1917~1988. 은계정은 한약방을 하던 친정아버지에게 전수받았다고 한다.)에게 배웠다고 한다. 그런데 문헌상의 죽력고 제조법과 송명섭의 제조법은 차이가 있다. 그것은 송명섭이 전래의 제조법의 단점을 보완했기 때문이다.[41]

梨薑酒는 전통 증류식 소주에 배, 생강, 계피, 鬱金을 넣고 꿀을 가미한 후 장기간 숙성시켜 만드는데, 재료에서 보듯 술에 배와 생강을 넣었다 해서 붙인 이름이다. 조선 중엽부터 전라도와 황해도에서 제조되었으며, 우리나라 3대 명주로 손꼽힌다. 이강주 무형문화재 기능보유자인 조정형(남. 69세)의 '구술자료'를 보면, 이강주 제조법은 그의 어머니(제조법은 조정형의 집안에서 오래전부터 내려왔다고 하는데, 시어머니에게 전수받은 듯함.)가 술을 빚어왔기 때문에, 이강주에 대한 기억과 경험을 바탕으로 대학에서 발효학을 전공하여 1급 양조기술사 자격을 갖고 있던 조정형이 직접 연구하여 터득한 것이다.[42]

百花酒는 쉽게 말해서 백 가지의 꽃을 말려서 만든 술이다. 백화주

---

41 자세한 내용은 위의 논문, 31~36쪽을 참고할 것.
42 자세한 내용은 위의 논문, 36~39쪽을 참고할 것.

는 백화주 무형문화재 기능보유자인 김종회(남. 45세)의 13대조부터 시작되어 전해 내려온 술이라고 한다. 김종회의 '구술자료'를 보면, 백화주 제조법은 그의 어머니(제조법은 김종회 집안에서 시어머니가 며느리에게 전수해 내려왔는데, 김종회의 모친이 회갑을 넘기면서부터 술 빚기를 맡기 시작했다고 한다. 그리고 일제강점기 때에도 몰래 술을 빚어 현재까지 계속 이어져 내려왔다고 한다.)에게 전수받았다고 한다.[43]

이상에서 보면, 죽력고와 이강주는 일제강점기 때 단절되었다가, 해방 이후에 복원된 것으로 보인다. 그리고 백화주는 일제강점기 때에도 계속 전수되었고, 오늘날까지 전승되고 있음을 알 수 있다. 그런데 이강주는 일제강점기 때 단절되었다가 본인의 연구에 의해 새롭게 복원시켰다고 하겠다. 이처럼 우리의 전통주는 일제강점기뿐만 아니라 현재까지 계속 전승된 사례가 있었는가 하면, 일제강점기 때 단절되었다가 해방 후 그대로 복원 또는 보완 복원하거나, 새롭게 복원한 사례도 있다.

Ⅲ. 일제강점기 전통주에 대한 종합적 평가

필자는 지금까지 민속학적 시각에서 일제강점기 우리 전통주의 위축과 변모의 실상을 파악하기 위해 자료 소개 및 검토, 일제의 술

---

43 자세한 내용은 위의 논문, 39~42쪽을 참고할 것.

관련 법령 시행 등으로 인한 전통주의 위축과 변모 등에 초점을 맞추어 살펴보았다. 앞에서 논의한 사항들을 종합하여 결론으로 삼겠다.

현재 일제강점기 때의 문헌자료가 적을 뿐만 아니라 찾아보기도 쉽지 않은 상황에서 『조선주조사』는 일제의 식민 통치와 수탈 등의 목적으로 쓴 것이지만, 조사 기록 등에서만은 비교적 정확하다고 할 수 있다. 1935년 발간 이후부터 1945년 해방 전까지의 조사 기록이 없어 한계를 노출시키고 있지만, 술과 관련된 내용을 전반적으로 상세하게 다루었는바 자료로서 높이 평가된다.

일제강점기 때 일제의 술 관련 법령(특히 주세법과 주세령) 발포 시행 등은 우리 전통주를 위축시키는 계기가 되었다. 그리고 이 시기 우리 전통주는 대부분 영세업자나 自家 또는 부업의 형태로 만들었기 때문에, 일제가 주세법, 주세령 등의 시행을 통해 주세 부과, 주조장의 집약화, 원료 판매의 통제, 신기술 도입, 自家用酒 제조 금지 및 면허제도 폐지 등등을 함으로써 대부분 사라져버렸다고 해도 지나치지 않다. 그러나 우리 민중들의 저항도 만만치 않았으며, 전통주(특히 가양주 등)를 전수 계승시키고자 노력하였다. 특히 일제의 행정력이 덜 미치는 시골이나 산간 도서지역에서 그러했다.

어쨌든 일제에 의해서였지만 전통주 가운데 특히 약주, 탁주, 소주 등은 변모되었다고 하겠다. 그리고 일부 전통주는 일제강점기뿐만 아니라 현재까지 계속 전승된 사례가 있었는가 하면, 일제강점기 때 단절되었다가 해방 후 그대로 복원 또는 보완 복원하거나, 새롭게 복원한 사례도 있었다. 이상에서 본고는 민속학적으로도 나름대로 의의가 있다고 사료된다.

끝으로 덧붙일 말은, 우리 전통주에 대한 자각과 본격적인 복원은 1980년대부터라고 생각된다. 특히 1986년 아시안 게임과 1988년 올림픽을 준비하면서 우리 전통에 대한 인식이 고조되었는데, 당시 정부나 조직위원회에서는 한국을 대표적으로 상징할 수 있는 가장 한국적인 것이 우리 전통문화에 있다고 판단했던 것 같다. 이 같은 상황에서 우리 전통주가 부각 복원되기 시작한 것으로 보인다.[44] 한편, 2009년 8월 27일자 신문(중앙일보, 한국일보, 한국경제신문 등)을 보면, 농림수산식품부가 '우리 술 육성방안'을 발표하였다. 그 내용을 살펴보면, 2010년부터 모든 술의 주성분에 원산지를 표시하고, 2012년까지 전통주 가운데 황금주, 이화주, 벽향주, 부의주 등 50여 종을 복원하고, 특히 막걸리의 세계화에 앞장서며, 전통주의 명품화·세계화를 위한다는 등의 다양한 육성책을 제시하였다. 때 늦었지만 그나마 다행으로, 기대되는 바가 크다. 앞으로 일제강점기 때 단절된 전통주를 복원시키는 것이 우리의 과제이다.

---

44 "현재 우리 술은 농림수산부로부터 '명인'으로 지정받은 전통주와 문화체육부로부터 무형문화재로 지정받은 민속주, 그리고 건설교통부로부터 관광주로 지정받은 민속주 등으로 구분되고 있는데,"(정현순·오문석, 앞의 책, 59쪽) 다소 번잡스럽다. 앞으로 이를 정비하여 체계화할 필요가 있다.

제2장

일제강점기 향토오락 진흥정책과
민속놀이의 전개 양상

Ⅰ. 향토오락을 둘러싼 일제의 문화정책의 추이

1931년 만주사변에 이어 1937년 중일전쟁을 거치면서 식민지 조선은 전시체제에 돌입한다. 전쟁의 장기화에 따른 급박한 시국 인식이 강조되는 가운데 1938년 국민정신총동원 운동이 선포되고 銃後 조선의 정신강화 운동, 報國 운동이 전국적으로 전개된다. 그리고 1939년 제2차 세계대전의 발발과 뒤이은 태평양전쟁에 이르기까지, 1930~40년대 식민지 조선은 일제의 억압과 전쟁의 공포 속에 놓여 있었다.

그러나 한편에서, 식민지 조선의 근대적 소비자 대중은 백화점에

149

서 쇼핑을 하고, 부민관에서 공연을, 단성사에서 영화를 관람하며, 불야성을 이룬 경성의 네온사인 밑을 거닐다가 서울에 딴스 홀을 허가해 달라고 부르짖기에 이른다. 바야흐로 근대 자본주의 소비문화를 만끽하려는 욕구가 분출하고 있었다. 그리고 또 한편에서는 조선의 전통 문화에 대한 관심과, '조선적인 것'에 대한 문화 담론이 열기를 띠어 가는 가운데 우리의 전통 민속놀이가 시대의 건전오락으로 급부상다.

이렇게 억압과 공포, 근대 자본주의와 소비 욕구가 팽배해 있던 시대 우리의 민속 문화, 향토오락에 대한 관심과 시대의 각광은 어디서 발로하는 것인가. 이러한 현상은 물론, 단순히 문화적 차원의 맥락을 벗어나 정치, 사회, 문화적 관점, 즉 식민 제국의 통치 정책과 피식민지의 저항, 근대 자본주의와 문화의 소비 문제들이 복잡하게 얽히면서 상호작용하는 가운데 일어난 것일 것이다. 본고는 193, 40년대 쇠멸해 가던 우리의 민속놀이가 향토예술로 부흥하는 사회 문화적 배경 가운데 특히 향토오락을 둘러싼 일제의 문화정책의 추이를 살펴보고, 이러한 시대적 배경 속에서 민속놀이가 어떠한 양상으로 전개되었는지에 대해 고찰해 보기로 한다.

Ⅱ. 일제강점기 健體 프로젝트와 오락 담론

근대 시기 조선 민속놀이에 대한 인식과 그 전개 양상을 논하기 이전 우선, 근대 시기에 불었던 오락담론의 형성 과정을 주시할 필요가 있다. 왜냐하면, 1930년대에서 40년대로 이어지는 전시체제하에서 증폭된 향토오락에 대한 관심은 이미 192, 30년대부터 형성되기 시작한 오락담론의 연장선상에 있는 것이기 때문이다. 또한 이 둘은 조선총독부의 식민지 문화정책 기조와도 긴밀한 관련을 맺고 있었는데, 이는 다름 아닌 건강한 신체 함양을 통한 노동 능률의 극대화, 건전 사회 건설을 위한 거대 프로젝트의 일환이었다고 할 수 있다.

근대 국가에 있어 국민의 건강은 더 이상 개인의 선택의 문제가 아니었다. 그것은 국가권력의 정밀한 검사 대상이 되었으며, 국가는 보다 좋은 신체와 건강한 국민을 만들어내기 위하여 다양한 健體 프로그램을 동원하여 건강한 신체를 강제해 왔다[1]. 이러한 개인의 신체와 건강에 대한 관심은 근대를 맞이한 조선에도 예외가 아니었다. 더욱이 일제 강점기에는 식민지 민중의 신체가 산업 노동력으로써뿐만 아니라 군사력으로 인식되면서 개인의 신체가 노골적으로 대상화되고 수단화되는 경향을 보인다.

조선에서 「건강 담론과 건체 운동이 본격적으로 활성화되기 시작한 것은 1920년대 중후반부터[2]」라 할 수 있을 것이다. 1925년 11월

---

1 근대 국가와 근대적 신체의 관계에 대해서는 정근식, 「식민지 지배, 신체 규율, '건강'」(미즈노 나오키 외, 정선태 옮김, 『생활 속의 식민지주의』, 산처럼, 2007)을 참조할 것.

2 김예림, 「한국적 근대는 어떻게 만들어졌나, 전시기 오락정책과 '문화'로서의 우생학」, 『역사비평』73, 2005, 332쪽. 이외 근대 시기 취미 오락 담론을 논한 주요 논저로는, 문경연, 「1910년대 근대적 '취미(趣味) 개념과 연극 담론의 상관성 고찰」 『우리어문연구』30집, 2008. 1.; 문경연, 「한국 근대연극 형성과정의 풍속통제와 오락 담론 고찰-근대 초기 공공오락 기관으로서의 '극장'을 중심으로-」 『국어국문

19일 동아일보 기사에는 「1927년 건강보건법이 실시될 예정이며, 이를 위하여 1926년 4월 총독부 사회국에 건강보험부가 설치될 예정」이라는 기사가 실려 있어, 이 무렵 총독부가 조선 민중의 건강에 적극적으로 개입하려는 움직임을 엿볼 수 있다. 또한 이 시기 발간된 각종의 일간지와 잡지를 보면 건강에 대한 여러 다양한 담론과, 의식주 실생활에서의 위생문제에서부터 기타 일상생활과 여가문화에 이르기까지 건강한 생활을 위한 다양한 방법들이 제시되고 있다. 다음은『동광』1926년 5월 1일자 「民族的 肉體改造運動, 個人의 生活뿐 아니라 民族 全體의 運命을 支配하는 健康問題」라는 제목으로 실린 논설이다.

> 우리는 무섭은 자각과 무섭은 결심을 가지고 우리 민족적 육체의 개조에 시급히 착수하지 않으면 안되겠습니다. 여기에 대한 大要를 말하면 個人保健, 民衆保健의 두 문제로 分할 것입니다. 민중보건 문제 중에는 아동위생, 영양위생, 性生活, 오락, 휴식, 흡연, 음주, 公家위생 등의 문제입니다. (『동광』1926. 5)[3]

특히 만주사변에 따른 준전시체제와 중일전쟁부터 태평양전쟁에 이르는 총동원시기, 일제는 전시기 전쟁병기로서의 개인의 신체를

학」151, 2009. 4. ; 곽은희, 「식민 구조의 작동 메커니즘에 내재된 놀이의 정치학-일제 말 식민지 여성의 놀이를 중심으로-」『인문연구』54호, 영남대학교 인문과학연구소, 2008. 6 등이 있다.

3 원문 출처 국사편찬위원회 한국사데이터베이스 http://db.history.go.kr. 이 논설은 김예림의 위의 논문에도 인용되었다.

어떻게 단련하고 조련할 것인가에 관심을 집중시키며 다양하고 적극적인 건체운동을 펼쳐 나간다.

일제강점기 국민 체력 관리 정책의 대표적인 산물로 정근식[4]은 체력장을 꼽았다. 그의 연구에 따르면 1939년 7월 조선체육협회가 경성에서 실시한 '국민운동능력조사'[5]에 이어 1940년부터는 전국의 15세 이상 25세 이하의 남자에게 이 체력장 검사를 의무화하였다고 한다. 물론, 이러한 체력장의 실시에는 국민 체력 향상뿐만 아닌 「인적 국방력을 확충하기 위한」[6]의도가 내재되어 있었다.

그러나 건강한 신체에 대한 국가적 요구는 규율과 통제를 통해서만 발현된 것은 아니었다. 자본주의 필수요소인 대중 소비 사회를 구축하기 위해서는 개인의 자유와 향락을 어느 정도 보장하지 않으면 안 되는 측면이 있었고, 그것은 근대적 신체와 관련하여 오락의 권장으로 이어졌다. 1920~30년대 일간지와 잡지를 들여다보면 이 시기 '건강한 신체'와 '건전한 오락' 담론이 범국가적 차원에서 조장, 선동되고 있음을 알 수 있다. 그 내용은 대개 조선 청년층과 인텔리 계층, 중산계층에 퍼져 있는 퇴폐적 유희문화가 국민의 돈과 시간과 육체와 정력을 착취하고 있다고 비판하고, 아울러 '민족적 원기를

---

4 정근식 위의 논문 106쪽.

5 이때 실시된 체력장은 15세 이상 25세까지의 훈련소 청년단원 5백 50십 명을 대상으로 7월 16일부터 약 한달 여 동안 실시되었다. 검정 항목은, 달리기, 멀리뛰기, 던지기, 매달리기 등 5개 항목으로, 초, 중, 상의 3개 등급으로 점수가 매겨지고 표준에 합격한 자에게는 體力章을 교부하기로 하였는데, 결과는 중급이 2,3명, 초급이 2할 5부에도 못 미치는 65명 가량으로 조선청년의 체위가 뒤떨어졌음을 입증하였다. (동아일보, 1939년 8월 18일 기사 내용 참조).

6 동아일보, 1939년 3월 31자 기사, 「전국 일제히 실시되는 "體力章"」

진작'하기 위하여 사회 전체가 나서서 건전한 오락을 장려해야 한다고 주장하는 것이었다.

> 오락의 淨化 오락의 사회화는 모든 계급을 통하야 모든 시대를 통하야 인류사회의 일대문제가 되어가고 있다. 자본주의의 난숙기에 있어 그 입장은 다르다 하나 (세계 각국은) 국민의 원기를 보하고 사회의 원동력을 충만케 하기 위하야 국민의 오락생활의 사회적 통제, 혹은 지도를 부르짖고 있다. 구락부의 창설, 스포츠의 장려, 도서관의 설립, 활동사진의 이용, 야외 생활의 추천 등등은 혹은 민간으로 혹은 교육계에서 혹은 정부에서 노력하는 것들이다.
>
> (『동아일보』, 「娛樂의 健全化 社會化 民族的 元氣 振作의 重大要件」, 1931.11.8)

한편, 이러한 근대 오락의 대중화 이면에는 당연히 국민의 신체에 대한 국가권력의 통치술이 작용하고 있었다. 1940년 11월 일본의 수상 관저에서 개최된 경제 관료 간담 석상, 여기서 일본 군부는 戰時기 국민의 사기를 진작시키고 건강한 신체를 단련하기 위하여 오락의 필요성을 거듭 강조하고 있다.

즉, 국민에게 堅靭持久의 정신을 앙양시키기 위해서는 단순히 단속만으로는 안 된다, 건전한 오락을 적극적으로 장려할 필요가 있다, 농촌오락[7]이나 스포츠와 같은 것을 구체적으로 장려해야 한다는 식의 내용이 주류를 이룬다. 이상의 취지에 맞추어 각 각료는 차기 간

---

7 방점, 필자.

담회에서 건전한 국민오락에 대해 연구할 것을 각료 간에 합의하고, 同月 25일 정례 각료회의에서 당시 육군대신이었던 도조 히데키(東條英機)는 침체된 민심의 사기를 진작시키고 명랑한 기운을 북돋우기 위하여 정부 차원의 적절하고 명쾌한 시책을 요망하고 있다[8].

여기서 주목할 것은 바로 戰時期 堅靭持久의 국민정신을 앙양시키기 위하여 일본 군부가 착안해 낸 것이 바로 '농촌오락'이라는 점이다.

Ⅲ. 일제의 농촌진흥운동과 농촌오락 진흥운동

1. 일본 농촌진흥운동과 농촌오락

위 인용문은 1940년 11월, 태평양전쟁을 눈앞에 두고 일본 전체에 전운의 기운이 감돌던 보다 급박한 상황에 처해져 있던 때의 일이다. 그러나 실제 군부가 '민심의 사기를 진작시키고 명랑한 기운을 북돋우기 위한' 수단으로 '농촌오락'을 강조하고 나선 것은 그보다 앞선 1930년대 초반으로 거슬러 올라간다. 이는 당시 일본 농촌이 직면한 상황과 밀접한 관계가 있었는데, 이는 다름 아닌 1929년에 불어 닥친 세계대공황과 그에 따른 농촌의 붕괴현상이었다.

---

8 이상은, 무라야마 지준(村山智順), 「半島鄕土の健全娛樂」『朝鮮』308호, 1941.1에서 발췌. 번역 정리 필자.

　　1929년 미국 월가에서 촉발된 세계대공황의 파도는 전세계를 강타했고 일본도 예외는 아니었다. 각 도시마다 실업자가 넘쳐나고 은행이 도산했으며 디플레이션이 만연했다. 이러한 세계공황의 피해는 특히나 농촌 지역에 더할 수 없이 깊은 타격을 안겼다. 세계 각국이 자국의 경제를 보호하기 위해 고관세 보호무역 정책을 펴는 가운데 일본의 주요 수출품인 生絲의 대미 수출이 타격을 받고, 거듭된 풍작은 오히려 쌀값 폭락으로 이어졌다. 경제난과 굶주림에 지친 농민들은 농촌을 떠나 무작정 도시로 밀려들고 집안의 농가부채를 대신해 팔려가는 농촌 여성들이 속출했다[9]. 이에 견디다 못한 농민들의 소작쟁의와 사회주의 계열의 적색 농민조합운동이 광범위하게 전개된다. 이에 군부는 농촌사회를 효과적으로 통제하고 경제난을 해소하기 위한 자구책에 부심하지 않을 수 없었다. 당시 일본 정부의 농촌 문제 진단과 그 해결책을 강구하기 위한 노력의 일단을 다음 인용문에서 엿보기로 한다.

　　현시 농촌 문제는 본토의 朝野를 막론하고 정치상, 사회상 지극히 중대한 문제가 되었다. 따라서 이러한 대책으로서 적극적으로 농가의 생산력을 증진시키고 그 소득을 증가시키는 일이 매우 긴요한 일임은 두말할 여지가 없다. 동시에 농촌의 생활개선을 단행하여 쓸데없는 낭비를 절약하고 농가 경제의 충실을 도모하며, 보건 위생의 향상으로

---

9 이러한 총체적 난관을 극복하는 돌파구, 즉 새로운 시장 개척과 일본 농민의 이주지를 개척하기 위한 극단의 조치로 일본군부가 선택한 것이 바로 만주사변(1931)이었다.

일상생활의 행복과 노동 능률의 증진을 기하는 것, 더불어 농촌을 살기 좋고 유쾌한 향토로 만들기 위해 농촌 오락의 실행 및 방법을 강구하는 일은 우리 농촌의 현 상황을 돌아볼 때 지극히 중요한 사회적 시설임을 믿어 의심치 않는다.[10]

위 인용문은 1929년에 발행된 『농촌의 오락 및 생활개선(農村の娛樂及生活改善)』이라는 저서 내용중 서문을 발췌한 것이다. 저자는 前農商務省 農産課長을 역임한 伊藤悌藏이다. 이 책에서 필자는 피폐해진 농촌경제를 살리고 농촌 생활을 개선하기 위한 방책으로 '농촌 오락의 활성화'를 역설하고 있다. 즉, 「각 행정 관청 및 공익 단체가 농정 문제 해결에 관해 여러 시설과 계획을 내놓고 있지만 농촌의 오락 문제에 관한 시설을 볼 수 없음을 개탄」하며, 농촌 오락이나 생활개선 문제가 어느 한 부분이라도 실행되고 보급된다면 농촌 및 농가에 상당한 이익을 안겨 줄 것임을 강조했다. 농촌 오락과 관련한 이 책의 주요 내용은 現時 농촌 오락의 상황을 개괄하고 농촌 오락 사업을 전담하고 활성화할 기구로서 농촌오락협회 설립의 필요성과 그 조직 방법에 대해 구체적인 안까지 제시하고 있다. 물론 여기서 말하는 농촌오락은 전래된 향토오락이나 민속오락 뿐만이 아니라 활동사진이나 라디오, 연극 공연, 농사와 관련된 각종 技藝의 경연대회까지를 포함하는 포괄적인 것이다.

뒤이어 1931년부터 1936년까지 文部省 社會敎育局 에서는 민중 오

---

10 伊藤悌藏, 『農村の娛樂及生活改善』, 東京 ; 養賢堂, 1929, 緒言 1쪽.

락 조사를 대대적으로 실시하여 『全國農村娛樂狀況』이라는 자료집을 발간하기에 이른다. 이를 보면 어찌되었든 이 시기 농촌 문제 개선에 농촌오락의 활성화가 유효하다는 인식이 일본 정부 차원에서 이루어졌고 실제 그 개선 방안을 강구하기 위한 작업에 착수하고 있었음을 알 수 있다.

2. 조선 농촌진흥운동과 농촌오락

이상 일본에서 농촌오락 진흥책이 나오게 된 배경을 간단하게 살펴보았는데, 식민지 조선의 농촌 사회 역시 내지 일본의 그것과 다르지 않았으며, 내지 일본의 이러한 오락 정책 기조는 조선에서도 적용되었다. 즉, 193, 40년대 일제가 조선의 향토오락 진흥을 제창하고 나선 데에는 이 시기 진행되고 있던 조선농촌진흥운동과 밀접한 관련이 있었던 것이다[11].

조선의 경우 1932년부터 1940년 사이에 조선총독부 주도하에 이른바 농촌진흥운동이 전개된다. 주지하다시피 조선에서 일어난 농촌진흥운동은 농촌경제의 몰락과 농민 사회의 불안을 제어하기 위

---

11 이에 대해서는 김예림, 앞의 논문, 남근우, 「민속의 경연과 예술화」『한국문학연구』36집, 2009 ; 이상현, 「일제강점기 '무대화된 민속'의 등장 배경과 특징」『비교민속학』35집, 비교민속학회, 2008등에서도 지적되었으나 그 구체적인 양상에 대해서는 언급되지 않았다. 본 장에서는 일제의 농촌진흥운동과 농촌오락 진흥책이 어떻게 연계되어 추진되었는지 구체적인 자료를 들어 살펴보았다, 이를 바탕으로 일제의 향토오락 진흥책이 조선에서만 국한된 것이 아니라 일본에서도 이미 농촌진흥의 한 방책으로 추진되었고 이러한 정책 기조가 거의 그대로 조선에 들어와 추진되었음을 알 수 있었다.

한 관제농민운동이었으며 중국 대륙 침략을 앞두고 황국신민화 정책을 효과적으로 달성하기 위한 일종의 사회교화운동이었다고 할 수 있다. 이 운동의 주요 사업은 당시 농촌의 생활개선이나 정신계몽에 주력하였다.

이렇게 내지 일본의 농촌 정책은 식민지 조선에서도 그대로 이식되어 적용되었고 오락 정책 역시 마찬가지였다. 조선총독부 문서과 촉탁으로 1920년대부터 40년대 초 조선의 민속 문화를 집중적으로 조사해 온 무라야마 지준(村山智順)의 발언은 식민지 조선의 오락 정책이 어떠한 방향으로 전개되었는지를 가늠하기에 충분하다. 그 내용을 정리하면 다음과 같다.

> 현 시국하 오락의 문제는 개인의 문제가 아니라 국가의 문제이다. 이를 위해 단지 영화를 보거나 레코드를 듣는 등의 수동적인 방법이 아니라 스스로가 몸을 움직여 즐기는 방향으로 나아가야 한다. 민중이 서로 모여 춤추고 노래하는 전통적인 축제나 향토색 풍부한 민요 등이 바람직한데 … 또한 종래 오락이 도시에 집중되어 있는 현상을 개선하고 농산촌에의 건전한 분배를 고려해야 한다. … 민중의 감정을 알기 위해서는 종래 민중 사이에서 보지되어 온 전통 오락을 검토하고 재인식해야 한다.
>
> (무라야마 지준(村山智順), 「半島郷土の健全娯楽」『朝鮮』308호, 1941.1)

이처럼 일제가 「동아의 신질서 건설과 동아공영권을 달성시키기 위해 신체적 정신적 에네르기를 배양」하기 위한 방법론으로 새롭게

제시한 것, 그것은 바로 농촌오락, 좀더 구체적으로는 향토오락이
었다.

> 명년도부터 총독부에 후생국이 신설됨과 동시에 총후 반도의 국민
> 체력진을 강화하기로 되어 체력증진과 체위향상 운동을 일으켜 장기
> 건설에 유감이 없도록. 스포츠의 대중화를 위하여 체육단체의 통제 외
> 운동형식의 규격을 통일하는 등 새로운 출발을 하게 된 바, 여기에 새
> 로이 각광을 받기 시작한 것이 조선재래의 향토오락이다.
>
> (매일신보, 1938년 12월 27일)

일제강점기 간행된 제 자료 및 신문 잡지 등과 같은 정기간행물을
통해 확인해 보면, 조선에 있어서 향토오락에 대한 관심은 1930년대
전반부터 부상하여, 중반 이후부터 무르익어 갔음을 알 수 있다. 동
아일보 1934년 4월 14일자에는 다음과 같은 기사가 실린다.

> 경기도 지방과에서 작년(1933년) 가을부터 지방 오락에 관한 자료
> 를 수집 중이었는데 요즈음 대체로 초안이 결정되었음으로 금번 농촌
> 오락 행사안을 편찬하여 각 부윤, 군수와 농촌진흥의 위원들에게 배포
> 하여 의견을 들은 후, 5월 상순에 행하는 농촌진흥위원회의 석상에서
> 구체안을 작성하리라 한다. 그 결과 지방색이 풍부한 오락이 안출되어
> 종래의 농촌 오락에 대개선이 있을 모양이다   (동아일보 1934.4.14)

위 기사를 보면 행정자치 단체인 경기도 지방과가 농촌 지역의 오

락 실정을 자체적으로 조사하기 시작한 것이 1933년이고 이듬해 1934년에 이를 정리한 '농촌오락 행사안'을 편찬하였다는 것이다. 이 책자가 바로 『農村娛樂行事栞 附立春書例示』라는 제하의 조사 자료집이다. 뒤이어 1935년 6월 22일에는 「농촌오락의 조장과 淨化에 대한 사견」이라는 제하의 송석하의 기고문이 이후 20회에 걸쳐 연재된다.[12] 그리고 1938년 1월 동아일보 기사에는 민속놀이에 대한 당시의 관심을 반영하듯 각 지역에서 전승되고 있는 정월 민속놀이가 대대적으로 소개되고 있다[13].

한편, 1936년 총독부 사회교육과와 문서과가 합동으로 「전조선 방방곡곡의 민중 오락을 조사 수집하는 작업」에 착수하고, 1938년 7월, 1년 반에 걸친 조사 수집 작업이 완료된다. 조사는 각 지방의 보통학교에 의뢰하여 그 지역에서 행해지고 있는 향토오락을 조사케 하는 방식으로 진행되었는데, 이렇게 해서 수집된 보고서를 바탕으

---

12 총독부의 조선 향토오락 진흥책은 당시 조선 측 민족주의계열에도 커다란 환영을 받았다. 1941년 『삼천리』에서는 향토오락의 부흥 진흥책에 관한 의견을 수렴하여 특집 기사를 내고 있다는데, 이때 기고에는 총독부 조선역사 편수관 이능화, 개성 박물관장 고유섭, 柳子厚, 보성전문학교 도서관장 손진태, 송석하, 최현배, 김윤경, 유창선 등이 참여하여 일단은 환영의 변을 피로했다. 이중 손진태는 「향토오락예술에 대하여 진흥을 꾀한다는 것은 매우 시의 적절하다. 그 이유는 一, 우리가 오락뿐만 아니라 전통을 애중한다는 것은 그들의 생활과 인격을 애중한다는 것이 되므로 이는 위정자 또는 지도자와 농민 사이의 정서적 융합을 보게 될 것이다. 二, 향토오락을 통하여 우리는 농민들의 생활에 윤활을 주고 명랑을 주고, 유쾌를 주게 되어… 이것이 저절로 健體운동이 된다. 三, 그들로 하여금 애향심, 愛土心을 갖게 하여 농민의 離村을 완화할 수 있다.(『삼천리』제13권 4호, 「향토예술과 농촌 오락의 진흥책」, 1941년 4월 1일).

13 표제어 중 몇 가지를 살펴보면 다음과 같다. 「신라시대의 유물 민중적인 東萊 삭전: 동서군이 삼주야간 連戰, 우승 여흥은 명물 동래 야유, 밀양 삭전대회 월광 아래 줄다리기 동리 다르면 형제도 적, 강령 탈춤은 예술적 야외무론 봉산탈춤」. 동아일보, 1938년 1월 5일자 기사.

로 정리된 것이 바로 1941년 발간된『조선의 향토오락』이다. 이 보고서의 저자는 당시 총독부 문서과 조사 제2계 주임 겸 촉탁이었던 무라야마 지준이었다.

이때「수집된 향토 오락은 약 200여 종에 달하는데, 전조선 2백3십 6고을(郡)중에 씨름 236郡, 널뛰기 236군, 연날리기가 235군, 그네 234군. 윷놀이 231군, 달맞이 221군, 踏橋 155군, 지신밟기 156, 줄다리기 132군, 풍년제가 111군에 분포되어 있어, 특히 전 조선에서 폭넓게 행해지고 있는 향토오락임이 입증되었다. 이렇게 해서 수집된 향토오락 중에서 총독부 사회교육과는 대중적이고 전 조선적으로 분포된 향토오락 중 13종을 선택하여 과거에 무시된 이 오락 방면에 지도조장과 보호의 방책을 수립하고 민중오락의 지도 이론을 수립하기로」[14] 한 것이다.

Ⅳ. 조선 향토오락 진흥의 방향

그렇다면 향토오락 진흥을 위해 조선총독부가 내 놓은 지도이론 및 지도조장 보호 방침이란 무엇인가? 총독부가 조사 수집한 향토오락이 약 200여 종에 달하는 가운데, 향토오락 진흥운동을 전개해 나가는 데 있어 가장 먼저 해결되어야 하는 과제는 지도 조장할 향토오락을 선정하는 것이었다. 이와 관련하여 총독부 당국은 몇 가지

---

14 이상은, 동아일보 1938년 7월 28일자 기사 발췌.

가이드라인을 생각하고 있었다. 즉, 1937년 12월에 총독부 사회교육 과에서 발간한『朝鮮社會教化要覽』에는 조선 농촌오락의 선택 기준 에 대하여, **1) 농촌 어촌 생활에 적당한 것, 2) 직업과 상관이 있는 것, 3) 향토적인 것, 4) 체육적인 것, 5) 민속적인 것, 6) 대중 공동적인 것, 7) 실시가 용이한 것, 8) 경비가 적게 드는 것**[15]을 제시하였다.

위의 기준에서도 알 수 있듯이 향토오락=건전오락의 등식이 성립 할 수 있는 배후로는 향토오락이 가지는 경제성을 꼽지 않을 수 없 다. 그것은 모든 물자가 전쟁을 위하여 동원되어야 하는 전시기에 있어 중요한 덕목이 아닐 수 없었다. 「특히 전시하의 물자 사용 제한 으로 인하여 가죽, 고무, 철, 은 등속으로 만드는 스포츠 기구가 만들 어지지 못하게 된 때인 만큼 일정한 기구를 이용하지 않아도 좋은 향토 오락을 스포츠화하는 것은 물자절약이 되어서 좋고, 체력증진 이 되어서 좋은」[16] 것이었다.

또한, 향토오락 부흥론에는 앞서 무라야마 지준의 언설에서도 살 펴보았듯이 도시와 농촌 간의 오락의 분배 문제가 개입되어 있었다. 즉, 당시 극도로 피폐해져 가던 농촌의 재건 정책과 지역민들의 애향 심을 고취하기 위한 도구로서 '향토오락'이 활용된 측면이 강했다[17].

---

15 이에 관해서는『조선일보』1938년 7월 11일 석간과 12일자 조간에도 그 내용이 소 개되었다.

16 매일신보, 1938.12.27.

17 김예림(2005)은 앞의 논문에서 1930년대 후반부터 40년대에 거세게 불었던 오락 담론은 戰時期 조선인의 체위와 체력 향상을 진작시키기 위해 동원된 식민 통치술 의 극치였다고 주장한다. 또한 총동원체제하에서의 농촌오락(=향토오락=전통오 락)이 시대의 건전오락으로 급부상한 것에는 근대 도시성에 대한 전면적 비판과 함께 향토애의 진작과 농민의 농촌이탈 방지를 위한 목적이 내재되어 있다고 지적

(향토오락진흥 계획은) 그들로 하여금 애향심, 愛土心 을 갖게 하여 농민의 離村을 완화할 수 있다. 작금 농민의 이촌 현상이 자심한 것은 주지의 사실이나 이는 반드시 경제 문제에 한한 것만은 아니고 향토애의 결여에도 있다.

(손진태, 「향토예술과 농촌 오락의 진흥책」, 『삼천리』 제13권 4호, 1941. 4. 1)

한편, 이들 향토오락에 대해서는 구호뿐인 진흥책에 머물 것이 아니라 구체적 방안 제시가 요구되었다. 이에 대해 매일신보 1938년 12월 27일자 「향토오락 시대의 각광」이라는 제목의 기사에는 「총독부 사회교육과와 문서과에서 이 실시안에 대한 구체안을 만드는 중이며 특히 전 조선국민 총동원 각 지역 연맹에게 이를 실시하도록 하고 차차 널리 보급시키라」는 내용의 기사를 전하고 있다.

그렇다면 총독부 사회교육과와 문서과를 동원하여 마련하고, 전 조선국민정신총동원 각 지역 연맹을 통하여 전국에 확산시키려 했던 〈농촌오락 실시에 따른 구체적인 방안〉이란 무엇인가? 이에 대해서는 1930년대 후반에서 40년대 초 자료를 입수하지 못해 아쉬운 감은 있으나 앞서 소개한 『農村娛樂行事栞 附立春書例示』[18]가 구체적인 정보를 제공해 주고 있다고 사료된다.

이 책의 서문에 실린 편찬 목적의 요점은, 「종래의 농촌 오락을 개선함으로써 농촌진흥운동 촉진의 자원으로 삼고자 한 것이다」. 또한

하였다.

18 경기도 지방과, 1934년 발행. 이하 일문 번역과 정리 요약 발췌는 필자.

본 책자에서는 조선 전래의 농촌 운동에 대한 조선총독부 행정 당국의 인식이 단적으로 드러나 있다. 즉 「조선 재래의 농촌 오락은 종류가 극히 적을 뿐 아니라 오락 그 자체도 단조롭고 무미건조하여 여러 폐해가 있는바 개선의 여지가 적지 않다. 따라서 이를 그대로 계승하거나 답습할 것이 아니라 그 功過를 가려 나쁜 점을 개선하고 좋은 점을 장려해야 한다.」는 것이다. 본 책자에서는 경기도에서 가장 보편적으로 행해지고 있는 전래오락에 대해 각 세시별로 그 내용과 특징을 소개하고 개선점과 시행상의 주의사항을 조목조목 언급하고 있는데, 그 내용에 대해 간단히 정리하여 소개하자면 다음과 같다.

> 1) 柶戲(擲柶) : 조선 특유의 실내 오락으로 간소하고 유쾌하며 경기 분위기도 열렬하여 실로 민중적인 좋은 유희이다. 빈부, 귀천, 老幼의 구별이 없고 또한 전조선 지역에서 행해지고 있는바, 오늘날 유행하는 마작, 당구보다 바람직한 실내오락이다.
>   주의 ; 오락 기간은 12월 중순에서 정월 15일(대보름)까지 한 달간으로 하고 도박성을 띠지 않도록 하며, 특히 부락 대항 편윷은 弊害를 초래하는 일이 많으므로 주의한다.
> 2) 널뛰기 : 조선 특유의 유희이다. 오키나와 지방에 유사한 板舞가 있는데 다른 지역에서는 발견되지 않는다. 운동이 부족한 여성에 대단히 좋은 운동이다. 단, 부상자가 발생하기 쉬우므로 이를 방지하기 위해서는 다음과 같은 주의가 필요하다.
>   ① 침목은 나무를 이용하지 말고 볏단 또는 가마니를 이용하자.

② 판은 길이 7척, 폭 1척 8촌정도. 두께는 1촌 이상으로 할 것.

③ 윗부분에 새끼줄을 달아 이 새끼줄을 잡고 넘어지지 않게 한다.

3) 궁술회 : 궁술회는 주연을 베풀고 기녀를 부르는 등 상당히 호화
스러운 오락이다.

주의 ; 다액의 비용을 들여 수일간 계속해서 호화스럽게 노는 것은
농촌 갱생을 부르짖는 오늘날에 있어 크게 경계해야 할 일이다.

4) 경로회 : 이는 강원도 강릉 지방에서 靑春敬老會라는 이름하에
행해지던 것인데 근년에는 잘 행해지지 않는 것 같다.

① 시기는 4월 하순에서 5월 상순에 걸쳐 묏자리 파종 전후에 적
당한 기일을 정한다.

② 당일은 부락민 작업을 쉬고 집회소 및 기타 적당한 건물에 자
리를 마련하고 남녀빈부 차별 없이 모두 초대하고 특히 농촌
진흥회의 간부나 區長등을 초대할 것.

③ 당일은 가마니 짜기, 줄다리기 등의 경기, 기타 그 지방의 상
황에 따라 적당한 경기나 농악, 무용을 개최하여 위안한다.

④ 농촌진흥회가 경비 혹은 현품을 지출하거나 혹은 각자 재료
를 제공하거나 당번을 정하는 등의 방법으로 음식물을 조달
한다.

5) 川遊(川獵) : 농번기에 천렵은 농촌의 실상과는 동떨어진 오락
행사이다.

6) 줄다리기 : 줄의 원재료인 볏값으로도 수십 원이 들고 음식의 낭
비, 투쟁적인 면모로 폐해를 일으키므로 관계 관청은 쉽게 이를
허락하지 않는다. 오늘날 이를 부활하고 장려할 필요는 없으나,

만약 아무 내기도 하지 않고 단순히 부락의 화해 협력 정신을 함양하기 위해 이를 실행하는 것이라면 부락 단결을 도모하는 데 효과를 얻을 수 있을 것이다.

7) 단오 : 屈原祭는 이미 없어졌고 성황제, 창포 행사도 점차 없어지는 추세이므로 이를 억지로 존속시킬 필요는 없으나 남자의 약초 따기, 여성의 그네는 농촌 행사로서 재미있는 오락이다. 또한 이날을 경로회를 겸해 개최하면 좋을 듯하다.

8) 농악단(두레) : 악기 구입에 낭비가 있고, 악사들이 밭에 들어가 농작물을 짓밟고 작업을 소홀히 하는 등의 패해가 있다. 자칫 옆 마을의 농악단과 충돌을 일으키는 경우가 많으니 농촌진흥회 지도자는 농악대를 많이 조직하지 말고 삼삼오오 聲氣 투합하여 품앗이 할 수 있도록 지도한다. 경로회, 백중, 추석, 호미씻이 등 부락 공동의 오락 행사와 사람이 많은 집단 품앗이에 이용한다.

9) 백중 씨름 : 잠시 동안 농촌 사람들이 농사일에서 벗어날 수 있는 위안일로서 한층 효과를 얻기 위해서는 다음과 같은 점에 유의할 것.

① 종래의 백중 각희대회는 음식점 업자의 상술에 의해 종종의 폐해가 있었으므로 이를 해당 面에서 농민 중심의 대회가 되도록 한다. 한 개소에 한 사람의 최우승자에게는 송아지, 2, 3 등에게는 각종의 농기구 기타 물품을 시상할 것(단, 한 개소 하루에 한함).

② 종래는 각희 선수가 부근의 각희장을 돌며 우승상을 독점하는 일이 있었으나 함께 즐길 수 있게 하기 위하여 面외의 선

수 입장은 불허한다.

③ 고용주는 백중날을 중심으로 하루 양일의 휴가를 주어 휴식을 취하도록 할 것.

④ 백중 휴가를 줄 때에는 미리 진흥회 간부가 충분히 주의를 주어 술에 취하거나 도박, 싸움 등 추태가 없도록 노력할 것. 또한 이날은 연중 가장 밀물이 많이 밀려오는 날이므로 해안 부락에서는 촌인 공동으로 피해가 없도록 봉사 활동을 해야 할 것이다.

10) 脚戲 : 단오, 추석의 각희는 촌로의 장려로 마을 소년들이 각희대회를 열어 부락 소년의 친목 및 위안을 도모하는데 그 방법은 향당의 父老가 적당히 정할 것.

11) 호미씻이 : 일본 내지에 이와 비슷한 괭이씻이 행사가 있다. 본래의 취지를 벗어나 먹고 마시는 향락이 주가 되지 않도록 한다. 시기는 모내기 후 2번 제초를 마친 후 적당한 날을 택해 행한다.

① 부락 내 농가는 작업을 쉬고 주로 자가 생산물을 가지고 떡과 음식을 만들어 사직의 신이나 조상님께 바치고 이것을 감사하며 일가 함께 나누어 먹는다.

② 종래와 같이 타 부락 사람을 초대하지 말 것.

12) 추석 : 청소년들의 각희, 방적, 제사, 가마니 짜기 등 부인들의 부업 성적을 심사하는 것도 추석의 기원에 상응하는 행사이다. 단지 근로를 싫어하고 친척을 방문하여 장기간 휴업하는 등의 습관은 크게 교정해야 하므로 추석 휴일도 당일 하루로 한정해야 할 것이다.

13) 풍년제(農功祭) ; 城主祭. 10월중. 성주풀이. 성주제. 오늘날에는
    지방에 가내에서 그 명맥을 이어가는 정도. 다음과 같이 개선 부
    흥시켜 농촌 오락으로서의 의의를 가지게 한다.

   ① 사당 혹은 야외 적당한 곳을 골라 제단을 마련하고 새 곡식과
      농작물을 바쳐 보은을 기념할 것.

   ② 당일은 부락 내 작업을 쉬고 떡과 음식을 만들어 가족 단결하
      여 음식을 같이 먹는다.

   ③ 농악, 무용, 각희, 그밖에 운동 경기를 즐길 것.

   ④ 집에서 만든 떡을 이웃과 함께 나누며 기쁨을 같이 하는 것은
      부방하나 형식에 흐르지 않도록 주의한다.

   ⑤ 제사는 부락민이 행하고 무녀는 절대로 배제한다.

14) 동지 : 죽을 문 앞에 뿌리는 것은 그만두어야 한다.

15) 腦享 : 이날 참새를 먹으면 자양이 되고 어린이가 두창에 걸리지
    않는다 하여 도시 농촌 할 것 없이 이날은 참새를 잡아먹는다.
    원래 경성 시내에서 총을 쏘는 것은 엄금하나 이날은 특히 참새
    를 잡는 총성은 묵인한다.

    주의 ; 참새 잡이는 화재 부상 등 불상사를 일으키는 경우가 있
    으므로 특히 조심한다.

   이상을 보면 일제강점기 향토오락의 진흥책은 어디까지나 농촌
자력갱생을 독려하고 노동생산성을 극대화하기 위한 수단이었음을
알 수 있다. 193, 40년대 전시경제 체제하 피폐해진 농촌 사회에서는
전래된 민속놀이 말고는 달리 대신할 오락 수단이 거의 없었다. 일

제 말, 민속놀이는 침체된 농촌에 활기를 불어넣기 위해 활용할 수 있는 거의 유일한 수단이라고 할 수 있었다. 그러나 이렇게 관 주도의 선동적인 장려 운동은 정작 놀이의 향유자여야 할 농산어촌의 주민들에게는 무엇을 어떻게 해야 할지 갈피를 잡을 수 없는 뜬구름 같은 구호에 불과했다.

> 향토예술로서 조선적 자랑할 것이 허다하지만, 오랫동안 잠잠하든 이 땅에서 졸지에 三伏놀이 윷놀이, 추천, 씨름, 널뛰기, 가면무, 탈춤, 舞童, 鬪牛, 줄다리기, 七夕놀이, 四月八日놀이, 단오놀이, 추석놀이, 山祭, 횃쌈, 광대, 민요, 민담, 가요 따위를 하라고 할 것이면 농산어촌의 사람들은 매 맞은 벙어리 모양으로 어리둥절 이게 웬일인가 할 것입니다…
> (金兼河 「향토오락과 농촌오락의 진흥책」 『삼천리』13-4, 1941.4.1.)

일제의 조선 향토오락 진흥 운동이 농촌 사회에서 실효를 거둘 수 없었던 가장 큰 이유는 무엇보다 당시 조선 농촌의 경제적 상황에서 찾을 수 있을 것이다. 이에 대해 손진태는 조선총독부의 허울뿐인 농촌오락 진흥 정책에 대해 다음과 같이 비판하고 있다.

> (농촌 오락 진흥을 위한) 구체적 방안이란 결국 그들의 생활 안정에서 출발하는 것이다. 향토오락을 지도자들이 강권만 한다면 이는 농민들이 원치 않는 부담을 가중하여 원성만 쌓을 뿐이다…… 또한 양력을 무리하게 강권하여 우리의 세시 감각과 조화되지 못하는 상황은 깊게 고려되어야 한다. 모처럼 발안한 농촌오락 진흥계획이 그들에게 도리

어 의무적 고통감을 주지 않게 해야 한다.

　　(손진태, 「향토오락과 농촌오락의 진흥책」『삼천리』13-4, 1941.4.1.)

V. 근대 시기 민속놀이의 전개 양상

　193, 40년대 지속된 일제의 농촌오락, 향토오락 진흥책이 실효를 거두지 못하는 가운데, 근대시기 대부분의 민속놀이가 그 전승현장에서 제대로 이어지지 못한 채 문헌 속이나 고로들의 기억 속의 놀이로 잊혀 가고 있었다. 그러나 그러한 가운데에서도 1920년대 몇몇 민속놀이는 조선 전국 각지에서 많은 조선인들의 각광을 받으며 성대하게 연행되었다. 근대 시기 민속놀이 전승 방식의 가장 두드러진 특징은 그것이 대대로 전승되던 '향토'를 떠나 '대회화'되고, '무대화'되었다는 데 있다.

　이러한 경향을 가장 상징적으로 보여준 것이 바로 〈향토오락경연대회〉였다. 1937년 조선민속학회가 후원하고 조선일보사가 후원한 〈제1회조선향토무용민요대회〉, 1938년 4월 조선일보 주최로 열린 〈전 조선향토연예대회〉, 1939년 9월 동아일보가 후원한 〈全朝鮮假面演舞劇大會〉는 근대 시기 민속놀이의 종합선물세트라고 할 수 있다.

　한편, 1930~40년대 향토오락과 관련하여 가장 눈에 띠는 대목은 단연 탈춤의 화려한 부활을 꼽지 않을 수 없다. 특히, 1936년 8월 31일 사리원, 백중날에 펼쳐진 〈봉산탈춤〉 공연은 전 조선에 인멸해 가던 탈춤의 존재를 확실하게 부각시킨 일대 사건이었다. 이날의 공연

실황은 경성방송국을 통해 전국에 중계 방송되었고, 총독부 문서과에서는 이를 자료로 남기기 위하여 활동사진단을 파견하였다. 이때의 공연은 1930년대 중후반 일제에 의해 향토오락의 부흥 분위기가 무르익는 가운데 기획된, 다분히 의도된 퍼포먼스였다[19]. 탈춤과 관련한 근대 시기 민속놀이의 무대화, 예술화 경향에 대해서는 선행연구에서 많이 지적되어 왔으므로 본고에서는 이 시기 성행한 〈운동회〉와 〈민속놀이대회〉를 중심으로 근대시기 민속놀이의 전개 양상을 살펴보기로 한다.

1. 근대 운동회와 전통놀이

우리의 민속놀이 대부분은 설, 단오, 백중, 추석과 같은 세시풍속, 연중행사 속에서 놀던 놀이인데, 근대 시기에 와서는 민속놀이가 이러한 세시풍속의 현장을 벗어난 공간에서 개최된다. 그 대표적인 공간이 바로 운동회였다. 운동회는 근대시기 체육을 통한 체력의 증진과 집단 오락이 실현되는 대표적 공간이었으며 축제의 장이었다.

이 시기 운동회는 각급 학교와 지방 단체, 직장 단체와 친목 모임, 사회 조직 등을 단위로 하여 전 조선에서 다양하게 펼쳐졌다. 운동회는 1900년대 이전은 주로 서울지역에서, 1900년 이후에는 제주도

---

19 일제강점기 민속놀이의 '무대화' 경향과 '경연화', '예술화' 경향에 대한 지적은 남근우 「초야의 봉산탈춤, 이천 관중을 현혹」, 『흙으로 빚는 이야기』 2003년 봄호, 열림원, 2003 ; 남근우, 「민속의 경연과 예술화」, 『한국문학연구』 36집, 2009 ; 이상현, 「일제강점기 '무대화된 민속'의 등장 배경과 특징」, 『비교민속학』 35집, 비교민속학회, 2008을 참조 바람.

를 제외한 전국의 각 지역에서 개최되었다[20]고 한다. 일제강점기의 운동회는 그 지리적 행정적 위치의 중심에서 실시되었고 각종 단체를 어우르는 대규모 연합운동회가 성행했다. 100여 명에 달하는 참가 선수와 50~60여 개에 달하는 경기 종목에 선수와 관중을 합쳐 수만의 인파가 운집하는 경우도 허다했다.[21]

일제강점기 이러한 연합운동회가 민족주의적 성격을 띠자 운동회에 대한 탄압의 형태로 개최 횟수를 춘추 2회로 한정하고 운동회 개최 범위도 1개 군 내지 2개 군을 넘지 않도록 하는 훈령과 훈시가 내려졌으나 잘 지켜지지 않았다고 한다.[22] 당시의 운동회가 애국 계몽의 장으로도 활용되었을 것은 어렵지 않게 짐작할 수 있으나, 그에 앞서 당시 운동회는 지역 주민들에게 축제적 의미로 성장하였고 이를 대체할 만한 오락 공간을 찾기 어려운 상황에서 일제가 운동회를 금압하기란 쉽지 않았을 것이다.

---

20 우리나라 최초의 근대식 운동회는 그 장소와 주최 측에 대한 이론은 있으나 1896년 5월 31일 관립소학교 연합운동회로 추정된다고 한다. 이것은 본격적 운동회라기보다는 야외 소풍을 겸한 간단한 신체 단련 체육활동이었는데, 당시 운동회는 운동장이나 시설 면에서 열악하였다고 한다. (운동회의 역사에 대해서는 이학래, 『한국근대체육사연구』, 지식산업사, 1989 ; 김재일, 『학교운동회의 역사적 고찰』, 한국교원대학교 박사논문, 2008, 2, 참조)

21 예를 들어, 마산청년동맹 주최한〈마산 시민운동회〉는 마산구락부 운동장에서 개최, 40여 종목에 100여 선수가 출전했으며 (동아 1919, 4, 24), 대구 시민운동회는 달성공원에서 개최되었는데 8개 사회단체와 야학교, 보통학교, 여학교 등 21개 학교가 참가하여 60여 종의 경기가 치러졌다 (동아1930, 5, 3)고 한다. 또한 김천청년대회가 주최하는〈김천 시민운동회〉에는 수 만 관중이 인산인해를 이루었고 또한 〈함흥 시민대운동회〉는 5월 28일 단오가절에 함흥여보고 앞 광장에서 개최되었는데, 각 상가에서 한 상가도 빠짐없이 철시하여 감개무량(동아 1933, 5, 30)했다는 식이다.

22 김재일, 앞의 논문, 42쪽.

그렇다면 근대시기 운동회에는 어떠한 종목이 채택되었을까[23]? 운동회 종목이 처음으로 나타나는 운동회는 1897년 4월 15일에 개최된 「경성학당 운동회」로, 달리기(100보, 220보, 440보), 공 던지기, 대포알 던지기, 멀리뛰기, 높이뛰기, 이인삼각, 당나귀 타고 달리기, 줄다리기 등이었다고 한다. 뒤이어 1899년 각 어학교 학원 대운동회(1899년 4.29) 때의 종목에는 씨름, 줄다리기, 당나귀 타고 달리기 등의 종목이 보인다. 1905년 5월에 열린 초등학교 총운동회에는 높이뛰기, 멀리뛰기, 각희 등의 경기 종목이 보이고(황성신문, 1906.5.8), 1907년 영어학교 일반 교사 100여 명이 모인 가운데 동소문 밖 신흥사에서 개최된 운동회에는 각희, 달리기, 줄다리기 등의 종목이 보인다(황성신문, 1907.5.15). 1930년 10월에 개최된 〈경북 김천 시민운동회〉에는 면 대항 각 단체 릴레이, 학교 대항 릴레이, 각 면 대항 씨름이 등의 종목이 성황리에 개최되었다.

한편, 1937년 6월에 개최된 〈함남 신고산 체육대회〉에는 「촌락 대항 각희와 추천대회 종목을 넣어 실시」하였는데, 동아 일보 1937년 6월 10일자 기사는 「이것은 조선에서 처음 되는 시험으로 우리의 고유한 각희 운동을 일반적으로 보급하는 동시에 향토 운동 경기로 발전시키는 의미에서 많은 기대를 가지고 있다」는 평을 달고 있어 의문을 남긴다. 앞서 살펴보았듯이 각희가 운동회의 종목으로 삽입된 것은 1890년대 후반에 이미 그 전례를 찾아볼 수 있고, 이어 많은 운

---

23 이에 대해서는 김재일, 『학교운동회의 역사적 고찰』(한국교원대학교 박사논문, 2008,2)과 한국역사정보종합 시스템의 신문 기사 검색을 주로 이용하였다.

동회에서 씨름 종목이 들어가 있는데, 1937년 기사에 이것이 처음 시도된 것이라 하고 김재일(2008)의 논문에서도 이를 그대로 수용하고 있는 것은 이해하기 어려운 측면이 있다. 아마도 운동회 종목에 씨름이 들어 있었음을 강조한 것은 1930년대 중반 향토오락에 대한 인식이 높아지고 그 진흥 문제가 이슈화되는 시대 상황이 반영된 것이라 여겨진다.

어쨌든 근대시기 체육활동의 장이자 집단 오락의 대표적 장이었던 운동회가 초기부터 우리의 민속놀이를 수용하고 있었지만, 그 종목이 씨름과 줄다리기에 국한되어 있고 다변화되지는 못한 아쉬움이 있다.

2. 민속놀이 대회의 성행

근대 시기 민속놀이 전승 방식의 가장 두드러진 특징은 바로 〈민속놀이대회〉라고 할 수 있다. 그렇다면 200여 종에 달한다는 민속놀이 중 근대 시기 〈민속놀이 대회〉로 성행했던 것은 무엇일까? 근대 시기 민속놀이 개최와 관련된 일간지 기사를 일람하여 보면, 여러 민속놀이 중에서도 단연 擲柶(윷놀이)와 索戰(줄다리기), 鞦韆(그네뛰기), 角戲(씨름) 이 '대회'라는 명칭을 걸고 전국적으로 성행한 것을 알 수 있다. 이러한 대회는 대개 연합적 성격을 띠며 참가자와 관객의 규모가 수천에서 수만에 이르는 경우도 많았다. 이러한 민속놀이 대회는 지역민의 자발적 혹은 지역 단체의 친목 도모와 애향심 고취 차원에서 이루어진 것이었다.

그런데, 1920년대 말에서 1930년 초에는 이러한 대규모 민속놀이 대회에 군중이 몰리는 것과 이를 계기로 민족주의 의식이 강화되는 것을 우려한 일제에 의해 조선인들의 집회 금지가 강화되는 가운데 각종 민속놀이 대회가 금지, 또는 취소되는 사태를 빚기도 한다.

무기 연기된 大和 索戰大會 -경찰이 집회 금지로 무기한 연기되었다가 지난 6일 오후 5시부터 개최. 전 시내 도처에 인산인해.

(조선일보 1929.03.13)

동래에서 해마다 음력 정월 보름에 한 번씩 개최되는 동래 줄다리기 대회는 유일무이한 대중적 운동으로서 일반 대중은 삭전의 승부를 보지 못하면 명절을 쉬지 못한 감각조차 들만큼 갈망과 기대가 큰 대회인데 지난 8일 하오 3시에 이르러 당국은 돌연 상부의 명령이라는 이유로 금지하여 원성이 자자하였다.   (조선일보 1930.02.11)

전남 제주도 朝天里에서는 조천여자청년회 주최로 소녀들을 망라하여 음력 정월 놀이를 열려 하였으나 정월놀이 같은 것은 열 필요가 없다 하여 금지함으로 비난 자자.   (조선일보 1930.02.11)

이러한 단속과 금지 분위기는 앞서 살펴본 바와 같이 1930년대 전반 들어 변화하기 시작한다. 일제에 의해 향토오락 진흥운동이 전개되는 가운데, 전국 각 지역에서 민속놀이 대회가 성행하였다.

이중 윷놀이[24]는 원래 정월 초하루에서 15일 사이에 성행하던 정월의 대표적 민속놀이다. 1900년대 초까지만 하더라도 정월에 마을 사람들이 전부 모여 며칠씩 밤낮 없이 윷놀이를 놀거나 수백 명이 운집하여 마을과 마을 대항으로 윷놀이를 놀던 풍경도 어렵지 않게 볼 수 있었던 듯하다.

근대시기 윷놀이는 이러한 마을 세시공간을 벗어나 '척사대회'라는 이름으로 성행하게 된다. 주로 동아일보, 조선일보, 매일신보, 조선중앙일보, 중외일보 같은 주요 일간지 주최 및 후원으로 개최되는 경우가 많았는데, 보통 윷을 던지는 사람과 말을 움직이는 사람이 2인 1조가 되어 대회 전 미리 지원을 하고 얼마간의 행사 참가비를 내는 식이었다. 등수를 가려 입상자에게는 금, 은시계와 같은 상품이나 얼마간의 상금이 수여되었다.

추천대회는 역시 조선, 동아일보와 같은 유력 일간지 주최로 열리거나 혹은 앞서 살펴본 각 지역 시민운동회 일환으로 열리는 경우가 많았다. 특히, 추천대회는 주로 오월 단오의 세시 축제로 씨름 대회와 같이 개최되는 경우가 대부분이었는데, 여성뿐 아니라 남성 부문 대회도 마련되었고 대회 참가자는 10에서 2, 30전의 참가비를 내기도 하였다.

민속놀이가 세시나 지역 축제의 장에서 놀아지고 지역 주민의 출연과 운영으로 이루어지던 전통 사회에 비해 근대 시기 민속놀이의

---

24 윷놀이, 줄다리기, 鞦韆, 씨름의 근대적 변천 과정에 대해서는 비교적 연구가 축적되어 있고 본고에서 지면상 본격적으로 논하기는 어려움이 있으므로 여기서는 척사대회와 추천대회에 대해서만 간단히 언급하기로 한다.

경우, 기획된 민속놀이진흥정책에 의해 그 전승구조가 변용되었다고 지적할 수 있다. 그러나 어쨌든 근대시기 성행한〈민속놀이 대회〉는 그 전승 공간인 '향토'와 놀이 주체자를 더욱 확장하고 도시화했다는 점에서 민속놀이 전승 방식의 근대적 변모 양상이라 할 수 있을 것이다.

VI. 민속놀이 전승 방식의 근대적 변모 양상

1930·40년대 일제강점기에 증폭된 향토오락 부흥운동은 건강한 신체 함양을 통한 노동 능률의 극대화, 건전 사회 건설을 위한 문화 프로젝트였으며 특히, 피폐해진 농촌경제를 재건하고 민심을 진작시키기 위한 농촌진흥운동의 일환으로 전개되었다.

일본의 경우, 1929년 세계대공황으로 더욱 공지에 몰린 농촌 경제 상황을 타계하고 열악한 생활환경을 개선하여 농촌사회를 보다 효과적으로 통제하기 위한 수단으로 농촌오락이 급부상하게 되고, 이는 전국적 규모의 '농촌오락상황조사'로 이어진다. 내지 일본의 이러한 오락 정책 기조는 식민지 조선에도 그대로 이식되어 1930년대 중반부터 대대적인 선동 조장과 함께 조선 각지의 전래 향토놀이를 조사하는 작업에 착수한다. 또한 농촌오락 활성화를 위한 구체적 방침을 정하고 이를 각 지역 산하 농촌진흥위원회 및 전조선국민정신총동원 지역 연맹을 통하여 지도 감시하는 시스템을 갖추고자 하였다.

조선총독부에 의해서 마련된 농촌오락 진흥 방침의 기본 골자는 첫째, 대중적이고 전 조선에 보편적으로 보급되어 있는 것, 둘째, 시국인식에 장애가 되지 않고 충국 신민 양성에 도움이 되는 것, 셋째, 체력증진에 도움이 되고, 넷째, 경제적 부담이 없는 것을 엄선하여 보급하는 것이었다. 본고에서는 이러한 농촌오락 실시안의 일단을 1934년 경기도 지방과에서 발행한 『農村娛樂行事栞 附立春書例示』를 통하여 살펴보았다.

그러나 관 주도의 선동적인 향토오락 장려운동은 정작 놀이의 향유자여야 할 농산어촌의 인민들에게는 별다를 실효를 거두지 못했는데, 이는 무엇보다 이러한 오락의 선동이 전시체제하의 수탈과 공출로 피폐해진 농촌 사회 현실과 괴리되어 있었기 때문이다. 대신 향토오락 진흥운동은 무대화된 〈향토오락경연대회〉나 탈춤의 부흥과 같은 기획된 퍼포먼스를 양산하는 방향으로 흘렀다. 또 한편에서는 씨름, 그네, 윷놀이, 줄다리기와 같은 몇몇 민속놀이에 집중되는 양상을 보였는데, 이러한 민속놀이는 대개 당시 유력 일간지의 후원을 받으며 시민운동회와 같은 성격을 띠는 민속놀이대회로 개최되었다. 근대 시기 민속놀이는 본래의 전승 공간인 '향토'를 떠나 수백 수천의 관중을 동원하는 〈민속놀이대회〉로 성행하였고 이러한 경향은 민속놀이 전승 방식의 근대적 변모 양상이라 할 수 있겠다.

개화기에서 일제강점기까지

한국 민속 연구

제3장

일제강점기 가신신앙

I. 가신신앙에 대한 논의

家神信仰이란 가정의 각 장소마다 그 장소를 관장하고 있는 신이 존재하는 것으로 믿고 주로 주부[1]가 제사·고사 등을 지내며 집안의 평안과 가족의 건강과 운수 등을 기원하는 것을 말한다.[2] 가신신앙

---

1 가신신앙의 경우, 터주나 업가리 등을 새로 만드는 일은 남자들의 몫이기 때문에 남자들이 가신신앙에서 배제된다고 보기 어렵다.(정연학, 「한중 가신 신앙의 비교」, 『비교민속학』15, 비교민속학회, 2008, 133쪽 참조.) 그리고 영동신의 제주는 남자이다.

2 지금까지 사용된 용어로는 '가신신앙', '가정신앙', '가신', '가정신', '가택신', '집안신', '가택신앙', '가족신앙', '집안신앙', '집안신신앙', '가정신신앙', '가신민속', '집안지킴이', '집지킴이' 등 다양하다. 이는 용어의 한계뿐만 아니라 개념규정이 미흡했다는 사실과도 연관이 있다. 여기서는 편의상 일반적으로 사용되어 온 '가신신앙'을 그대로 쓰겠다.

은 마을신앙(또는 마을공동체신앙), 巫俗信仰과 함께 民間信仰의 한
축을 이루고 있다. 그럼에도 불구하고 이에 대한 연구(자료 포함)는
마을신앙이나 무속신앙보다 매우 미진한 실정이다.[3] 특히 日帝强占
期의 경우는 더욱 그렇다. 이는 가신신앙이 個人儀禮的인 속성을 강
하게 지니고 있기 때문에 조사가 쉽지 않다는 점과 주로 여성들에
의해 전승되어 왔기 때문에 대수롭지 않게 생각하는 편협한 사고방
식 등에 기인한다[4]고 본다. 그리고 옛 기록들은 모두 공동체의 축제
나 國家的 官邊的인 것들이 주가 되기 때문에 마을신앙이나 무속신
앙 관련 문헌이나 자료들은 있지만, 가신신앙 관련 문헌이나 자료는
찾기가 어렵다. 그뿐만 아니라 가신신앙·마을신앙·무속신앙들 사이
에는 구분이 분명하지 않고 서로 혼합 형태를 이루고 있다[5]는 점(또
는 가신신앙의 여러 갈래들의 미분화 상태와 특히 가신신앙의 기록
이 거의 없는 상태)과 일제강점기의 경우 일제의 식민지통치정책[6]
의 일환으로 조선민족혼말살정책, 내선동화정책, 민족문화말살정책
등을 위하여 마을신앙과 무속신앙에 초점을 맞춘 조사와 이에 대한
대응의 하나로 초창기 한국 학자들의 마을신앙과 무속신앙에 대한

---

3 현재까지도 용어, 개념, 기원, 성격, 유형 등등에 대해서는 학자들마다 견해를 달리
  하고 있다

4 김종대,『한국 민간신앙의 실체와 전승』, 민속원, 1999, 13쪽.

5 장주근,「가신신앙」,『한국민속대관 3-민간신앙·종교 편』, 고려대학교 민족문화
  연구소, 1982, 66~67쪽. 이 글에서 장주근은 가신신앙을 현대적 학문체계에 의해 포
  괄적으로 정리하였다.(김명자 외,『한국의 가정신앙〈상〉』, 민속원, 2005, 23쪽 참조.)

6 식민지 통치기관인 조선총독부가 행정기관을 동원하여 수집한 방대한 자료들은
  보고형식으로 이루어진 것들이 태반이었다. 이렇게 수집된 자료들은 식민지정책
  을 펴나가는데 기초자료로 삼았다.(崔仁鶴 編著,『韓國民俗學文獻總目錄 1920~
  1995』, 仁荷大學校 出版部, 1999, 11쪽)

조사 및 가신신앙에 대한 인식부족 등도 연관이 있는 것으로 보인다.

그런바 현재 일제강점기의 가신신앙에 대한 자료나 연구는 극히 드물어 논하기도 어려운 실정이다. 그럼에도 불구하고 이 시기의 민간신앙[7]을 총체적으로 연구하기 위해서는 가신신앙에 대한 논의는 필수적이다. 가신신앙은 민간신앙에서 부수적인 구색맞추기식으로 존재하는 문화양상이 아니다. 오히려 마을신앙이나 무속신앙보다도 오래된 신앙적 전승물일 가능성이 높다[8]는 점을 인식할 필요가 있다.

그러므로 본고는 일제강점기의 가신신앙에 대하여 살펴보겠다. 논의는 자료 검토, 유형별 분석 순으로 할 것이다. 이를 통해 일제강점기의 가신신앙의 실상이 어느 정도 밝혀질 것이다.

Ⅱ. 가신신앙 자료들에 대한 문제점과 성과 검토

일제강점기 가신신앙 관련 자료는 매우 드물다. 현전하는 자료도 한 권으로 되어 있는 것이 아니라, 한 권의 일부분을 차지하고 있을

---

7 참고로 일제강점기의 민간신앙에 대해 각 시기별로 활동한 연구자 수와 연구자 1
   인당 논문 건수 현황을 살펴보면, 1920년대부터 한국인과 일본인 연구가 활발해
   지기 시작하는데, 한국은 몇몇 연구자들에게 편중되어 있는 반면, 일본은 연구자
   층이 비교적 다양하고 폭넓었다는 점을 주목할 필요가 있다.(김난주, 「개화기에서
   일제강점기까지의 민간신앙 관련 자료의 현황과 문제점」, 『개화기에서 일제강점
   기까지 한국 문화 전통의 자료와 해석』, 단국대학교 출판부, 2007, 147쪽 참조. 그
   런데 김난주는 마을신앙과 무속신앙에 초점을 맞추어 논의하였을 뿐, 가신신앙에
   대해서는 거의 언급을 하지 않았는바 아쉽다.) 이는 가신신앙에도 해당된다.
8 김종대, 앞의 책, 29쪽.

정도로 극히 적다. 예를 들면, 李能和의『朝鮮巫俗考』, 朝鮮總督府 촉
탁 村山智順(무라야마 지준)이 조사 작성한『釋奠·祈雨·安宅』등을 들
수 있다. 여기서는 필자가 나름대로 조사한 가신신앙 관련 자료를 韓
國人, 日本人 順으로 대략 제시한 후[9], 이들 자료들의 문제점과 성과
에 대해 언급하겠다.

【자료】

〈한국인〉

1. 李能和,『朝鮮巫俗考』, 啓明俱樂部, 1927.

2. 宋錫夏,「풍신고: 附화간고」,『진단학보』1, 진단학회, 1934.11.[10]

〈일본인〉

3. 村山智順,『朝鮮の鬼神』, 朝鮮總督府, 1929.

4. 赤松智城·秋葉 隆,『朝鮮巫俗の硏究』, 大阪星號書店, 1937.[11]

5. 村山智順,『釋奠·祈雨·安宅』, 朝鮮總督府, 1938.

6. 秋葉 隆,『朝鮮民俗誌』, 六三書房, 1954.

   (이 책은 秋葉 隆이 1945년 해방 후 일본으로 돌아가 발간한 것인

---

9 일제강점기의 가신신앙 관련 자료는 시간이 촉박하여 대강 조사하였는바 누락된
  것들이 있다. 이는 필자의 책임으로 추후 보완할 예정이다.

10 송석하의 논문은 論題로 볼 때 자료로서 모호한 면이 없지 않다.

11 이 책에 대한 소개는 필자가 확인하지 못하고, 정연학의 논문(앞의 논문, 135쪽)에
  서 재인용 하였다. 그러므로 가신신앙에 관한 내용이 있는지 확인하지 못하였다.
  필자의 생각으로는 있는 것으로 판단된다.

데, 해방 전까지 한국의 민속을 조사 작성한 자료를 토대로 쓴 책이다.)[12]

이상에서 보듯이 이 시기 가신신앙 관련 자료는 매우 드물다. 그리고 자료가 거의 없는 상황에서 한국인보다 일본인이 기록한 자료나 인원수가 더 많음을 알 수 있다. 일본 학자들의 자료나 인원수가 한국 학자들보다 많은 것은 일제가 식민지통치정책의 일환으로 조사했다는 점에서[13] 수긍은 간다.

그러면 앞에서 제시한 자료들의 문제점과 성과를 중심으로 살펴보기로 하자. 여기서는 한국인, 일본인 순으로 유형을 중심으로 개괄적인 언급만 하겠다.

(1) 李能和의『朝鮮巫俗考』:

제18장 경성(京城)의 무풍(巫風) 및 신사(神祀), 제11절 가택신(家宅神) 대목에 성주신(城主神), 터주신(土主神), 제석신(帝釋神), 업왕신(業王神), 조왕신(竈王神), 수문신(守門神) 등을 소개하면서, 성주

---

12 1910년 이후 해방 전까지 서양인들이 쓴 한국 관련 민속자료는 일본인들이 쓴 것을 참고하여 기술한 것이 대부분이고, 내용도 틀리는 부분이 태반이라 자료로서의 가치가 희박하다. 따라서 여기서는 논의에서 제외한다. 그리고 본고에서는 이마무라 도모에의『增補朝鮮風俗集』(ウツボヤ書籍店, 1919. 초판은 1914년임)을 논외로 하였다. 이는 후일「일제강점기 일본인 학자들의 한국 가신신앙 연구」에서 함께 다룰 예정이다.

13 일제강점기 민속에 대한 대표적인 연구는 남근우,『'조선민속학'과 식민주의』(동국대출판부, 2008.), 주영하 외 2인,『제국 일본이 그린 조선민속』(한국학중앙연구원, 2006)을 들 수 있다.

신, 제석신, 업왕신, 조왕신, 수문신의 근원도 함께 설명하고 있어[14] 눈길을 끈다. 여기서 이들 가택신의 신체(神體)형태, 봉안위치, 의식 (儀式), 지역적 비교, 문헌 전거 등을 비교적 자세히 기술하고 있다.[15] 오늘날의 시각에서 보면, 자료에 대한 단편적인 해설이므로 논고쪽 보다는 자료쪽에 비중이 더 큰 것으로 볼 수 있다.[16] 용어 사용이나 유형 분류에 다소 아쉬운 점이 있고, 자료 소개에 치중한 면이 있지 만,[17] 그럼에도 불구하고 개화기에서 일제강점기까지 가신신앙에 대 한 대표적인 성과라 하겠다.

(2) 宋錫夏의 「풍신고: 附화간고」:

가신신앙에 대한 유형별 언급은 없고, 2월 하늘에서 내려온다는 영동풍신(영등풍신)의 명칭과 기원, 의례절차 등을 다루고 있다. 오 늘날 영남에서는 '영동할매'로도 일컬어지는 영동신은 바람신으로 농촌과 어촌에서 두루 섬기는데, 송석하는 이 영등풍신이 의인적인 노녀신으로 생산에 관련된 농어황신[18]이라고 했는바 주목할 만하다.

---

14 李能和, 『朝鮮巫俗考』, 李在崑 옮김, 東文選, 1991, 213~229쪽.

15 김명자 외, 앞의 책, 23쪽 참조. ; 김종대, 앞의 책, 15쪽. 참고로 김종대는 현재 그 전 승이 거의 미약한 상태에 있는 업을 중요하게 다루고 있는 대신에 삼신에 대한 기 록이 빠져 있다(15쪽)고 했는데, 이능화의 『조선무속고』를 보면, 가택신에는 없고 제15장 巫祝의 辭와 儀式에서 삼신에 대해 언급하고 있다(165쪽). 이능화는 삼신에 대해 巫祝의 노래에서 三神帝釋을 부르고 있는데, 이는 三聖者를 가리키는 것으로 삼성자란 환인, 환웅, 왕검을 말하는 것이라고 간단히 소개하고 있다.

16 김태곤, 「가신신앙 연구」, 『한국민속연구사』, 지식산업사, 1994, 268쪽.

17 그런데 이능화가 이 책을 실제 현지 조사를 토대로 쓴 것인지 의문이 간다. 문헌에 만 주로 의존하여 쓴 것으로 보인다. 그리고 제18장 제목에서 보듯 서울을 중심으 로 한 기록이라 아쉽다.

(3) 村山智順(무라야마 지준)의 『朝鮮の鬼神』:

제3장 귀신의 종류, 제4절 현재 믿고 있는 귀신, '2. 조선의 신(神)·귀(鬼)·정령(精靈)·마(魔)' 대목에 사업(蛇業, 人業), 토주택신(土主宅神), 대감(大監), 제석(帝釋), 산신(産神), 삼신(三神) 등을,[19] 그리고 '3. 조선의 귀신' 대목에서 성주(聖主), 제석(帝席), 업위(業位), 기주(基主), 수문장(守門將), 주주(廚主), 측귀(厠鬼), 영동신(嶺東神) 등에 대하여 소개하고 있다.[20] 여기서 '3. 조선의 귀신' 대목에 소개한 유형들은 비교적 자세한 편이다. 비록 소개에 그치고 있지만 평가할 만하다.

(4) 赤松智城(아카마츠지조)·秋葉隆(아키바다카시)의 『朝鮮巫俗の研究』:

이 자료는 현지조사를 통한 민속지적 연구로 볼 수 있는데,[21] 필자가 확인하지 못하였기 때문에 생략한다.

(5) 村山智順(무라야마 지준)의 『釋奠·祈雨·安宅』:

第七章 個人祭の槪觀, 個人祭祭名類別表 중 家神祭類를 告祀, 安宅祭,

---

18 송석하, 풍신고:附화간고」, 『진단학보』1, 진단학회, 1934. 11.(『한국민속고』, 일신사, 1960, 91~100쪽) ; 김명자 외, 앞의 책, 22쪽 참조.

19 村山智順, 『朝鮮의 鬼神』, 金禧慶 옮김, 東文選, 1993, 170~173쪽.

20 위의 책, 179~184쪽.

21 여기서는 정연학의 간단한 소개(앞의 논문, 135쪽)를 재인용하였다. 그런데 정연학은 『朝鮮巫俗の現地研究』(1950)로 소개했는데 『朝鮮巫俗の研究』가 맞다. 착오인 듯하다. 어쨌든 두 책은 현지 조사를 통한 민속지적 연구로 볼 수 있을 것 같다.

地神祭, 土祀, 竈王祭, 成造祭, 大監祭, 帝釋祭, 世尊祭, 地運祭, 土主祭, 三神祭, 城主祭, 堂上祭, 産養祭, 福樂祭, 禱神, 薦新祭, 祖上祭, 神慰祭 등으로 구분하고 있다. 個人祭類別道別表를 보면, 조사지역(군 단위)의 경우 경기도 18, 충청남북도 23, 전라남북도 21, 경상남북도 40, 황해도 12, 평안남북도 27, 강원도 20, 함경남북도 30 (합계 191) 등인데, '家神祭に屬するもの(凡そ20種)'를 보면, 경기도 23, 충청남북도 39, 전라남북도 26, 경상남북도 76, 황해도 16, 평안남북도 53, 강원도 27, 함경남북도 41 (합계 301) 등이다. 그리고 第八章 家神祭の神々. 家神祭名道別分布表를 보면, 조사지역의 경우 경기도 18, 충청남북도 23, 전라남북도 21, 경상남북도 40, 황해도 12, 평안남북도 27, 강원도 20, 함경남북도 30 (합계 191) 등인데, 告祀(105), 安宅(129), 地神(19), 土祀(8), 竈王(5), 成造(5), 大監(5), 帝釋(3), 世尊(2), 地運(4), 土主(4), 三神(3), 城主(1), 堂上(1), 産養(1), 福樂(1), 禱神(2), 薦新(1), 祖上(1), 神慰(1) 등이다. 한편, 城主, 土主, 帝釋, 竈王, 業位, 門神, 廁神, 廐神, 祖上, 三神, 寃鬼 등 가신신앙의 유형에 대하여 설명하고 있다.[22] 여기서 '개인제제명류별표' 가신제류를 20유형으로 간단히 구분한 것과 가신신앙을 성주, 토주, 제석, 조왕, 업위, 문신, 측신, 구신, 조상, 삼신, 원귀 등의 유형으로 구분한 것은 번잡하고 체계적이지 못한 면이 있다. 또 '개인제류별도별표'('가신제명도별분포표'와 조사지역 횟수 동일)의 조사지역을 보면, 경상남북도, 함경남북도, 평안남북도 순 등으로 많은 점과 그 조사 유형이 告祀, 安宅, 地神, 土祀 順

---

22 村山智順, 『釋奠·祈雨·安宅』, 朝鮮總督府, 1938, 249~275쪽.

등으로 많다[23]는 것 등은 조사방식에 있어 문제가 있는 것으로 보인다. 뿐만 아니라 언어문제나 때론 행정력을 동원한 보고형식의 간접 조사 등 자료조사방법에 문제점을 노출시켰다. 그리고 무라야마 지준은 가신신앙에 대해 대부분은 일반적으로 고루한 풍속이라 여기고 미신 행사로 여겼다.[24] 어쨌든 무라야마 지준이『석전·기우·안택』에서 비록 부분적으로 가신신앙에 대하여 설명하고 있지만, 관련 자료를 다양하게 제시하고 있으며, 각종 제의에 대해서도 언급하고 있다. 그뿐만 아니라 유형에 대한 설명도 하고 있는바 연구사적 의의와 함께 평가된다. 일제강점기 가신신앙에 대한 대표적인 성과라 하겠다.[25]

(6) 秋葉隆(아키바다카시),『朝鮮民俗誌』:

제2장 집의 민속, 10절 家祭의 두 유형 대목에서 제석, 터주 업 등을 소개하면서 일본의 신과도 간단히 비교하고 있다. 그러면서 지방에서 칭하고 있는 유형들의 용어에 대해서도 언급하고 있다.[26] 그런데 소략하고 유형에 대한 이칭이 번잡한 면이 없지 않다. 그럼에도

---

23 무라야마 지준은 "우리의 생활을 수호하는 것들로 생각 속에 놓여 있기 때문에 우리 생활에 직접 놓여있는 가택신의 제사 즉 고사, 안택제 그 외의 가신제가 빈도수나 분포에 있어서 최대를 나타내는 것은 당연하다"고 하였다.(위의 책, 254쪽)

24 野村伸一,『한국, 1930년대의 눈동자-무라야마가 본 조선민속』, 고운기 역주, 이회문화사, 2003, 291~292쪽.

25 野村伸一(노무라신이치)의『한국, 1930년대의 눈동자-무라야마가 본 조선민속』(고운기 역주, 이회문화사, 2003.)은 무라야마 지준이 1941년 일본에 돌아가기 전까지 한국에서 민속 조사를 할 때 촬영한 사진〈400여장〉을 바탕으로 노무라신이치가 해설을 한 책이다. 이 책에 보면 문신 등 가신신앙과 관련된 사진이 5~6장 있다.

26 秋葉 隆,『朝鮮民俗誌』, 沈雨晟 옮김, 東文選, 1993, 170~174쪽.

불구하고 나름대로 평가할 만하다.

이상에서 살펴본 바와 같이, 일제강점기의 자료는 거의 없을 뿐만 아니라 있는 자료도 대부분 소략하고 체계적이지 못해 문제가 있다. 이는 이능화[27]와 무라야마 지준도 예외일 수 없다. 그럼에도 불구하고 이들을 이 시기 가신신앙에 대한 대표적인 연구자로 꼽아야 할 것이며, 그 자료들도 높이 평가해야 할 것이다.[28] 그나마 이들의 자료가 없었다면 이 시기의 가신신앙에 대한 논의를 하기가 매우 어려웠을 것이라고 해도 지나친 말은 아닐 것이다.[29]

---

27 이능화가 『조선무속고』를 쓰면서 인용(부루단지와 업왕가리)한바 있는 대종교 2대 교주 金敎獻이 쓴 『신단실기』(1914), 그리고 『규원사화』(1920년대 이후로 추정)에 가신신앙 자료가 수록되어 있다.(김명자 외, 앞의 책, 20~21쪽 참조.) 그러나 위작 논란 등 문제가 있어 여기서는 논의로 한다.

28 일본이 우리 민속을 식민통치의 자료를 얻고자 하는 정치적 목적에서 조사를 하였고, 그 조사방법도 강압적 행정력을 동원한 보고형식의 간접조사인데다가 임의 수정도 히여 민속의 생생하고 정확한 현장성이 결여되어 있어 학술적인 면과 거리가 있다. 또 일본인 학자들의 조사방법에 있어서도 언어적 장애로 인한 피조사자와의 의사소통의 한계가 있을 뿐 아니라, 통역에 의한 것이어서 자료의 정확성을 기하기에 난점이 있다. 그럼에도 우리 민속학에 간접적으로 기여하는 바 지대했던 것은 사실이다.(인권환, 「1930년대의 민속학 진흥운동」, 『민족문화 연구』12호, 고려대학교 민족문화연구소, 1977, 12, 103~104쪽) 어찌 되었던 우리는 이러한 성과를 인정할 수밖에 없다.

29 참고로 해방 이후 가신신앙이 민속의 한 분야로 대접받으면서 조사를 시작한 것은 1960년대 말 문화재관리국이 주도한 한국민속종합조사와 그 결과물인 보고서부터(김종대, 앞의 책, 15쪽)라는 사실을 인식할 필요가 있다. 그리고 가신신앙을 대상으로 쓴 최초의 석사학위논문은 1981년에 나왔다.(문정옥, 「한국가신신앙연구」, 성신여자대학교 대학원)

Ⅲ. 가신신앙의 유형별 분석

현재 일제강점기 가신신앙의 유형별 분석을 통해 그 지속과 변용을 구명하기가 매우 어려운 실정이다. 그것은 개화기 이전[30] 및 개화기, 그리고 일제강점기의 가신신앙 자료가 매우 적기 때문이다.[31] 더구나 개화기 이전 및 이후의 가신신앙의 지속과 변용도 파악하기 어렵다. 그렇다고 해서 일제강점기 가신신앙의 지속과 변용에 대한 논의를 안 할 수는 없다.

가신신앙의 지속과 변용을 파악하는데 손진태의 다음 글은 시사하는 바가 크다.

"民族信仰의 상태는 시대에 의하여 변천하는 부분도 있지만, 그러나 또 大體에 있어서 上古로부터 오늘날까지 별다른 변화가 없는 경우도 적지 않으니 巫病과 같은 것은 그 一例라 하겠다. 그러므로 나는 古代로부터 現代까지의 이에 관한 기록을 경우에 따라 大體 同價値로 취급하

---

30 개화기 이전 가신신앙에 대한 자료는 유득공의『경도잡지』, 김매순의『열양세시기』, 홍석모의『동국세시기』등에 나타나는데(주로 문신 등), 매우 간략한 언급에 불과해 참고하기가 어렵다.
그리고 '개화기'라는 명칭은 논란이 있을 수 있지만, 연구과제명인바 '개화기'로 사용한다.

31 개화기 이전까지 가신신앙에 대한 자료가 적은 이유 중의 하나는 유교를 국시로 했던 조선조는 유교적 사고관이 보편적 세계관으로 인식되었던 시대였는바, 대부분(특히 양반사대부 儒學者들) 관심도 없었던 것으로 추측된다. 또 가신신앙은 주로 부녀자들이 담당했기 때문에 기록으로 남기는데 인색했을 수도 있다. 그러므로 가신신앙에 대한 기록을 극히 일부 실학자(간략한 언급이지만)를 제외하고는 거의 남기지 않았던 것이 아닌가? 사료된다. 이는 개화기에도 어느 정도 작용되었던 것으로 짐작된다.

려고 한다."[32] (필자 밑줄)

위의 글은 가신신앙과도 연관이 있다고 본다. 가정의 각 장소를 관장하고 있는 신을 믿는 것을 간단히 말해 가신신앙이라고 한다. 그렇다면 위의 글에서 보듯, 가신신앙의 지속과 변용에 있어 변하지 않고 지속되는 경우도 있고 변용되는 경우도 있으며, 또 없어지는 경우도 있을 것이다. 필자는 변하지 않고 지속되는 경우나 설혹 변하더라도 크게 변용되지 않는 경우가 더 많은 것으로 사료된다.[33]

그런바 본고는 자료가 매우 빈약한 상황에서 일제강점기의 現傳 자료를 통해 지속과 변용에 대해 살펴보겠다. 논의는 유형별로 한국인, 일본인의 견해를 소개한 후 전체적으로 언급하겠다. 그런데 여기서 유념할 것은 조선총독부 발간 자료들이다. 그것은 조선총독부 일본인 관리의 진술, 그러니까 '조선과 일본은 사회의 모든 면에서 共昌共榮으로의 행진을 해야만 한다'는 점, 어디까지나 내선일체의 식민지 경영을 위한 조사,[34] 다시 말해 식민지 통치에 제공되는 도구였다는 것을 인식할 필요가 있다. 일제는 1915년부터 1940년까지 매년 시행하고 있는 법령을 모아 『朝鮮法令輯覽』을 매년 6월에 발간했

---

32 이필영, 「민간신앙 연구의 성격과 의의」, 『남창 손진태의 역사민속학연구』, 민속원, 2003, 203쪽 재인용.

33 가신신앙은 일제강점기 때 개인(주로 부녀자)이 가정에서 행했기 때문에 마을공동체신앙이나 무속신앙보다 일제의 통제를 덜 받은 것으로 보인다. 그러나 일제가 식민지통치정책의 일환으로 통제를 가했는바 이를 무시할 수 없다. 지속과 변용은 정치, 경제, 사회, 문화, 사상, 종교 등 제 측면과 연관이 있다. 특히 다른 나라에 강점당한 경우는 더욱 그렇다.

34 野村伸一, 앞의 책, 266쪽.

다. 이 법령집을 보면, 조선총독부 주관으로 조선 문화, 특히 민속 문화 조사사업을 통해 탄압을 자행하였다.[35] 일제는 무속종교가 한국인의 삶을 지배하는 중요한 요소임을 발견하고 무속신앙은 가장 중요한 탄압의 대상이 되었고, 그 중에서도 공동체를 유지 형성하는 마을 굿을 철저히 제지하였다. 그리하여 1920년~1933년 산미증산계획을 실시하면서 농업장려운동의 하나로 두레만을 허용하였다. 그러는 가운데 1937년 중일전쟁을 계기로 민족문화말살정책을 본격적으로 시행한다. 이러한 일제의 의도는 민간신앙의 하나인 가신신앙도 예외일 수 없었던 것으로 보인다. 그러므로 유형별 분석을 통한 지속과 변용 논의 시 이러한 점들을 염두에 두면서 살펴보아야 할 것이다. 그러면 유형별로 지속과 변용에 대해 살펴보기로 하자.

논의에 앞서 먼저 가신신앙을 신봉하는 풍속에 대해 알아볼 필요가 있다. 이능화는 한국에서 가신신앙을 신봉하는 풍속은 고대로부터 전해진 풍속이 있고, 무교, 도교, 또는 불교의 영향으로 이루어진 것인데, 어느 것이 무교, 도교, 불교에서 기원한 것이라 말할 수 없고 혼재되어 있다[36]고 설명하고 있다. 이능화의 말대로 한국의 가신은 지역마다 기능이나 역할 등이 혼재되어 있어 가신의 개별적인 의미를 파악하는데 어려움이 많은 것도 사실이다. 이능화의 이러한 지적은 평가할 만하다. 아키바다카시는 한국의 家祭를 남성의 유교적 가

---

35 일제강점기의 민속을 연구하기 위해서는 『조선법령집람』에 수록된 민속 관련 사항을 반드시 살펴볼 필요가 있다.

36 李能和, 앞의 책, 219쪽.

례와 여성의 무속적 가신신앙 두 가지 유형이 대립 된다[37]고 보았는데 주목할 만하다.[38]

한편, 무라야마 지준은 가신신앙에 대해 대부분은 일반적으로 고루한 풍속이며 미신 행사로 인식하였다.[39] 그러면서 그는 '옛날에는 일본 본토, 조선, 만주, 시베리아가 한가지로 붙은 샤머니즘권을 형성하여, 거의 같은 신사를 치르고 있었던 듯하다'[40]고 하였는바, 그의 시각의 일단을 엿볼 수 있다. 또한 그는 한국 사람들이 귀신을 믿는 이유에 대해 "조선의 지식계급에 속하는 문화인이나 그렇지 않은 사람도 그 가정에 들어가게 되면, 조선의 가정이 조부모, 부모와 함께 사는 가족제도가 유지되고 여성교육이 등한시되고 있는 한, 이러한 노인 또는 부인들 사이에서 귀신의 존재를 믿고 있기 때문에, 역시 그 가정적 애정에 끌려서 귀신을 믿게 된다. 특히 예로부터 중시되어온 조상숭배사상은 그 조상을 귀신시하는 유사관념에 의해서 다른 귀신의 존재를 인정하고, 그 신앙을 배양하고 있는 상태이기 때문에 귀신의 존재는 조선의 민간에서 소실되지 않을 것이다."[41]라

---

37 秋葉隆, 앞의 책, 170~172쪽.

38 장주근은 무속에서 위하는 신과 가정에서 위하는 가신이 혼합되어 있어 가신신앙과 무속신앙이 같은 것으로 보았으며(장주근, 「가신신앙」, 『한국민족문화대백과사전 1』, 한국정신문화연구원, 1991, 100쪽), 가신의 성격에 대해 역사의 유구성과 여성성, 조령성, 불교성, 유교재래성 등의 복합신앙이라고 보았다(장주근, 「가신신앙」, 『한국민속대관 3-민간신앙·종교 편』, 앞의 책, 65쪽). 한국의 가신신앙은 복잡하고 명확히 규정하기가 어렵다.(정연학, 앞의 논문, 135쪽)

39 野村伸一, 앞의 책, 291~292쪽.

40 위의 책, 264쪽. 무라야마 지준은 한국의 個人祭(특히 주부와 무당의 사이에 유지되어온 집의 제사)에 흥미와 함께 비교민속학적으로 상당한 관심을 가졌던 것으로 보인다.(위의 책, 290~291쪽 참조.)

고 하였다. 요컨대 무라야마 지준은 한국인들이 적극적인 삶의 자세
도 없고 무서운 귀신 때문에 전전긍긍하면서 귀신에게 빌어 요행수
나 바라며 살고 있다[42]는 부정적 인식태도를 내비치고 있다. 일제강
점기 때 한국에 와서 우리의 민속(특히 민간신앙이나 귀신 등)을 조
사 연구했던 일본 학자들의 시각도 이와 유사한 것으로 보여 진다.

그러면 유형별로 살펴보기로 하자. 여기서는 대표적인 자료들(이
능화, 무라야마 지준 등)을 위주로 소개한다.(명칭만 소개하거나 간단
하게 기록한 자료들은 제외한다.) 유형별[43] 자료 제시는 아래와 같다.

1. 성주신(城主神)

"성주신(城主神)

城主란 家宅神을 통관한 명칭이다. 세속에 전하기를, 시월에 무당을
불러 기도했는데 이를 安宅이라 했다. 안택신을 섬기는 데는 城主釋(속
명 성주풀이)이 있는데, 혹은 성주받이굿 이라고도 한다. 풀이의 뜻은
성주신을 의미하는 것이다. 성주받이는 지방에 따라 풍속이 다르다.
京城에서는 白紙에 동전을 싼 다음 접어서 淸水를 뿌려 樑面에 붙이고
마르기 전에 白米를 뿌린다. 충청도 풍속은 京城式과 같으나, 다만 上柱
(가옥의 中柱)에 붙인다. 평안도와 함경도에서는 백미를 항아리에 담
아 樑上에 안치한다.

---

41 村山智順, 『朝鮮의 鬼神』, 앞의 책, 159쪽.
42 野村伸一, 앞의 책, 264쪽.
43 유형 분류는 이 시기 자료들의 유형을 중심으로 일반적인 분류에 의거했다.

民家에서는 시월을 上月이라 하여 巫를 맞아 成造神을 받드는데, 餅果를 베풀어 놓고 기도를 올리기도 한다. (洪錫謨 撰, 『東國歲時記』)

요즈음 민가에서는, 시월에 추수가 끝나면 新穀으로 시루떡을 찌고 酒果를 베풀어 놓고 굿을 하는데 이것을 成造라 한다. 성조는 家邦을 造成하는 뜻인데, 이것은 단군이 백성들의 거처·제도를 가르칠 때 처음 궁실을 조성하였기 때문에 백성들이 그 근본을 잊지 못하여 반드시 降檀月報로서 神功을 빌었다. (大倧敎 編, 『神檀實記』)

나는 다음과 같이 상고하였다. 즉 城主풀이의 巫歌를 試譯하여 보면, 安東 燕院이 本鄕인 것 같다. 저 높은 언덕에 소나무를 심어 그를 길러 棟樑을 만드는데 山陽에 올라 材木을 베어 뗏목을 만들어 물에 띄웠다. (이하는 횡설수설하여 뜻이 서로 실통 하지 못하므로 이에 그친다.) 이러한 일들은 모두 家舍를 조성하는 뜻이다. 성주와 터주(土主)라는 神名도 그와 같은 뜻으로 보여 진다. 대개 主란 것은, 곧 城池人民의 主官을 칭하는 것이며, 城隍神의 뜻과 같다. 그러므로 무당의 타령이 산천신기(神祇)를 呼請하는 것으로 요점을 삼는다. 이로 추측하여 보면 그 뜻을 알 수 있다. 또 祖上의 墳墓가 있는 시골이면, 그 고을 군수를 城主라 呼稱한다. 만약 祖塋이 없고 주택만 있다 하면 그 고을 군수를 터주(土主)라 호칭한다. 대개 성주라 말하면 뜻이 광대하고, 터주(土主)라고 말하면 그 뜻이 협소하다. 家宅神을 城主·터주(土主)라 칭하는 것도 이와 같은 것이라 할 수 있다."[44]   〈이능화〉

---

44 李能和, 『朝鮮巫俗考』, 李在崑 옮김, 東文選, 1991, 213~215쪽.

"城主

집안 신 중 최상위의 신으로서 하위의 집안 신을 통괄해 집안이 무사 안녕하도록 감독한다. 가옥을 새로 지을 때부터 대부분 집안의 대들보 위에 모셔지기 때문에 성조대감 또는 상량신이라고도 일컬어진다. 상징물(神體)은 대들보 위 중앙 기둥(동자기둥이라고 한다.)에 백지를 접어 붙이거나 삼베를 휘감거나 백지와 삼베를 감거나 하는 것이 대부분이다. 혹은 방 모퉁이 위에 제단을 만들고 작은 사당 안에 접은 백지를 넣은 것. 혹은 방 모퉁이 위의 제단(한 치 가량의 판자를 붙인 것)에 뚜껑 있는 항아리(속에 쌀을 넣은 것)를 얹고, 그 밑에 지폐와 마른 명태 등을 걸어두는 것 등이 많이 보여 진다."[45]   〈무라야마 지준〉

"성주(成造)

함경도 방면에서는 제석단지를 주방과 소(牛) 우리 사이에 걸어두고 이를 성주(成造)라 부르고 있다. 성주란 보통 가택신으로 여기며, 경성 지방에서는 대청의 대들보 위에 흰 종이를 붙여 여기에 쌀을 뿌려 붙게 하여 제사지내고 있다. …(중략)… 옥내에서 제사지내는 가장 중요하고 원시적인 집신(家神)으로서, 말하자면 일본의 민가에서 행해고 있는 가미다나신(神棚神)에 해당하는 것[46]이다."[47]   〈아키바다카시〉

---

45 村山智順, 『釋奠·祈雨·安宅』, 朝鮮總督府, 1938, 271쪽. 무라야마 지준의 『석전·기우·안택』 중 가신신앙의 유형 부분 번역은 단국대학교 동양학연구소 연구원 노정래(일어일문학 전공)의 도움을 받았다. 원문 제시는 생략한다.

46 朝鮮 神官이었던 鈴川原章은 「半島와 家庭祭祀와 神棚」(『新世代』 3권 1호(1943년 1월호), 신세대사, 1943. 1. 46~49쪽)이라는 글에서 '皇國民으로서 일본의 天照大神의 大麻를 각 가정에서 함께 모실 것'을 강조하고 있다. 이 같은 언급을 통해 그 의도가 무엇인지를 간파할 수 있다.

　이상에서 보는 바와 같이 명칭과 형태 등에 있어 차이를 보이고 있다. 명칭에 있어서는 성주신, 성주, 성조 등으로 불리고 있다. 그리고 그 형태도 지방마다 차이가 있음을 알 수 있다. 그러면 자료를 소개한 연구자 순으로 간단히 살펴보기로 하자. 먼저 이능화의 자료 소개를 보면, 명칭에 있어 城主神이라 칭하고 있다. 그런데 이능화는 홍석모의『동국세시기』, 김교헌의『신단실기』의 글을 참고할 때 成造라는 명칭을 인용하고 있다. 그리고 城主란 城池를 주관하는 城隍과 같은 뜻이며, 선영이 있는 고을의 군수를 城主라고 호칭한다고 설명하고 있다. 이능화가 명칭에 대한 정의를 명확하게 언급하지 못한 것으로 보인다.[48] 한편, 그는 安宅神을 섬기는 城主釋(속명 성주풀이) 혹은 성주받이굿이 있는데, 풀이의 뜻은 성주신을 의미한다고 하면서 성주받이는 지방에 따라 풍속이 다르다고 설명하고 있다. 그리고 성주풀이의 무가를 試譯해 보면 安東 燕院이 本鄕인 것 같다고 한 언급은 주목할 만하다. 이에 대해서는 후일 김태곤이 성주무가의 내용에서 성주신의 본향을 안동의 제비원이라고 구명한 바 있다.[49] 그런데 아키바다카시가 함경도 지방에서는 제석단지를 주방과 소 우리 사이에 걸어두고 이를 成造라고 소개한 부분은 특이한 것으로 보인다. 변형인 듯하다.

---

47 秋葉隆, 앞의 책, 171쪽.

48 참고로 중국에서는 성주신이라는 명칭이 보이지 않고, 성주신 신체도 뚜렷하지 않다고 한다.(정연학, 앞의 논문, 134쪽 참조.) 그리고 성주신의 기원에 대해서는 고대제천의식의 유습(임동권)이나, 삼한시대의 제천의식 이래의 것에서 비롯(김태곤)된 것이라는 견해 등을 제기하고 있지만, 방증 자료나 증거가 미흡해 논란이 있다.(장주근, 앞의 책, 95쪽 참조.)

49 김태곤, 「성주신앙속고」, 『후진사회논문집』2집, 경희대학교 후진사회연구소, 1969, 279~301쪽 참조.

2. 터주신(土主神)

"터주신(土主神)

우리나라 민가에서는 터주신을 신봉하는 풍속이 있는데, 그 儀式을 보면 쌀과 베(麻布)를 오쟁이에 넣어 부엌 뒷벽에 달아두고 비단을 사와서 그 尺頭(토끗)를 잘라 볏짚으로 신탁(神橐)에 주렁주렁 매달아 마치 면점(麵店)의 사지(絲紙) 모양같이 만든다. 요즈음 풍속에 면점에서 종이를 오려 농두(籠頭)에 달아 놓는데 그것을 사지(絲紙)라 하며, 이름하여 초패(招牌)라 한다.

시월에 추수가 끝나면 집집마다 家宅神祀를 올린다. 무녀들의 作法이 城主를 먼저하고 터주(土主)를 뒤에 하므로 터주(土主)풀이를 후전(後殿)풀이라 한다. (뒷전풀이)라 한다."[50]   〈이능화〉

"土主

집터의 주재신. 오방지신 중 중앙신으로 다른 사방신을 통괄하여 집터의 안전보호를 감독한다. 토주대감, 기주, 후토주 임, 대주, 지신 등으로도 부른다. 상징물(神體)은 작은 항아리 속에 백미 또는 벼 등의 곡물을 넣고 볏짚으로 덮은 것으로 뒷마당 또는 장독대 모퉁이에 안치하는 것이 보통이다."[51]   〈무라야마 지준〉

---

50 李能和, 앞의 책, 215쪽.
51 村山智順, 앞의 책, 271쪽.

　　"터주(基主)

　　대개 뒤뜰구석·장독대(된장·간장·고추장 단지 등을 놓아두는 곳)
　　부근에 곡물을 담은 신단지를 놓아두고, 여기에 짚주가리를 씌워 놓은
　　것으로 보통 터주가리 또는 대감주저리라 부르고, 신단지를 터주단
　　지·토사기(土祀器)라 이르고 있다."[52]　　　　　　　　　〈아키바다카시〉

　위의 자료 소개를 보면, 특히 명칭에 대하여 다양하게 불리고 있
음을 알 수 있다. 이능화는 土主神이라고 칭하면서 당시 풍속에 면점
에서 종이를 오려 농두에 달아 놓는데 그것을 사지라 하며 이를 초
패라고 부른다고 했다. 이는 변형으로 눈길을 끈다. 무라야마 지준
은 명칭을 土主, 土主大監, 基主, 後土主, 垈主, 地神 등으로 다양하게
불린다고 언급하였다. 아키바다카시는 명칭을 基主, 터주가리, 대감
주저리로 부르고 있다. 그런데 이능화와 아키바다카시의 진술을 살
펴보면, 터주(土主)의 양상이 선명치 않은 듯하다. 터주의 역사에 대
해서는 문헌 자료가 없어 그 발생이나 추이를 알 길이 없는데, 장주
근은 多神多靈敎的인 원초종교성의 잔존으로 추정하고 있다.[53] 무라
야마 지준의 家神祭名道別分布表를 보면,[54] 일제강점기에는 영호남
은 거의 없고 경기, 충청지역에는 약간, 그리고 평안도가 제일 많은
것으로 조사 보고되었다.

52　秋葉隆, 앞의 책, 171쪽.
53　같은 책, 같은 곳.
54　村山智順, 앞의 책, 269~270쪽.

3. 제석신(帝釋神)

"제석신(帝釋神)

제석신의 근원은 佛俗에서 나왔다.

《三國遺事古記》桓國下 一然禪師 註에, 〈謂帝釋也〉4개자는 그 근본의 誤傳으로 유래되어, 드디어 桓國의 神市로 하여금 天王의 帝釋으로 變成하였다.

요즈음 巫家에서는 扇面에 세 불상을 그리고 三佛帝釋이라 칭한다. 이것 또한 帝釋神이다. 제석신을 신봉하는 것은 城主神·터주신(土主神)을 받드는 것과 그 儀式이 또 다르다. 쌀을 흰 항아리에 담아 樓房에 안치하고, 해마다 가을에 곡식이 익으면 햅쌀로 바꾸어 담고 담겨 있던 舊米로 백설병(白屑餠)을 만든 다음, 素饌과 淸酌으로 神에게 獻供한다. 이때 女巫가 노래하면서 흠향을 권하는데 이것을 제석거리라 한다. 거리란 歌調이다. 제석은 主穀神이라고도 하는데, 이는 佛俗에서 나온 말이다. 佛寺에서는 帝釋日이면, 寺衆들이 각각 齋米를 들고 米庫에 가서 제석신을 위안한다. 〈釋提桓因位〉라는 위패 아래 여러 僧들은 三拜를 하고 米庫에 쌀을 納庫시킨다. 元日로부터 寺中의 別座(齋米를 管掌하는 頭僧)가 朝夕으로 齋를 올릴 때, 먼저 釋提桓因位에 三拜를 행한 뒤에 그 쌀로 밥을 짓는다. 釋提桓因은 그 이름이 檀君의 祖와 서로 혼동, 단군은 원래 主穀者인데 변하여 帝釋神이 되었다."[55]   〈이능화〉

---

[55] 李能和, 앞의 책, 215~216쪽.

"帝釋

이 신은 집안사람의 수명을 감독, 창고(곡물의류) 등을 감독, 한 집안의 무사태평을 감독하는 신이라고 하며, 세존이라고도 칭해진다. 상징물(神體)로서는 '탕징기'라고 칭하는 약간 평평한 항아리에 쌀 혹은 조 같은 곡물을 넣고 백지를 뚜껑 삼아 덮고 실내 북쪽 모퉁이 창고 방위 모퉁이 또는 부엌 구석에 안치해 많은 천 조각을 공물로써 걸어 두는 곳이 많다.

상징물인 항아리 등의 속에 들어가는 곡물은 년 1회이며, 제사 때 새로운 곡물로 바꾸고 옛 곡물은 그 때 또는 이후 떡을 만들어 집안 식구들끼리 나누어먹는다."[56]   (무라야마 지준)

"제석(帝釋)

경성 지방의 민가에서는 종종 안방 벽에 종이 봉지에 돈·곡식을 담아 걸어두고, 그 위에 종이로 만든 고깔을 씌어두고 이를 제석(帝釋)이라고 부르고 있다. 그것은 인간에게 명복(命福)을 하사하는 신, 또는 삼신제석(三神帝釋)이라 칭하며 어린아이의 수호신으로 여기고 있다. 또한 평안도 지방에서는 고방 구석에 곡물을 담은 단지를 놓아두고 이를 농제석(農帝釋)이라 부르는 집이 있다. 그것을 제사지낼 때 농제(農祭)라 부르는 점으로 보아 그것은 농경신(農耕神)인 듯하다. 더구나 이와 같은 신단지는 전국적으로 볼 수 있는 것이다. 대개는 대청 구석에 놓아두고 제석단지·세존단지·천왕단지 등의 이름으로 부

---

56 村山智順, 앞의 책, 271쪽.

르고 있다."[57]   〈아키바다카시〉

제석신에 대한 명칭의 다양함과 근원 및 유래에 대한 설명이 눈길
을 끈다. 이능화는 명칭을 帝釋神, 主穀神, 三佛帝釋이라 호칭하고 있
다. 그는 제석신의 근원을 佛俗에서 찾고 있다. 그리고 檀君은 원래
主穀者인데 변하여 帝釋神이 되었다고 언급하고 있다. 여기서 제석
거리나 佛寺에서의 帝釋日에 대한 설명은 주목할 만하다. 무라야마
지준은 명칭을 帝釋, 世尊으로 부르고 있다. 아키바다카시는 명칭을
帝釋, 삼신제석, 農帝釋, 제석단지, 세존단지, 천왕단지 등으로 다양
하게 불린다고 하였다. 그리고 그는 평안도 지방에서는 고방 구석에
곡물을 담은 단지를 農帝釋이라 부르는데, 이를 農耕神으로 파악하
고 있다. 또 이와 같은 신단지를 전국적으로 볼 수 있다고 하였다. 그
런데 이능화는 제석신[58]을 主穀神으로 보고 있는 반면, 아키바다카
시는 주로 삼신적인 측면으로 보고 있다. 사실 이 신들의 관념은 지
역마다 일정하지 않아 다루기가 어렵다.[59] 제석신은 조상을 뜻하거
나 삼신을 뜻하는 등 가정에 따라 달리 나타나기도 한다.[60] 그리고
神體의 봉안 위치에 대해 이능화는 樓房(다락방), 무라야마 지준은

57 秋葉隆, 앞의 책, 170쪽.

58 이능화는 가택신으로 조상신, 産神을 따로 들지 않고 帝釋神은 主穀神이라고 하였
    다. 이능화는 家宅神을 城主神, 土主神, 帝釋神, 業王神, 守門神, 竈王神 등 여섯 가지
    유형으로 분류하고 있다.(李能和, 앞의 책, 213쪽)

59 아키바다카시는『朝鮮巫俗の硏究』(1937)에서 家宅神을 成造王神, 佛事帝釋, 大監,
    地神, 基主, 竈王, 乞粒, 守門將, 厠神 등 9종으로 들었다.(장주근, 앞의 책, 79쪽 재인용.)

60 김명자 외, 앞의 책, 19쪽.

창고 방 위 또는 부엌 구석, 아키바다카시는 안방 또는 고방(평안도)
이라고 설명하고 있다. 그리고 명칭에 있어 경북지방에서는 세존단
지로 부르고 있다.[61] 아무튼 제석신은 일제강점기에는 지역마다 별
로 변용되지 않은 것으로 보인다.

4. 업신(業神)

"업왕신(業王神)

業王이란 財神을 말한다. 世俗에서 業樣이라고도 하는데, 樣은 곧 왕
에서 變轉된 것이다. 예를 들면 속칭 十王世界를 十樣世界라고 부르는
것과 같다.

민간에서 업왕을 신봉하는 종류로는 人業·蛇業·鼬業의 세 종류로서,
家內 정결한 곳을 택하여 壇을 만든 다음 土器에 禾穀을 담아 壇上에 두
고 볏짚으로 주저리를 만들어 씌운다. 이를 부루단지(扶婁壇地)라 하
기도 하고, 혹은 업왕가리(業王嘉利)라 칭하기도 한다.(속칭 禾穀을 쌓
아둔 것을 露積嘉利라 한다.) 그러니까 곧 財産을 관장하는 신이라 할
수 있다. 단군의 아들 扶婁가 多福했기 때문에 나라 사람들이 財神으로
신봉하였다고 한다.

나의 생각으로는, 業王嘉利라 했다는 것이 平常의 所見에서 나온 것
이 아닌 듯하다. 즉 언제나 穀物을 쌓은 곳에서는 구렁이와 족제비를
볼 수 있는데 사람들은 이를 守穀神이라 했으며, 이것이 전래되어 業王

이라 칭하게 된 것 같다. …(중략)…

蛇業說에 관한 《金剛山靈源庵異蹟記》를 보면 …(중략)… 이 전설은 靈源庵과 梵魚寺에 옛날부터 전해 내려오고 있다. 이는 대개 財物을 애호하기 때문에 뱀을 만들어 곳집을 지키게 했는데, 이것은 佛家에서 輪回因果를 주장하는 설이다. 요즈음 富하고 인색한 사람(守錢奴)은 죽어서 대망(大蟒)이 되어 財庫나 지키라는 말이 여기서 나온 것일 터이다.

대저 朝鮮에 神을 信奉하는 風俗으로는 세 계통이 있다고 보는데, 첫째는 古代로부터 流傳된 巫風(무풍)이고, 둘째는 道家에서 기초(祈醮)하는 부주(符呪)이고, 셋째는 佛家의 因果의 法門인데 서로 混合 成俗되어 오늘에 이르고 있다. 그런데 어떤 것이 도가의 설이고, 어떤 것이 불가의 설이며, 어떤 것이 무가의 설인지 알 수 없다."[62]　　　　〈이능화〉

　"業位

이 신은 財神으로 집 안의 재산, 집 안의 복을 감독하며, 항상 창고 안 또는 헛간에 존재한다. 그리고 뱀이나 족제비를 노예로 사용한다. 따라서 이 신에게 바친 제물은 뱀이나 족제비가 먹는다. 이들이 먹다 남긴 것을 주인이 먹으면 행복하게 되고, 먹지 않으면 가난하게 된다고도 한다. 최근에는 그다지 발견되지 않는다."[63]　　　〈무라야마 지준〉

　"업 또는 업주)(業 또는 業主)

62　李能和, 앞의 책, 216~219쪽.
63　村山智順, 앞의 책, 272쪽.

업은 대부분 뱀·족제비 등의 동물신으로 만주의 망선(蟒仙, 사신(蛇神))·황선(黃仙, 유신(鼬神))과 같다. 재복의 신단지를 넣어두는 집도 있다."[64]

〈아키바다카시〉

위의 자료에서 명칭과 전설을 주목할 필요가 있다. 이능화는 명칭을 業王神, 부루단지, 업왕가리로 부르고 있다. 그런데 업왕가리를 부루단지와 동일시했는데, 해방 이후 장주근 등이 민속 조사 시 전북지방에서는 신주단지를 부루단지라고 불린다는 사실을 확인한바 있다.[65] 그러므로 명칭에 문제가 있는 듯하다. 그리고 그는 유래와 함께 관련된 전설을 제시하고 있는데, 전설의 핵심은 윤회인과이다. 이능화는 이 전설과 연관시켜 당시 부자 수전노는 죽어서 큰 이무기가 되어 財庫나 지키라는 말이 여기서 나왔다고 하였는바 눈길을 끈다. 또 신봉하는 종류 셋은 人業, 蛇業, 鼬業이라고 하였다. 무라야마 지준은 명칭을 業位라고 하면서, 신체와 봉안물에 대해서는 설명을 하지 않았다. 그러나 『조선의 귀신』을 보면, '집에 따라서 큰 병에 콩을 넣고 위에 지푸라기를 덮어놓아 제석과 동일한 양상을 보여 준다'[66]고 하였다. 아키바나카시는 명칭을 업, 업왕이라고 칭하면서, 업은 뱀이나 족제비의 동물신으로 만주 지방의 망선, 황선과 같다고 하였는바 흥미롭다. 여기서 업의 실체는 주로 뱀, 족제비 등으로 나타나는데, 이덕무는 업의 종류로 두꺼비, 뱀, 족제비, 돼지, 고양이,

---

64 秋葉隆, 앞의 책, 171쪽.
65 장주근, 앞의 책, 111쪽.
66 村山智順, 앞의 책, 179~180쪽.

소, 망아지를 들고 있다.[67] 인간의 업도 있다. 여하튼 업신은 이 시기에는 지역마다 별로 변용되지 않은 것으로 보인다.

5. 조왕신(竈王神)

"조왕신(竈王神)

《論語》에 부엌을 아름답게 장식한다는 말이 있다. 부엌이란 음식을 만드는 곳으로 생활상 가장 중요하다. 그 신을 제사하는 까닭은 이 때문이다. 李晬光의《芝峯類說》范至能祭竈祠에 이르기를, 男兒가 獻酌함에 女兒는 피한다 하였고, 稗史에 이르기를 竈祭에는 반드시 婦人이 피한다 하고, 또 竈神은 항상 月晦에 上天하며 己丑日 卯時에 上天하는데 이날 祭祀지내면 福을 받는다고 한다. 李朝 中期에 들어서 多數의 班常이 竈王에 제사했다. 지금 家禮儀節에 祀竈神文이 있는데, 이것은 朱子가 지은 祀竈神文을 모방한 것으로 보인다.

나는, 이수광의《지봉유설》은 모든 神祀의 배척을 주장하고 이것은 經이 아니라고 하였으나, 竈王神에 대해서는 이조 중기에서 致祭했고, 또 朱子가 祭하였기 때문에 宋朝 때 벌써 우리나라로 들어왔거나 모방했을 것이라 본다. 그리고 보면 자기들의 定見에서 나온 것이 아니라 한갓 華人들의 찌꺼기를 숭배하는 것밖에 안 된다. 이 폐단은 비단 芝

---

67 李德懋,『靑莊館全書』卷 53. 김종대는 업의 실체에 대한 일상적인 해명은 업의 본질을 밝히는데 기초가 된다고 하면서, 업의 실체가 동물이라는 점과 그 집에 붙어 살아왔던 동물이라는 이해 속에서 업을 논의해야 된다(김종대, 앞의 책, 23쪽 참조.)고 하였다. 필자도 이에 공감한다.

峯뿐 아니라 近朝 儒學者들은 모두 좋아하지 않는다.

우리 풍속에 竈王神에게 제사할 때에는, 다만 鎗飯(속칭 노구메)을 사용했으며 혹은 장등(長燈)으로 불을 밝혔는데, 이것을 인등(引燈)이라고도 했다. 引燈은 곧 神燈을 말한다. 즉 단군의 아버지 桓因天王이 神市의 主祭者가 되었기 때문에 因을 神이라 칭하였다. 이는 神市로부터 流傳된 것이다."[68] 〈이능화〉

"竈王

이것은 아궁이의 신이자 불의 신으로 취사와 그 밖의 음식물 일체를 감독한다. 상징물(神體)로서는 주방의 식기 선반에 바가지(박)를 얹고 그 안에 소량의 삼베를 넣어두는 것. 벽 위에 백지 또는 삼베 약간을 붙여 걸어두는 것 등이 있으나, 특별히 상징물을 두지 않는 곳도 많다. (이것은 중국에 있어서와 같이 집 안 사람의 功過를 감시해 년 1회 하늘로 올라가 天帝에게 그간의 행적을 보고한다는 식의 무서운 존재로는 생각되어지지 않는다.)"[69] 〈무라야마 지준〉

여기서는 조왕신의 근원, 유래 및 진래 등이 주목된다. 이능화는 명칭은 조왕신이라고 하였으며, 근원은 단군의 신시에서 유전되었다고 하였다. 그러니까 조왕신앙은 중국의 수입이 아니라 단군시대부터의 오랜 유습에서 비롯되었다고 하겠다. 이에 대해 임동권은 이

---

68 李能和, 앞의 책, 219~220쪽.
69 村山智順, 앞의 책, 272쪽.

를 중국 유래설로 처리하였고, 아키바다카시는 支那 전래라고 하였다.[70] 이능화가 이수광의 『지봉유설』을 인용한 내용을 보면, 조왕신앙이 중국 송나라 때 우리나라(필자 고려로 추정)에 들어왔고, 조선 중기에는 班常이 致祭 일자와 시기를 정해 제사지냈다고 언급하였는 바 중국의 조왕신앙이 이미 들어왔음을 알 수 있다. 그러나 이능화는 이를 중국을 숭배하는 사대주의적 발상에서 비롯된 것으로 잘못되었다고 비판하면서 檀君의 神市로부터 流傳되었다고 하였다. 필자는 설득력이 있다고 본다. 무라야마 지준은 명칭은 조왕이며, 神體를 모시는 곳이 있고, 모시지 않는 곳도 있다고 하였다. 무라야마 지준의 家神祭名道別分布表를 보면, 조왕신은 충남북, 경북, 평북 지역에서만 나타나고 그 외의 지역은 나타나지 않는 것으로 보고되었다.[71] 조왕신은 일제강점기에는 일부 지역만 전승 변모된 것으로 추정되는데 확실하지 않다.

6. 문신(門神)

　"수문신(守門神)

　… 柳得恭이 撰한 《京都雜志》에 의하면, 5월 5일에 觀象監에서는 朱

70　장주근, 앞의 책, 102쪽. 최인학은 비교민속학적 방법을 통해 조왕의 성격을 구명하였는데, 그에 의하면 조왕신앙과 중국이나 일본 등의 주변국가에서 전승되고 있는 부엌신앙과 비교하여 우리의 고유 불신앙에 중국의 竈神上天說이 전래되어 신앙적 발전을 이룬 것으로 추정하고 있다.(최인학, 「비교민속학적 방법」, 『한국민속학의 과제와 방법』, 정음사, 1986, 119~145쪽 참조.)

71　村山智順, 앞의 책, 269~270쪽.

砂로 辟邪文을 찍어 통속적으로 문설주에 붙인다. 그 부적은『오월 오
일 천중지절에 위로는 하늘의 녹을 얻고, 아래로는 땅의 복을 받아 치
우지신(蚩尤之神)의 구리 머리·쇠 이마·붉은 입·붉은 혀의 四百四病이
일시에 없어져라. 빨리빨리 시행하라.』하고, 또는 壽星仙女 直日神將圖
등을 그리는데 이를 歲畵라 한다. 또 金甲의 두 將軍像을 만들었는데 길
이는 한 장 남짓하며, 하나는 斧를 잡고 하나는 節을 잡고, 宮門兩扇에
다가 걸어두는데 이를 門排라 했다. 또 강포오모상(絳袍烏帽像)을 만들
어 重閤門에 걸었는데 이웃 마을 및 閭巷에서도 이를 모방하였다. 그러
나 畵像은 門扇에 비해 작았다. 문설주에 또 귀의 머리를 그려 붙였는
데 속칭 金甲을 한 자는 울지공진숙보(蔚遲恭秦叔寶)라 하였고, 絳袍烏
帽를 한 자는 魏鄭公이라 하였다.

宋敏求의《春明退朝錄》에 의하면, 道家秦章圖에 天門守衛 金甲人葛將
軍은 旄를 잡고 周將軍은 節을 잡고 있었다고 하는데, 지금의 門排가 곧
葛周二將軍인 듯싶다. 世俗에서 이르기를, 奇說은 대개 中唐의 文皇 당
시에 전해온 것이라 했다.

洪錫謨가 撰한《東國歲時記》에 의하면, 漢나라 制度에 도인(桃印)을
만들어 惡氣를 방지하고 赤靈符를 만들었다고 한다. 이는 모두 端午 舊
制로서 지금의 符制가 대개 여기에서 나왔다. 속칭 金甲이란 四天王의
神像이라 하고, 혹은 蔚遲恭秦叔寶라 하기도 한다.

정월 원일이 되면 圖畵署에서 壽星仙女·直日神將圖를 그려 于公에게
드리고, 또 서로 주고받았으며 이를 歲畵라 했다. 또 종규포귀(鐘馗捕
鬼)를 그려서 문에 붙이고, 鬼頭를 그려서 門楣에 붙여서 邪怪를 막았
다. 그뿐 아니라 宮家며 隣戚 각 마을의 문과 부채에 모두 이 그림을 붙

였으며, 시골 각 마을에서도 이를 많이 모방했다.

金邁淳이 撰한 《洌陽歲時記》에 의하면, 元日이면 圖畵署에서 歲畵를 그렸는데 金甲神將은 宮殿 대문에 붙이고 仙人이나 닭·범을 그린 그림은 벽 밝은 곳에 붙였는데, 이 그림을 隣戚이라든가 近臣家에 하사하기도 했다 한다.

나의 생각으로는, 모든 기록에서 나온 門神像은 神荼·鬱壘·蔚遲恭秦叔寶 그리고 葛·周 두 將軍을 말하였으며, 歲畵에 또 壽星仙女·直日神將·鐘馗·鬼頭 등이 있다. 그 神名을 보면 모두 支那人이며, 道家 풍속에서 나온 것이다. 그의 내력을 살펴보면 高麗 중엽에 시행되었다. 高麗 睿宗朝에 宋의 道敎가 들어와 道觀(福源宮을 세우고 羽類를 두었으니, 門神像 설치는 이때부터였을 것이다.

우리나라에서는 立春日이면 閭巷人家에서 혹 《神荼鬱壘》4자를 大書하여 門扉에 붙였는데, 이는 글로써 그림을 대신한 것이다. 神荼와 울루(鬱壘)는 黃帝 때에 시작되었다고 하는데, 黃帝는 仙術을 하였기 때문에 道家들의 類가 이와 같이 附會하였다. 우리나라 풍속에 邪를 붙여 鬼를 막고 像을 붙여 邪를 막았으니, 이는 新羅時代에서 비롯되었다. 《三國遺事》의 鼻荊郎 및 處容郎의 일이 이것이다. 이 모두가 우리 고유의 풍속으로서 도교가 몰함과 함께 교섭된 것일 터이다. …"[72]　　〈이능화〉

"門神

문의 신으로, 집안사람의 출입의 안전과 외부에서 들어오는 악귀를

72　李能和, 앞의 책, 221~229쪽.

막는 일을 한다. 상징물(神體)은 문의 윗벽에 흰 베 또는 마를 매듭지어 걸어둔다. 守門將軍神이라고도 불린다. (옛날에는 문에 무장의 그림을 붙인 곳도 있었지만 지금은 거의 볼 수 없다.)"[73]　〈무라야마 지준〉

위의 자료를 보면, 특히 문신의 기원과 유래, 전래 등이 주목된다. 이능화는 번잡할 정도로 많은 문헌들(중국 및 한국)을 제시하고 고증을 통해 발생과 유래, 전래, 시행시기 등에 대하여 구체적으로 언급하고 있다. 그의 가신신앙 유형 언급 중 守門神 부분이 가장 상세하다. 그가 제시한 문헌들을 소개하면 『山海經·大荒北經』, 『郝懿行』, 『大戴禮·五帝德編』, 『史記』, 『五帝記』, 『禮儀志』, 『論衡訂鬼篇』, 『太平御覽』, 『載漢舊儀』, 『陸機挽歌詩』, 『海水經』, 『類書』, 『桃符艾人語』, 『朝鮮王朝實錄』, 『京都雜誌』, 『春明退朝錄』, 『東國歲時記』, 『洌陽歲時記』, 『三國遺事』, 『晝永編』, 『元史』 등이다. 이능화도 언급했듯이 門神像은 신라시대의 기록에 보인다. 『三國遺事』〈鼻荊郎條〉에도 辟邪的인 성격을 간파할 수 있지만,[74] 분명한 門神의 성격을 보이는 것은 『三國遺事』〈處容郎條〉이다. 〈처용가〉 배경 설화를 기록하고 난 다음에 '國人門帖處容之形 以辟邪進慶'이라 하였는바 문신 풍속을 알 수 있다. 그러니까 신라시대에는 이미 辟邪神 處容의 모습을 守門神으로 문에 그려 붙이는 풍속이 있었다. 여기서 문신이 중국과는 별개의 원래 우리의 고유 민속이었음을 알 수 있다. 그러다가 고려시대(예종 때부터 중

73　村山智順, 앞의 책, 272쪽.

74　李能和, 225~227쪽.

국 송나라의 道敎가 들어와 道觀(福源宮)을 세우고 門神像을 설치)에
는 중국의 도교의 門神像도 그려 붙였다. 그 후 立春日이면 閭巷人家
에서 혹 神荼鬱壘 四字를 大書하여 門扉에 붙였는데, 이는 글로써 그
림을 대신한 것이다.[75] 그리고 글로써 그림을 대신한 것은 미화 변형
되어서 立春大吉 등으로 지금도 문에 붙이고 있다. 한편, 문신의 풍속
은 成俔의『慵齋叢話』에도 보이는데, 처용의 그림을 정초에 대문에
붙이는 풍속이 성현 때만 해도 있었다.[76] 장주근은 "수문신이 오래
전부터 서울 민속의 한 부분을 이루고 있었다는 점은 한국의 다른
지역(道)에서 찾아볼 수 없는 특성인 것 같다. 농촌의 부락사회에서
는 몇몇의 특수한 부유층 양반들의 대저택을 제외하고는 가옥에서
대문이 차지하는 비중은 매우 적고 정교한 대문을 가진 예는 극히
찾아보기 힘들다. 그 대신에 도시사회에서는 대문이 차지하는 비중
이 크고 극히 정교한 대문을 가지고 있어서 문간 출입을 담당하는
수문신을 갖고 있는 것 같다."[77]고 하였다. 한편, 무라야마 지준은 神
體를 門의 윗벽에 흰 베(白布) 또는 麻를 매듭지어 걸어두는데 이를
守門將軍神이라고 불렀다고 하면서, 옛날에는 문에 무장의 그림을
붙인 것도 있지만 지금은 거의 볼 수 없다고 한 것으로 미루어 변형
으로 보인다. 이로써 추측컨대 문신은 일제강점기의 경우 변용된 것
으로 보인다.

---

75 위의 책, 224~229쪽.
76 장주근, 앞의 책, 114~115쪽 재인용.
77 위의 책, 113쪽.

7. 측신(厠神)

"厠神

변소에 있는 신으로, 성주신의 사령으로 죄를 벌할 때 그 집행을 담당한다. 厠鬼이라고도 불린다. 상징물(神體)은 없다."[78] 〈무라야마 지준〉

무라야마 지준은 명칭을 厠神, 厠鬼라고 불린다고 하면서 城主神의 司令이라고 하였다. 그리고 그는 『조선의 귀신』에서 "측신은 여성의 악귀이다. 조선인은 이를 쫓아내기 위해서 뒷간에 갈 때 침을 뱉고 또한 기침을 하는 사람에게 병을 준다고 하여 두려워했다"[79]고 하였다. 그런데 기침을 하는 사람에게 병을 준다고 한 것은 이해되지 않는다. 인권환은 변소 앞에서 헛기침을 하는 것은 측신에 대한 예고 인사라 믿고 있다[80]고 하였다. 측신은 일제강점기에는 서울 등과 같은 대도시를 제외하고는(특히 서양식 주택에서 사는 부유층) 일반적으로 변모되지 않은 것 같다. 그러나 점차적으로 사라져가기 시작하는 시기인 것 같다.

8. 삼신(三神)

"三神

이것은 집안 자손의 임신, 출산, 발육을 감독하는 신이다. 또는 産神

---

78 村山智順, 앞의 책, 272쪽.
79 村山智順, 앞의 책, 180~181쪽.
80 인권환, 『한국 전통문화의 현대적 모색』, 태학사, 2003, 185쪽.

이라고도 한다. 종이, 삼베, 실 등을 여자들이 사용하는 방의 벽 위에 매듭을 지어 걸고 상징물로 삼는다.(삼신은 여신이고, 어머니, 할머니, 증조할머니의 영이라고 하는 곳도 있다.)"[81]　　　　〈무라야마 지준〉

무라야마 지준은 명칭을 三神이라 부르고 있다. 무라야마 지준의 家神祭名道別分布表를 보면,[82] 三神은 경북지역에만 나타난다. 만약 그가 이를 참고로 기술했다고 가정한다면(제시 자료나 분포표 사례 인용은 같은 책임) 일제강점기의 경우 변용으로 보인다.

9. 구신(廐神)

"廐神

가축을 담당하는 신. 마부(馬夫)신이라고도 불림. 축사의 입구에 천 조각을 매달아서 신령의 상징으로 삼는다."[83]　　　　〈무라야마 지준〉

무라야마 지준은 명칭에 대해 구신, 마부신으로 불린다고 하면서, 형태는 축사 입구에 천 조각을 매달아 놓는다고 했다. 김광언은 구신이 강원도의 쇠구영신과 유사한 속성을 지닌 것으로 보고 있다.[84] 구신은 일제강점기에도 지속은 되었지만, 이 시기부터 점차 사라져

81　村山智順, 앞의 책, 273쪽.
82　村山智順, 앞의 책, 269~270쪽.
83　같은 책, 같은 곳.
84　김광언, 『한국의 주거민속지』, 민음사, 1988, 80쪽.

가기 시작하는 것 같다.

　이상에서 보듯 일제강점기의 가신신앙은 유형별로 지속되거나 변용되었다. 성주신은 함경도지방을 제외하고는 지역마다 큰 변모 없이 지속되었고, 터주신·제석신은 지역마다 별로 변용되지 않았으며, 업신은 지역마다 대개 변용되지 않은 것으로 추정된다. 또 조왕신은 일부지역만 전승 변모된 것으로 보여 지며, 문신은 변용된 모습을 보였고, 측신은 대도시를 제외하고는 대체로 변모되지 않은 듯하다. 그리고 삼신은 지역마다 변용되어 전승되었으며, 구신은 변형없이 전승된 것 같다. 전체적으로 볼 때 이 시기는 개화기 이전의 것을 대체적으로 큰 변모없이 전승(자료가 없는 상황에서 이능화의 자료 제시는 개화기 이전의 가신신앙을 파악하는데 중요한 자료로 판단된다.) 지속하였다고 보여 진다. 그러나 그 중 일부 유형에서는 변용의 모습을 감지할 수 있었다.

　일제강점기는 민속학사적으로도 매우 중요한 시기이다. 그런바 근대화와 민족문화말살정책, 그리고 조사방법상의 문제가 있다고 하더라도 일제강점기 가신신앙의 유형별 지속과 변용에 대한 논의는 매우 중요하다. 뿐만 아니라 개화기 전후와 해방 이후의 지속과 변용도 연계시켜 살펴볼 수 있다는 점에서 그 의미가 크다고 하겠다.

Ⅳ. 가신신앙 관련 자료의 수집 및 보존

본고는 지금까지 일제강점기의 가신신앙에 대하여 살펴보았다. 자료가 매우 적은 실정에서 유형별 지속과 변용에 대한 논의도 쉽지 않았다. 그럼에도 불구하고 사적으로는 그 의미가 지대하였음을 확인할 수 있었다.

일제강점기의 우리의 가신신앙은 근대화와 일제의 식민지통치, 민족문화말살정책 등을 겪으면서도 개화기 이전의 것을 일부 유형을 제외하고는 대체적으로 큰 변모없이 전승 지속된 것으로 보인다. 따라서 이 시기는 개화기 이전과 개화기, 해방 이후를 연결해주는 교량역할을 하는바, 여기에 그 지속과 변용의 의미도 있다고 하겠다.

지속과 변용은 정치, 경제, 사회, 문화, 사상, 종교 등 제 측면과 연관이 있다. 특히 다른 나라에 강점된 경우 그 영향은 지대하다. 일제강점기 때도 그러했다고 본다. 비록 가신신앙이 마을공동체신앙이나 무속신앙보다 통제를 다소 덜 받은 것으로 보이지만, 일제의 통제를 받은 것은 사실이다. 그러한 사실을 입증할 수 있는 자료 중의 하나는 『조선법령집람』이다. 어쨌든 일제의 식민지통치와 근대화 등이 가신신앙에 영향을 끼친 것만은 분명하다.

오늘날 가신신앙은 우리 시야에서 사라지고 있다. 다만 일부만 축소 변형되어 그 흔적을 겨우 살펴 볼 수 있다. 그러나 과거의 것이라 하여 모두 미신적이고 나쁜 것만은 아니다. 그 가운데에는 미풍양속으로 우리가 본받을 것도 있다. 집안의 곳곳에 신이 있다고 보아 항상 경건한 마음으로 대한다든가, 온 가족이 무병과 행운을 위하여 집과 가구와 음식을 정성스럽게 다루고, 간절히 기원하던 과거의 주부상에서 오늘날의 여성들도 배우는 바가 있다[85]고 한다면 지나친 것일까?

끝으로 가신신앙은 6·25와 1970년대 새마을운동에 의한 주택의 개량, 산업과 기술 및 과학과 의학의 발달, 교육수준 향상(특히 여성들), 사고관 및 가치관의 변화(특히 여성), 생활양식의 변화, 서구의 영향과 이를 추종하는 풍조 등으로 인하여 점차적으로 소멸되고 있다. 그러므로 가신신앙 관련 자료 수집 및 보존(시기별 : 예컨대 시도별 자치단체 및 국립민속박물관 등에서 시기별·지역별 모형 제작 보존 등))을 위한 제반대책 마련이 필요하다. 이는 일제강점기의 가신신앙도 결코 예외일 수 없다.

---

85 인권환, 앞의 책, 185~186쪽.

제3부

개화기에서
일제강점기

개화기에서 일제강점기까지
한국 민속 연구

제1장

개화기에서 일제강점기까지
관·혼·상·제례의 지속과 변용

Ⅰ. 전통문화와 외래문화의 충돌

문화전통이란 전통문화를 지속적으로 향유하면서 새로 유입된 외래문화를 주체적으로 수용하여 자기화하는 과정에서 형성되는 것이다. 따라서 문화전통은 주변 민족과의 접촉과정에서 재래문화와 외래문화의 대립과 수용과정을 통해 다양한 지속과 변용의 양상을 보이는 것이 일반적이다. 그러나 이러한 과정이 자생적 적응 속도를 넘어서 단기간에 급격하게 이루어지거나 타자에 의해 강요될 경우, 그 지속과 변용은 전면적인 자기부정이나 폐쇄적 守舊, 정신적 恐慌 등의 양상으로 심하게 굴절될 수 있다.

개화기와 일제강점기는 역사적으로 볼 때 우리 민족에게는 격변과 암흑·치욕의 시기였다고 해도 지나치지 않다. 오랜 역사를 거쳐 형성·발전되어 온 우리의 문화전통은 개화기 이후 서양의 충격과 동아시아 국제질서의 재편과정에서 큰 혼란을 겪었고, 이어 일제강점기라는 민족적 시련에 의해 새로운 국면을 맞이하게 되었다. 이 시기 우리의 문화전통은 내적 발전의 역량이 억압된 채 점차 일방적 수용 및 왜곡의 양상으로 변용되었다. 그러나 그 가운데에서도 우리의 문화전통을 지키고자 하는 노력은 계속되었고, 이러한 의도적 노력 여부를 떠나서도 문화의 각 층위와 요소마다 배어있는 전통적 면모들이 면면히 지속되어 왔음 또한 주지의 사실이다.[1]

본고에서는 개화기에서 일제강점기까지 우리의 관·혼·상·제례가 어떻게 지속·변용되었는지 살펴보겠다. 이를 통해 당시의 관·혼·상·제례의 실상도 밝혀질 것이다.

Ⅱ. 개화기에서 일제강점기까지 관·혼·상·제례의 지속과 변용

논의에 앞서 먼저 개화기에서 일제강점기까지의 국내외 주요 사건이나 상황, 배경 등을 간단히 살펴볼 필요가 있다, 이는 이 시기가

---

1 강재철, 「개화기에서 일제강점기까지 한국 관계 민속 문헌자료 연구 방향과 의의」, 『개화기에서 일제강점기까지 한국 문화전통의 자료와 해석』, 단국대출판부, 2007, 14~15쪽.
참고로 '전통문화'는 전래된 과거 문화유산의 정체성을 밝히는데 초점을 둔 것인 바, '문화전통'과는 의미가 다르다.

격변과 변혁의 시기요, 근대화되는 시기이기 때문이다. 그런데 근대화도 자주적 근대화가 아니라 외세 의존적인 상충과 침략적 일제가 야합하여 근대적 개혁을 시도하면서 비롯되었다.[2] 이러한 시대상황은 우리 문화전통의 지속과 변용에 영향을 준 것으로 판단되며, 일생의례도 예외일 수 없다.

1860년대의 아시아는 서구 열강의 침략으로 식민지화된 상태였다. 이 같은 시기에 우리의 주변국인 중국과 일본의 상황을 살펴보기로 하자. 중국의 경우 1860년 영·불군에 의한 북경 함락은 중국 중심의 세계관을 무너뜨림과 동시에 전통적으로 내려온 전근대적 가치관을 일조에 흔들어 놓았다. 한편, 일본에서도 1854년 미국의 무력에 굴복하여 문호를 개방하면서 서구의 군사적 위력을 느낀 하층 무사들이 주동이 되어 에도 막부를 타도하고 1867년 왕정복고를 하였고, 1868년 메이지 유신(明治維新)을 단행하였다. 일본의 근대화는 메이지 유신에서 비롯되었다고 할 수 있는데, 결과적으로는 국수주의·군국주의·제국주의로 치닫게 되었고, 결국 우리나라는 일본에게 강점되고 만다.

이 같은 상황 속에서 국내에서는 수많은 사건들이 일어났다. 이를 간단히 제시하면 다음과 같다. 1862년 임술 농민봉기, 1866년 병인박해와 병인양요, 1871년 신미양요, 1876년 강화도조약(병자수호조약), 1882년 임오군란, 1884년 갑신정변과 갑신의제개혁, 1894년 동학혁명과 갑오개혁(1차 개혁 : 반상제도 폐지, 賤人 면천, 노비매매

---

2 황패강,『한국문학의 이해』, 새문사, 1991, 430쪽.

금지, 조혼 금지, 과부재가 허용), 청일전쟁 발발, 1895년 을미시해와 단발령 선포, 1896년 아관파천과 독립협회 설립, 1897년 대한제국 선포, 1899년 광무개혁, 1904년 러일전쟁 발발 및 한일의정서 강제 체결, 1905년 을사늑약 강제 체결, 1906년 통감부 설치, 1907년 정미 7조약 및 군대해산, 1908년 동양척식주식회사 설립, 1909년 기유각서, 1910년 경술국치 등을 들 수 있다.

한편, 일제강점기 때 식민통치 일환으로 일제가 취한 조치들을 대략 살펴보면, 1912년 토지조사령 공포·화장취체규칙 공포·경찰범처벌규칙 제정, 1914년 도로규칙 공포·시장규칙 제정·官國幣社以下神社祭祀令 공포, 1916년 주세령 공포, 1934년 조선농지령 공포·조선시가지계획령 제정·의례준칙 제정, 1936년 주택정책 공포, 1940년 창씨개명 실시 등을 들 수 있는데, 이들은 우리 문화전통·민속과 관련이 있다. 특히 1912년 묘지, 화장장, 매장 및 화장취체규칙 공포, 1934년 의례준칙 제정 등은 1895년 단발령과 함께 일생의례의 지속과 변용(특히 우리 일생의례 말살)에 깊이 관여하고 있다.

이처럼 개화기에서 일제강점기까지의 이 같은 시대상황 속에서 당대인들은 관·혼·상·제례를 어떻게 인식하고 행하였을까? 개화기의 경우, 보수·수구 집권세력에 비판적이고 개혁적인 사대부와 개화파, 그리고 중인 출신의 진보적 지식인들을 염두에 둘 필요가 있다. 이들 가운데 상당수는 전통적인 관·혼·상·제례에 대해 비판적이었지만, 그럼에도 불구하고 이 시기에는 이들 중 대부분은 전통적인 관·혼·상·제례를 따른 것으로 보인다. 이는 당시의 분위기나 상황이 전통적인 관·혼·상·제례를 따를 수밖에 없었기 때문으로 짐작된다.

그러나 1894년 갑오개혁 이후부터 특히 일제가 우리나라를 강점하면서부터 친일파 내지 친일 성향의 지식인들 태반은 일제의 우리 전통의례 말살정책에 동조하는(자의적이든 타의적이든 간에) 입장을 취했던 것으로 보인다. 그리고 당시의 우리 민중들 가운데 일부(특히 시골보다 서울 등의 도시 거주자)는 일제의 강압에 의해 어쩔 수 없이 따르거나, 이에 동조하는 입장을 취했던 것으로 보인다. 결국 개화기에서 일제강점기까지의 관·혼·상·제례는 서구문물의 유입이나 근대화 등으로 변모의 조짐이 보인 것은 사실이다. 그럼에도 개화기에는 어느 정도 지속되었지만, 일제강점기에는 특히 일제의 강압으로 인해 크게 변용될 수밖에 없었다고 하겠다. 그러면 관례·혼례·상례·제례 순으로 살펴보기로 하자.[3]

1. 관례

18세기 이후 조선 후기의 예학은 『주자가례』가 생활화되는 시기로, 특히 사대부는 물론 서민들도 대부분 『사례편람』에 근거하여 가례를 행하였다.[4] 그런데 京華士族이나 힘 있고 부유한 사대부가에서

---

3 참고로 출산의례는 대체적으로 큰 변모없이 지속되어온 것으로 보이며, 〔졸고, 「개화기에서 일제강점기까지 일생의례의 지속과 변용」, 『개화기에서 일제강점기까지 한국문화전통의 지속과 변용 Ⅶ』, (단국대학교 동양학연구원 중점연구소 연구과제 학술대회 발표요지집)(단국대 동양학연구원, 2012. 7. 18.), 9~12쪽.〕 수연례는 일제강점기 한국어 신문 자료를 보면, 우리식 회갑잔치와 회갑잔치 유행풍조, 이와는 반대로 회갑연 대신 그 비용으로 수재민이나 가난한 사람들에게 구호성금을 기탁하거나 세금을 대납하는 경우 등을 언급하고 있어 그 양면성을 엿볼 수 있다.(졸고, 위의 발표요지, 28쪽.)

는 관례를 정식으로 행했지만, 가난한 사대부가에서는 경제적인 사정으로 인해 약식으로 행하는 이들이 태반이었다. 더구나 19세기는 세도정치의 폐해와 경제적 피폐, 사회적 혼란과 민란 및 외세의 침략 등으로 조선 왕조의 멸망 직전의 시기였던바, 사대부가에서 실제로 행했던 관례에 대한 기록을 찾아보기가 쉽지 않다.[5]

아무튼 개화기에서 일제강점기까지의 관례는 1895년 단발령 선포를 기점으로 크게 변모된다. 1895년 단발령이 강제적으로 시행되기 이전까지는 조선 후기와 별 차이 없이 관례(여자는 계례)를 행하였다. 그러나 단발령은 우리의 전통적인 관례를 없애버리는 계기가 되었다. 단발령은 1895년(고종 32) 음력 11월 15일에 공포한 성년 남자의 상투를 자르고 서양식 머리를 하라는 내용의 칙령이다. 당시 정권을 잡은 김홍집 내각이 내세운 단발의 이유는 '위생에 이롭고 작업에 편리하기 때문'이라는 것이었다. 즉, 조선의 근대적 개혁을 내세우기 위함이었는데, 여기에는 조선의 전통을 끊음으로써 민족 정서를 약화시키려는 일본의 의도가 숨어있었다. 일본 관리와 유길준의 강요에 의해 고종이 태자와 함께 먼저 머리를 자르고, 관리들과 백성들에게 단발하도록 했으나, 일반 백성들에게 잘 받아들여지지 않았다. 단발령 강요에 대한 백성들의 반감은 마침내 개화 그 자체를 증오하는 감정으로까지 발전했고, 또 단발령이 일본을 본 따

---

4 이문주, 「주자가례의 조선 시행과정과 가례주석서에 대한 연구」, 『유교문화연구』 제16집, 성균관대 유교문화연구소, 2010, 57쪽.

5 졸고, 「임하필기에 나타난 의례 연구」, 『동아시아고대학』 제24집, 동아시아고대학회, 2011, 308~310쪽.

만든 제도라는 인식이 전국적으로 확산돼 반일 감정으로 이어졌다. 단발령으로 촉발된 반일 분위기는 전국 각지의 의병운동으로 확산 전개되었다. 결국 당시의 실정을 고려하지 않은 상태에서 발표된 단발령 강요와 이에 대한 백성들과 유생들의 저항으로 김홍집 내각은 국정개혁을 결실시킬 대중적 지지기반을 상실하고 말았다. 대신에 이범진, 이완용, 윤치호 등을 중심으로 한 親露 내각이 등장하게 되었다. 새 내각은 그동안 흐트러진 민심을 수습하고자 단발령을 철회하고, 각 개인의 자유의사에 맡기도록 함으로써 비로소 단발령은 일단락됐다. 그러나 그 뒤 1899년 광무개혁 때 단발령 문제는 다시 거론이 되어 1902년 8월 일제의 강압에 의해 군부·경부청에 소속된 군인·경찰·관원 등 제한된 범위의 인물들에게 한하여 재차 강제 단발을 명하였으며, 그 해 10월에 가서는 이도재 등 정부 대신들에게도 역시 이러한 명령이 하달되어 이에 불응하는 사람은 그 머리를 자르게 할 정도로 강경한 입장을 천명하였다. 이후 우리의 관례는 점차적으로 사라지게 되었으며, 단발로 인해 갓·망건 대신 모자를 쓰기도 하였다.

한편, 우리나라에 온 서양인들의 기록을 보면, 개화기 당시 양반 계층 일부에서 친영례를 치르기 전에 관례를 행했다는 사실과, 주로 평민계층에서 혼인식 전날 밤 신부의 친구가 계례를 행했다는 사실, 그리고 일본의 단발령 강제 시행에 대해 비판적 인식태도를 보이고 있어 나름대로 의미가 있다.[6]

---

6 졸고, 「개화기 서양인의 한국 의례에 대한 인식과 그 의미」, 『개화기 대외 민간문화 교류의 의미와 영향』, 국학자료원, 2005, 267~268쪽.

1929년 辛東植家에서 발행한 예서 『家禮楫解』를 보면, "주자가례 야말로 진실로 만세에 통용되는 제도"라고 하면서 과거의 예법 준수를 강조하고 있다. 이 책은 1934년 조선총독부에서 제정한 〈의례준칙〉과 대비되고 있어 눈길을 끈다. 이는 일제의 강압적 조치에 대한 저항이라 할 수 있다. 그런데 조선총독부의 〈의례준칙〉에는 애초부터 관례 항목이 없었다. 그러나 지방에 따라 관례에 대해 언급하기도 하였는데, 관례 시 일본복이나 양복의 착용을 지시하기도 했으며,[7] 충청도에서 발행한 『儀禮軌範』(의례준칙을 달리 지칭한 것임)을 보면, 관례 시 상투를 올리는 의례가 없다고 하더라도 성인에 대한 책무를 의식하도록 하는 것이므로 이를 잘 활용하는 것이 중요하고, 새로운 개량 한복을 예복으로 활용하도록 제안하기도 했다.[8] 그리고 1940년대 일제강점기에 발간된 예서를 보면, 관례를 중시하고 있는데 당시의 대표적인 지식인 가운데 한사람인 최남선은 관례가 사례 중 가장 중요하다고 하면서 그 의의를 높이 평가하였다. 그러나 그 상투와 복식들은 이미 없어졌기 때문에 옛 절차를 따르되 시대에 맞는 격식을 제안했다. 그것은 전통적인 복식이 아니라 一加는 관복이지만, 再加에서는 모자와 일본 옷을 착용하고, 三加에서는 양복과 구두를 착용할 것을 적시하고 있다. 여성의 경우, 계례할 수 있는 나이를 특정하지 않고 결혼을 결정했으면 비녀를 꽂는 의식을 하는 것으로 정리했다.[9] 단발령 이후 일제강점기에는 남자의 머리 모양

---

7 김진효, 『儀禮備要』, 의례비요사, 1939, 4~7쪽.
8 『儀禮軌範』, 충청남도, 1936, 5~11쪽.
9 김진효, 앞의 책, 2~10쪽.

이 상투가 없는 단발로 인해 기혼자와 미혼자의 구별이 모호하게 되었으며 양복의 착용이 늘어남에 따라 관례의 의의노 섬차 쇠퇴하게 되었다.[10]

그리고 복식도 1884년 갑신의제개혁으로 관복은 흑단령을 착용하게 하였고, 官民 구분 없이 周衣를 사복으로 착용토록 하여 도포 및 창옷 등의 廣袖袍가 착수(窄袖)로 간소화되었다. 그리고 흑색 周衣에 답호를 進宮 時 통상복으로 정하였고, 공사예복은 周衣만 착용토록 하여 그 영향이 일반인들에게까지 수용되었다. 관례 또한 이 일련의 개혁 영향으로 상투가 없어짐에 따라 상징적 절차가 축소되어야 했고, 조혼의 폐단이 개선되면서 관례는 점차 혼례의 한 부분으로 포함되어 행해질 뿐이었다. 일부 사대부가에서는 三加를 單加로 치루고 절차 또한 간소하게 행하다가 차츰 사라지게 되었다.[11]

이처럼 관례는 개화기 뿐 아니라 단발령 이후 일제강점기, 특히 일제강점기에 행하지 않는 사람들도 많았지만, 행하는 경우 새롭게 변용되거나 또는 혼례의 선행의식으로 약식화되거나 흡수되고 말았다.(관례는 극히 일부이지만 해방된 후 1940년대 말까지도 행했던 것으로 보인다.)[12]

---

10 이희재, 「일제강점기의 유교의례 변화양상-1930년대 의례준칙에서의 가정의례를 중심으로」, 『일본연구』 제15집, 고려대 일본연구센터, 2011, 573~575쪽.

11 김혜경, 「전통관례와 현대 성년례 복식 연구」, 성균관대대학원 박사학위논문, 2008, 85~86쪽.

12 박대순, 「조선시대 관례의 사적연구」, 단국대대학원 석사학위논문, 1987, 1~63쪽.

2. 혼례

조선이 안정되고 예학이 발달하면서『朱子家禮』에 대한 보완과 재해석이 조선 후기부터 이루어졌다. 그리고 시의에 따른 변용까지 겸하여 재구성된 보다 실생활에 알맞은 실천적 성격의 家禮書에 관심을 가지게 되었다. 이런 영향으로 이재가 諸家의 예설 및 당시의 예제와 시속을 보충하여 현실적으로 적응이 가능하도록 편술한『四禮便覽』은 조선사회의 규범서로서 그 역할을 감당하게 되었다.『사례편람』은 1900년 黃泌秀(1842~1914)에 의해서 더 쉽고 편리성을 도모한『增補四禮便覽』이 간행되고, 1924년에는『懸吐註解四禮便覽』이 간행되었다.

그러면 개화기에서 일제강점기까지의 혼례는 어떻게 지속 변용되었을까? 이 시기는 혼례의 경우 많은 변모가 있었다. 이는 가례서라든지 당시의 혼례 관련 자료들을 살펴보면 알 수 있다. 그러므로 먼저 조선 후기와 개화기에 간행된 가례서의 혼례 부분을 비교하여 살펴보겠다. 여기서는 정약용(1762~1836)이 실학자답게 당시의 사회를 직시하고 백성들의 빈곤함을 정확하게 파악하여 혼례에 있어서 형편에 맞게, 古禮의 정신에 어긋남이 없도록 하기 위하여 1810년에 저술한『嘉禮酌儀』와 權赫洙가 1884년에 저술한『廣禮覽』, 황필수가 1900년에 쓴『증보사례편람』등을 간단히 비교하면서 살펴보겠다.

먼저 혼례절차를 비교해 보면,『가례작의』는 納采→問名→納吉→請期→納徵→親迎(醮禮→奠雁→交拜禮・合巹禮→見舅姑禮→醴婦之禮→

盥饋之禮→饗婦之禮→廟見) 순,『광례람』은 四柱單子→擇日→衣樣單子→納幣→奠雁禮→合巹禮→壻見之父母→解見禮→婦見舅姑禮 순,『증보사례편람』은 議婚→納采→納幣→親迎(醮禮〈신랑〉→醮禮〈신부〉→奠雁禮→交拜禮→合巹禮→見舅姑禮→醴婦之禮→冢婦의 시부모님 음식대접→饗婦之禮→廟見→壻見婦之父母) 순이다.『가례작의』는『儀禮』의 혼례절차를 따르고 있는 반면,『광례람』은 사주단자·택일·납폐·전안·교배례·해현례의 혼례절차를,『증보사례편람』은『주자가례』를 따르는『사례편람』을 첨삭한 부분은 없고, 단지 의혼에 2회, 납채에 1회, 납폐에 2회, 친영에 1회의 新增만 했을 뿐이다. 그리고『가례작의』와『광례람』은 의혼절차를 생략했으며, 납채 부분에서는『가례작의』의 경우, 요즘 풍속은 사자를 천인으로 쓰기 때문에 읍하는 예도 필요 없으며 성복할 필요도 없다고 하였다. 반면『광례람』에서는 납채에 신랑의 사주는 四性을 써서 보냈으며, 심부름 온 이에게 五錢을 준다고 하였으며,『증보사례편람』에서는『사례편람』에서와 같이 서식을 갖추어 사당에 이를 알린다고 하였다. 납폐의 경우,『가례작의』에서는 납폐를 납징으로 고쳐 부르고 채단으로 繒帛이나 棉布를 쓴다고 하며, 채단은 색 있는 보자기로 싸서 작은 칠함에 넣고 다시 采袱으로 싼다고 하였으며,『광례람』에서는 함을 홍주보로 싸고 보자기의 네 귀가 근봉지 위에 나오게 하여 드리우게 한다고 하였다. 초례의 경우,『가례작의』에서는 신랑이 도착하기 전 신부의 아버지가 딸에게 초례를 하는 반면,『광례람』에서는 색시 집에서 혼례를 치러 초례의 절차가 없다고 하였다. 그리고『광례람』에서는 신랑이 기러기 머리가 왼쪽으로 가게 하여 奠雁席에 놓고 혼례석으로 나아간다고 하였는바 눈길을 끈다. 또 廟見의 경우, 『가례작의』에서는 古禮에에는 석 달 만에 廟見하지만 풍속에 따른다고 하였으며, 『증보사례편람』에는 돌미나리를 올린다고 하였고, 『광례람』에서는 사당 고유가 없다.[13] 이는 저자인 권혁수가 시속을 따른다는 것과 연관이 있는 것으로 보인다. 그것은 당시에는 반상과 존비가 철폐되고, 사당이 없는 집도 많았기 때문으로 짐작된다. 그런데 여기서 주목할 것은 『광례람』이다. 이 책은 19세기 말 대중들이 시속에서 행하는 혼례를 적고 있는데, 그 내용은 규범의 제시보다 편리성과 행례에 도움을 줄 목적으로 작성되었다. 그러므로 기존의 의례서와는 다른 양식을 보여주고 있다. 특히 이 책은 반친영제이며 그 스스로 禮에 벗어났다는 비난은 면키 어렵지만, 대중을 따른다고 하며 일반 대중의 전용속례만을 적고 있어 갑오개혁 즈음의 일반대중들의 혼인의례를 소상히 확인할 수 있다는 점에서 가치가 있다. 그리고 갑오경장으로 반상과 적서의 구별이 철폐되고, 새로운 지식층의 대두와 상업행위로 얻어지는 재화는 사회에 새로운 계층이 형성되었다. 이러한 과정에서 이들의 사회장악력이 커지면서 행례에 있어서도 변화는 불가피 하였을 것이다. 과도기를 맞이하여 권혁수가 당시에 비웃음을 무릅쓰고 대중을 따르려는 선구적인 태도는 나름대로 조명할 가치가 높다고 판단된다.[14]

이번에는 당시 실제로 행했던 혼례를 기록으로 남긴 자료들과 신

---

13 이정숙, 「조선후기 의례서에 나타난 혼례 연구」, 원광대동양학대학원 석사학위논문, 2010, 1~89쪽.
14 위의 논문, 82쪽.

문·잡지 등에 대하여 살펴보기로 하자.

나는 아들의 혼사(婚事)를 치르면서 한결같이 주자(朱子)의《가례
(家禮)》를 준행하여, 사단(紗緞)이나 주취(珠翠)를 가까이하지 않고 오
직 토산(土産)의 물건만으로 줄이고 절약하여 혼수를 마련하였으며,
여피(麗皮)로 폐백(幣帛)을 삼아 친영의(親迎儀)를 거행하고는, 그것을
그대로 법식으로 정하여 후손으로 하여금 준행하게 하였다. 할아버지
인 효정공(孝貞公)께서 항상 말하기를, '나이 어린 아이들에게 비단옷
을 입히고 귀한 음식을 먹이는 것은 양복(養福)하는 방도가 아니다.' 하
셨는데, 가정(家庭)에서 익히 들어온 것이 이와 같았으므로 지금까지
도 가슴에 새겨 두고 잊지 않고 있다.[15]

이유원이 『주자가례』에 의거하여 아들의 혼례를 치른 내용이다.
조선시대의 경우, 왕실이나 사대부들의 혼례 기록들을 보면, 태반은
사치스러웠고 과다한 혼례비용으로 인해 국가 및 가정 경제에 심각
한 문제를 야기할 지경에까지 이르렀던 것이 사실이다.[16] 그리고 이
러한 과다한 혼례비용은 개화기에도 마찬가지였다.[17] 위의 기록에서

---

15 『국역 임하필기 6』, 「춘명일사」, 〈혼례의 신부복〉, 민족문화추진회, 1999, 42쪽.

16 졸고, 「의례와 경제-관·혼·상·제례를 중심으로」, 『비교민속학』 제27집, 비교민속
　　학회, 2004, 239~262쪽 참고.

17 19세기 중·후반에서 1950년대까지의 혼례 관련 물목을 살펴보면, 예물의 경우 예
　　물을 마련해야 하는 친척의 범위가 후대로 갈수록 넓어지고 예단으로 보내는 물품
　　도 현금과 물건이 혼용되는 양상을 보이고 있다.(김정녀, 「婚禮物目類 고문헌 자료
　　를 활용한 민간 전통혼례 문화 연구」, 『한민족문화연구』 제38집, 한민족문화학회,
　　2011, 361~389쪽 참고.)

이유원이 혼수를 절약했을 뿐만 아니라 『주자가례』의 준행과 親迎儀을 거행했다는 사실 등을 알 수 있다.[18] 그런데 친영례의 경우 조선 후기까지도 제대로 행해지지 않았던 것으로 보인다. 그리고 신행 역시 그러했던 것 같다. 이는 18세기 말 경상도 선산의 사대부 가문이었던 盧尙樞(1746~1829)의 여동생의 사례에서 짐작할 수 있다. 안동 하회 유씨 유안춘 집안과 혼인했던 노상추의 여동생은 신행을 혼인한 지 1년이 될 무렵 시아버지가 친정아버지를 찾아와 두 사람이 상의한 후 시댁으로 갔다.[19]

갑오개혁 이후 서구의 문화와 개신교가 들어와 혼례에 영향을 미치기 시작하였는데, 일본과 서구 문물의 유입으로 신식혼례가 주류를 이루게 되었다. 신식 혼례, 즉 서양식 혼례는 1888년 3월 선교사 아펜젤러의 주례로 정동교회에서 한용경과 과부 박씨의 결혼식이 우리나라에서 최초로 거행된 것이라고 한다.[20] 그 뒤, 천주교에서도 신부의 집전으로 혼배성사라는 이름으로 혼례를 치렀다. 그리고 천도교에서는 독자적 신식 혼례방식으로 치루기도 하였고, 불교도 1900년대 들어 법사의 주례로 불교식 佛式花婚이란 개량 혼례를 치루기도 하였다.[21] 한편, 우리나라 최초로 신식 혼례를 올린 사람은 일본 경도대학 출신 변호사 김우영과 동경여자미술학교 출신 화가 나

---

18 졸고, 앞의 논문, 「임하필기에 나타난 의례 연구」, 310~314쪽.
19 문숙자, 『68년의 나날들, 조선의 일상사-무관 노상추의 일기와 조선후기의 삶』, 너머북스, 2009, 55~59쪽.
20 신영숙 외 4인, 『혼인과 연애의 풍속』, 두산동아, 2005, 200쪽.
21 오지석, 「한국교회 초기 혼인관에 대한 연구」, 『기독교사회윤리』 제12집, 한국기독교사회윤리학회, 2006, 81쪽.

혜석이 1920년 4월 15일 정동예배당에서 서양식 모닝코트와 면사포를 쓰고 결혼식을 올렸다고 한다. 1920년 후반기에 들어 많은 사람들이 간편한 서양식 혼례를 선호하게 되는데 종교단체에서 이들을 모두 수용할 수 없을뿐더러 종교를 싫어하는 지식인 사이에서 종교의 냄새를 배제한 서양식 혼례를 올리려는 풍조가 나타났다. 그래서 식장으로 예배당이나 절보다 府民館(시민회관), 동아일보와 조선일보 등 신문사 강당 또는 食道園·明月館 등의 요릿집에서 호사스런 혼례식을 올리기도 하였다. 그리고 1930년대에 전문 혼례식장이 출현하는데 백화점 같은 곳에서 예식부를 차리거나 영업 목적의 예식장이 생기기 시작하였다.[22] 그런데 이런 신식 혼례를 올리고도 다시 구식혼례, 즉 전통혼례를 올리는 경우도 있었는데, 관습에 의해 만들어진 혼례가 쉽게 변하는 것이 아니었다.[23]

다음은 일제강점기 신문·잡지 자료를 살펴보자.

---

22 권광욱, 『육례이야기』, 도서출판 해돋이, 2000, 99~100쪽.
1920년 4월 28일 일본에 볼모로 끌려갔던 왕세자 李垠과 일본 왕족 마사코(方子)의 결혼식이 있었는데, 일본식으로 행해진 예식은 일본 동경에서 하면서, 서울의 창덕궁 인정전에 署名簿를 갖춰 놓고 하객을 받고는 東行閣에서 일본식 披露宴을 베풀었다.

23 김선령, 「일제강점기 이후 한국혼례 양상의 변화에 관한 연구」, 원광대동양학대학원, 석사학위논문, 2011, 27쪽. 우리의 전통혼례인 구식혼례는 일제강점기 뿐 아니라 해방 이후까지(특히 시골에서)도 계속 행하였다.

〈일제강점기 혼례 관련 한국어 신문 자료 목록〉

연번	제 목	기고자	신문명	게재일	게재면
1	新婚旅行		황성신문	1909.05.26	2
2	신혼여행을 구라파(유럽)로 발향		국민보	1913.12.06	4
3	신혼여행에 얼빠져		시대일보	1924.12.09	1
4	結婚內容公開 (一) 장차 결혼할 분 들을 위하야 여섯가지의 回答		매일신보	1928.04.13	3
5	結婚內容公開 (二) 장차 결혼할 분 들을 위하야 여섯가지의 回答		매일신보	1928.04.14	3
6	結婚內容公開 (三) 장차 결혼할 분 들을 위하야 여섯가지의 回答		매일신보	1928.04.15	3
7	結婚內容公開 (四) 장차 결혼할 분 들을 위하야 여섯가지의 回答		매일신보	1928.04.16	3
8	結婚內容公開 (五) 장차 결혼할 분 들을 위하야 여섯가지의 回答		매일신보	1928.04.18	3
9	結婚內容公開 (六) 장차 결혼할 분 들을 위하야 여섯가지의 回答		매일신보	1928.04.19	3
10	結婚內容公開 (七) 장차 결혼할 분 들을 위하야 여섯가지의 回答		매일신보	1928.04.20	3
11	新興中國「스피드」婚式		동아일보	1930.01.03	2
12	K. Mansfield 원작, 短篇-신혼여행[1]	李弘魯 譯	조선중앙일보	1933.09.22	3
13	K. Mansfield 원작, 短篇-신혼여행[2]	李弘魯 譯	조선중앙일보	1933.09.23	3
14	K. Mansfield 원작, 短篇-신혼여행[3]	李弘魯 譯	조선중앙일보	1933.09.24	3
15	K. Mansfield 원작, 短篇-신혼여행[4]	李弘魯 譯	조선중앙일보	1933.09.26	4
16	K. Mansfield 원작, 短篇-신혼여행[5]	李弘魯 譯	조선중앙일보	1933.09.27	3
17	K. Mansfield 원작, 短篇-신혼여행[完]	李弘魯 譯	조선중앙일보	1933.09.28	3
18	신혼여행은 「로마」로		동아일보	1933.10.26	6
19	納幣와 惡習		동아일보	1936.04.09	5
20	新婚家에 送需式을 廢하자		동아일보	1936.06.12	5
21	"나의 結婚"과 "結婚觀"[1] 결혼식 은 간단하고 엄숙하게 피로연 폐지	趙東植 談	매일신보	1936.09.16	3

연번	제 목	기고자	신문명	게재일	게재면
22	"나의 結婚"과 "結婚觀"[2] 결혼이 가선 세 가지 의의 종교적 의식이 필요	金昶濟 談	매일신보	1936.09.18	3
23	"나의 結婚"과 "結婚觀"[3] 집안일에 불과하는 결혼예식	具滋玉 談	매일신보	1936.09.19	3
24	"나의 結婚"과 "結婚觀"[4] 불교에서는 불교식결혼식	朴允進 談	매일신보	1936.09.22	3
25	"나의 結婚"과 "結婚觀"[4] 무어니무어니하여도 신구절충이제일	兪珏卿 談	매일신보	1936.09.25	3
26	"나의 結婚"과 "結婚觀"[5] 관혼상제에 돈을 너무 씁니다 피로연대신 긔념품을	宋今旋 談	매일신보	1936.09.26	3
27	"나의 結婚"과 "結婚觀"[6] 피로연은 절대로 불가	朴勝彬 談	매일신보	1936.09.29	3
28	"나의 結婚"과 "結婚觀"[7] 이왕남의것을본바드랴면	梁柱三 談	매일신보	1936.09.30	3
29	"나의 結婚"과 "結婚觀"[8] 속임업는결혼 이해잇는결혼	金泰洽 談	매일신보	1936.10.01	3
30	"나의 結婚"과 "結婚觀"[9] 상대자의외화만보지말고 인격을볼것	崔奎東 談	매일신보	1936.10.03	3
31	"나의 結婚"과 "結婚觀"[10] 참된결혼은 상대를리해하고공명해야한다	朴貞姬 談	매일신보	1936.10.04	3
32	"나의 結婚"과 "結婚觀"[10] 책임감을느끼는결혼이라야	鄭求忠 談	매일신보	1936.10.06	3
33	"나의 結婚"과 "結婚觀"[12] 외화만보지말고 신의잇는마음을	李鐘麟 談	매일신보	1936.10.07	3
34	"나의 結婚"과 "結婚觀"[13] 서로잘리해한뒤에경제적인결혼을	李昞圭 談	매일신보	1936.10.08	3
35	"나의 結婚"과 "結婚觀"[14] 인생의행진곡은결혼에서부터	金敬注 談	매일신보	1936.10.09	3
36	"나의 結婚"과 "結婚觀"[完] 먼데사람끼리결혼하는게조타	朴榮喆 談	매일신보	1936.10.10	3

〈일제강점기 혼례 관련 한국어 잡지 자료 목록〉

연번	제 목	기고가	잡지명	권호	수록일자	수록면
1	結婚하기前과 結婚한 後	金善	별건곤	제2-2	1927.02.01	84-89
2	장가難!시집難!	春坡	별건곤	제2-2	1927.02.01	121-124
3	新婚旅行	李瑞求	삼천리	제8-2	1936.02.01	472-479

〈일제강점기 혼례 관련 일본어 잡지(朝鮮·朝鮮及滿洲) 자료 목록〉

연번	제 목	기고가	잡지명	권호	수록일자	수록면
1	朝鮮婚禮風俗	一記者	조선급만주	제6권 제57호	1912.08.15	26-27
2	朝鮮の婚姻に就いて	小田幹次郎	조선급만주	제8권 제75호	1913.10.01	47-52
3	朝鮮の舊慣と離婚	浅見倫太郎	조선급만주	제8권 제73호	1913.11.01	78-84
4	朝鮮人痛婚の状態如何	難波可水	조선급만주	제16권 제125호	1917.11.01	77-83
5	內鮮結婚者と其の家庭	天來生	조선급만주	제16권 제125호	1917.11.01	84-87
6	內鮮人通婚民籍手續に就いて	原正鼎	조선		1921.09.01	95-102
7	著しく增加の傾向を辿る內鮮人の結婚		조선		1925.07.01	38
8	內鮮人配偶者の趨勢	文書課	조선	제123	1925.08.01	121-122
9	だんだん植えゆく內地人と朝鮮人の 配偶者		조선	제136	1926.09.01	116-119
10	朝鮮の結婚離婚趨勢	善生永助	조선		1928.01.01	45-58
11	朝鮮の於ける同族不婚の原則	伊藤憲郎	조선		1928.10.01	1-8
12	內地人と朝鮮人の配偶者	總務課	조선	제161	1928.10.01	130-131
13	朝鮮の結婚に関する慣習	李能和	조선		1929.06.01	71-93

연번	제 목	기고가	잡지명	권호	수록일자	수록면
14	朝鮮に於ける王家及び庶民の婚制	李能和	조선	제170	1929.07.01	35-42
15	朝鮮婚姻制の 一面觀察	今村鞆	조선	제190	1931.03.01	111-127
16	統計上より觀たる朝鮮の結婚と離婚	真鍋半八	조선	제206	1932.07.01	95-101
17	內鮮인의 通婚狀態	善生永助	조선급만주	제46권 제326호	1935.01.01	32-34
18	內鮮一體と內鮮相婚	玄永燮	조선급만주	제52권 제365호	1938.04.01	63-67
19	朝鮮人の婚礼風景	XYZ	조선급만주	제50권 제353호	1937.04.01	105-107
20	「朝鮮古代社會に於ける拜火思想と婚姻制度の淵源に関する考察」	張承斗	조선	제279	1938.08.01	81-88
21	「朝鮮古代社會に於ける拜火思想と婚姻制度の淵源に関する考察」[承前]	張承斗	조선	제280	1938.09.01	94-104
22	朝鮮原始諸種族の婚姻	張承斗	조선	제281	1938.10.01	131-142
23	朝鮮原始諸種族の婚姻[承前]	張承斗	조선	제282	1938.11.01	86-99
24	李朝社會の婚姻儀式に就いて	張承斗	조선	제289	1939.06.01	47-60
25	李朝社會の婚姻儀式に就いて[五]	張承斗	조선	제290	1939.07.01	96-104
26	李朝社會の婚姻儀式に就いて[承前]	張承斗	조선	제291	1939.08.01	108-117
27	李朝社會の婚姻儀式に就いて[完]	張承斗	조선	제292	1939.09.01	90-98
28	李朝社會に於ける再婚の禁制[上]	鶴山憲	조선	제348	1944.05.01	27-38
29	李朝社會に於ける再婚の禁制[下]	鶴山憲	조선	제349	1944.06.01	36-46

위의 자료에서 보는 바와 같이, 한국어 신문 자료에는 주로 신혼여행, 결혼할 사람들의 유의사항, 결혼식 방식, 피로연 등이, 한국어 잡지 자료에는 장가·시집가기 어렵다는 사실과 신혼여행 등이, 일본어 잡지 자료에는 조선의 혼인과 이조사회 혼인의식 및 재혼 금지 등을 언급하고 있는데, 여기서 우리 혼례의 변모된 일면을 엿볼 수 있다.

이번에는 일제강점기, 특히 1934년 조선총독부의 의례준칙 제정 등을 중심으로 살펴보겠다. 논의에 앞서 일본인들과 서양인들의 한국의 전통의례,[24] 특히 혼례에 대한 인식태도를 살펴보기로 하자. 19세기말 당시 일본인들 중에는 우리의 전통의례를 사대주의로 보는 사람들이 많았다. 뿐만 아니라 일본인들은 조선의 조혼풍속에 대하여 기이한 풍속이라고 하면서 이해하지 못하였다.[25] 그러므로 일본인들은 조선을 강점한 후 조혼풍습을 고치고자 하였다. 그리하여 1915년 8월 7일 관통첩 제240호 '혼인에 관한 사항'에서 "남 17세 미만, 여 15세 미만인 자의 혼인신고를 수리하지 말 것"이라고 하여 제

---

24 참고로 개화기에 한국을 방문한 서양인들은 우리의 전통의례에 대해 긍정적 평가 또는 부정적 평가를 내리고 있다. 이러한 평가는 기록자에 따라 차이를 보이고 있다. 그 요인으로는 체류기간과 체험의 깊이, 성별, 정보수집 경로, 직업이나 여행목적, 식견이나 개인적 태도 등을 들 수 있다. 문제는 이들 대부분이 근본적으로 서양중심적 사고 내지는 오리엔탈리즘 등과 같은 서양우월주의 시각을 보이고 있다는 점이다. 특히 부정적 시각의 경우 문화적·인종적·지적 우월감과 종교적 선입견 등이 작용한 때문으로 보인다. 따라서 이러한 요인들이 한국의 전통의례를 잘못 이해했던 주원인이었던 것 같다. 아무튼 서양인들은 우리 전통의례의 근원적인 의미나 본질 등에 대해서는 전문가 수준의 랜디스를 제외하고는 대부분 이해하지 못한 것으로 보인다.(졸고, 「개화기 서양인들과의 민간문화 교류 : 평가와 제안-민속 분야」, 『퇴계학연구』 제22집, 단국대 퇴계학연구소, 2008, 37~50쪽.)

25 혼마규스케(本間九介) 저·최혜주 역, 『朝鮮雜錄』(1894년 발행), 김영사, 2008, 73쪽.

한을 가하기 시작하였다.[26] 한편, 서양인들도 우리의 조혼 풍습에 대하여 모순을 지적하면서 비판하였다.[27]

　마침내 일제는 우리나라를 강점한 후 본격적으로 우리의 전통의례를 말살하고자 하였다. 그 첫 번째로 시도한 것이 1912년 〈墓地, 火葬場, 埋葬及火葬取締規則〉 공포이다.[28] 우리 전통의례에서는 화장은 없었다. 일제는 국민의 건강과 위생, 근대화 등을 운운하면서 우리 전통의례에 대해 탄압과 말살정책을 자행하기 시작하였다. 근대화 과정과 시대적 흐름, 여러 가지 여건이나 상황 등으로 볼 때, 우리 전통의례 가운데 일부(조혼 등)는 시대에 맞게 변모할 필요도 있었다. 그러나 그것이 자발적인 것이라기보다는 일제의 의해 강제적으로 변용되었다는데 문제가 있는 것이다. 그 대표적인 것이 1934년 조선총독부가 제정한 〈의례준칙〉이다. 당시 조선총독부 학무국장이었던

26　이희재, 앞의 논문, 575~576쪽. 민적상 혼인 연령의 제한은 결혼의 법률적 효력과는 무관하게 민적 등재만을 거부한 것으로서 결혼관계 자체를 부정한 것은 아니었다.

27　졸고, 앞의 논문, 「개화기 서양인의 한국 의례에 대한 인식과 그 의미」, 272쪽. 서양인들이 우리의 혼례를 기록으로 남긴 것은 자기들의 혼례 의식절차와 다르고, 한국의 독특한 특징으로 인식했기 때문에 기록으로 남겼던 것 같다. 그런데 대부분 문화적 우월감이나 종교적 선입견이 은연중 내재되었던 것으로 보인다. 특히 선교사나 신부의 기록에는 종교적 선입견이 작용하고 있음을 감지할 수 있다. 그리고 미국 선교사 제이콥 로버트 무스가 쓴 시골 체험기 『1900, 조선에 살다』(제이콥 로버트 무스 지음·문무홍 외 옮김, 푸른역사, 2008, 148~151쪽.)를 보면, "대부분 딸이 12세가 되기 전에 약혼을 시켜 일단 남편 될 사람의 집으로 보내어 일을 하다가 나중에 혼례를 하거나, 12세 이전의 소녀가 혼례를 종종 올리는 경우도 있으며, 자기가 고용한 조선인이 돈을 주고 12살짜리 소녀를 사서 집으로 데리고 와 5년 후 정식으로 혼례를 올렸다"고 한다. 이로써 짐작컨대 조혼 풍습은 일제강점기에도 완전히 사라진 것은 아니었던 것 같다.

28　〈墓地, 火葬場, 埋葬及火葬取締規則〉(『조선법령집람』, 조선총독부, 163~165쪽.).

와타나베 도요니치코(渡辺豊日子)가 쓴 의례준칙의 서문을 보면, 의
례준칙의 주된 목적은 농산어촌의 진흥사업과 자력갱생사업에 방
해가 되는 의례의 낭비적 요소를 줄이는 것이었다. 물론 그 이면에
는 식민지배의식에 바탕을 한 피식민국의 동화정책이라는 거대 담
론이 자리하고 있었지만, 표면적으로는 근대화를 위한 의례형식의
합리적 변화를 강조했던 것이다.[29]

　의례준칙을 보면, 관례는 없고 혼·상·제례만 있는데, 혼례의 경우,
혼인연령(남자 20세, 여자 17세), 약혼(신랑신부 사주 교환), 납폐, 초
례(장소(신부의 집, 신사, 절 또는 교회당), 의식, 축연 순으로 규칙을
정하였다. 여기서 조혼의 습속을 규제하기 위해 혼인이 가능한 연령
을 남자 20세, 여자 17세로 명시한 것이라든지, 혼례장소로 신부의
집·신사·절 또는 교회당으로 명시한 것, 특히 신사를 혼례 장소로 지
정했다는 것은, 의례준칙의 제정목적이 근대화를 명분으로 내세운
피식민국에 대한 동화정책이었음을 잘 드러내 준다. 또 혼인예복으
로 바지저고리(도포 포함) 및 치마저고리 외에 기모노를 권장한 것
에서도 이러한 의도를 엿볼 수 있다.[30]

　의례준칙 전문에 제시된 혼례는 전통혼례질차와 많은 차이를 보
인다. 혼례절차에서부터 명칭을 완전히 바꾸어 바뀐 용어로 기존의

29　김미영, 『유교의례의 전통과 상징』, 민속원, 2010, 404쪽.
　　당시 조선총독이었던 宇垣一成의 《儀禮準則櫚》 '諭告'(4~5쪽)를 보면, "조선 민중
　　의 건강과 복리, 국가 발전 등을 위해 형식적이고 비용이 많이 드는 우리의 의례,
　　특히 혼·상·제례를 긴급히 개혁해야 한다."고 역설하고 있다. 여기서 그 의도가 무
　　엇인지 간파할 수 있다.

30　김미영, 위의 책, 404~405쪽.

行禮를 대신하려는 흔적이 보인다. 의례준칙에서 부부의 교배·합근례를 醮禮라 하였는데, 이는 정약용에 의해 그 오류가 지적된바 있다. 그리고 신부 집에서만 행했던 것을 신사, 절 또는 교회당으로 늘렸다. 혼례복은 한복은 축소시키고 일제식과 서양식을 더했다. 전안례 절차에 전안만 행한다 하여 유명무실로 만들어버렸으며, 신부 四拜를 再拜로 축소시키고 땅 신과 조상에 고하는 祭酒의 의미를 완전히 없애고 술잔교환 3회로 바꾸어 놓았다. 의례준칙으로 일제의 간섭이 있었지만 그대로 행해진 것은 아니었다. 집집마다 간섭 할 수는 없었다. 의례준칙 발표 이후 지역별로 의례에 대한 간섭이 계속되었는데『생활개선의례요람』(1935)과『의례요람』(1937)을 통해서 알 수 있었다.『생활개선의례요람』과『의례요람』에서는 의례준칙에서 간단히 언급했던 전안례에 대하여 구체적으로 언급을 하였고, 신부 집에서 날짜를 잡아 신랑 집에 통보해주는 연길을 연종(涓終)으로 바꾸었다. 그리고 행례주의와 용비 폐지에 대한 언급이 새로 나타났다. 의례 준칙과는 크게 다르지는 않지만 지역적인 특성들을 감안하여 항목들을 추가함으로써 강제로 제안한 의례를 따르도록 하기 위한 것으로 보인다.[31] 하지만 그것이 쉽게 바뀌는 것은 아니다.

한편, 혼인에 대한 가치관의 변화는 여성의 권익을 위해 이혼과 재혼을 할 수 있도록 한 것이다. 일제강점기에서는 이혼 청구소송이 매년 증가하였다.[32] 재판상 이혼의 증가는 관습의 변화를 의미할 수

---

31 김선령, 앞의 논문, 29~37쪽.
32 강병식,「일제하 한국에서의 결혼과 이혼 및 출산 실태연구」,『사학지』제28집, 단국대 사학회, 1995, 425쪽. 1930년대 한국인의 평균 초혼연령은 남자 21세, 여자 18

있다. 그리고 재판상의 이혼도 이미 1910년대에 이르러 하나의 새로운 관습으로 정착했다.[33]

혼례복의 경우, 일제강점기에도 서양식 혼례복보다는 한복 착용이 많았지만, 1930년대 이후 양장의 파급과 함께 한복에 veil을 쓰던 신부복에는 큰 변화가 없었고, 이 무렵은 화관을 머리 위에 쓰고 veil은 따로 떨어져 머리 뒤에 부착시킨 것이 일반적인 모습이다. 그리고 손에 든 꽃다발이 가장 컸던 시대이기도 하다.[34]

개화기에서 일제강점기까지의 혼례에서 개화기의 경우, 일제강점기와는 달리 변모는 되었지만 크게 변모되지는 않았던 것으로 보인다. 그러나 갑오 1차 개혁과 함께 서양문물의 유입과 근대화 과정, 그리고 당시의 시대적 상황과 흐름, 당대인들의 인식태도 등에서 변화는 필연적이었다고 본다. 그런데 그것이 자의에 의한 것이 아니라는데 문제가 있다. 일본의 조선 강점은 우리 전통혼례에 대한 강제적 전환이라 할 수 있다. 결국 일제강점기의 경우, 일본의 강압에 의해 우리의 전통혼례는 변용될 수밖에 없었다. 비록 일본에 의해 변용되었지만, 나름대로 개선하려는 노력도 있었고, 또 일부(주로 지방이나 시골)에서는 우리의 전통혼례를 고수하려고도 하였다.

세웠다. 그런데 1940년대에는 민징용령, 징병제, 여자정신대근무령의 공포로 결혼을 더욱 서두르는 경향을 띠게 된다. 그리고 한국인과 일본인의 결혼도 1925년 말부터 매년 증가하여 1933년에는 2.5배로 증가하였다.

33 이승일, 『조선총독부 법제정책』, 역사비평사, 2008, 187쪽.

34 은영자, 「우리나라 혼례복의 변천에 관한 연구-개화기 이후를 중심으로」, 『과학논집』 제26집, 계명대 생활과학연구소, 2000, 102~103쪽.

3. 상례

개화기의 상례는 조선후기와 별 차이가 없어 보인다. 그런데 류치명(1777~1861)의 임종에서부터 부제까지의 과정을 기록한 상례일기『考終錄』(1861년 9월 9일~1862년 4월 19일)을 보면, 실제의 상례 행례절차에서는 예서에 명확한 지침이 없는 경우 정례를 뛰어 넘어 새로운 변례를 사용하기도 하였는바[35] 눈길을 끈다.

아무튼 우리의 전통상례는 1910년 일제의 강점 이후 인위적인 변화가 시작되었다. 이 시기 전통적 상례의 변화과정에서 주목할 것은 서양 기독교식 장례의 도입과 전통적 상례 외에 연합장과 사회장의 출현이 이루어지고, 조선총독부의 법령에 따라 공동묘지와 화장의 확산이 이루어졌다는 점이다. 새롭게 등장한 연합장과 사회장의 경우, 유교적 전통을 근간으로 하면서도 서양 기독교적 방식을 다소 가미한 양태를 보인 반면, 1912년 6월 총독부령으로 공포된 〈묘지, 화장장, 매장 및 화장취체규칙〉은 공동묘지와 화장장 문화를 확산시

---

35 김미영,「조선후기 상례의 미시적 연구-정재 류치명의 상례일기 고종록을 중심으로」,『실천민속학연구』제12집, 실천민속학회, 2008, 237~275쪽. 임종에서 부제까지의 의례를 치르면서 빚어진 논쟁은 대략 7가지 절차에 관한 것인데, 그 배경을 살펴보면 3유형으로 정리된다. 첫째, 예서에서 명확한 근거를 찾을 수 없는 탓에 논쟁이 초래된 경우로서, 스승에 대한 服制, 발인 당일의 上食, 祭主奠의 헌작 등이 해당한다. 둘째, 텍스트에 명시된 규범적 예(正禮)와 현실적 상황에 바탕을 둔 俗禮가 대립하는 경우로서, 朝祖의 예를 수행할 때 영구를 받들어야 하는가 아니면 혼백으로 대신해야 하는가를 두고 논쟁을 벌인 사례이다. 사실 이는 예서의 명백한 지침에도 불구하고 전주 류씨 가문에서 행해온 독자적 예법, 곧 속례로 인해 초래된 것이었다. 셋째, 망자에 대한 애틋한 情에 의해 정례를 수용하기 힘든 상황이 발생한 경우이다.

키는 시초가 되었다. 특히 일제강점기 전통상례의 변화를 가져온 획기적인 계기는 1934년에 반포된 〈의례준칙〉이다. 의례준칙은 상복의 간소화와 喪章의 착용, 葬日의 제한과 우제의 1회로의 축소, 졸곡 생략, 상여소리 금지와 구식 상여 운반 시 呼唱을 폐하고 정숙 명시, 喪期의 단축, 신주에서 지방 혹은 사진으로의 변화 등 전통적인 유교적 상례의 형식을 변화시키고 간소화하는 방향을 구체화했다. 그런데 애통을 한 경우에만 곡을 하라는 것의 명시는 한일 양국 간의 문화적 차이를 드러내는 것이라 하겠다. 일본은 우리와 달리 눈물을 보이지 않는 것이 일반적이며, 슬픔을 최대한 억제하는 것이 바람직한 것으로 여겼다. 여기서 우리의 전통상례를 일본화시키려는 일면을 엿볼 수 있다. 그리고 일본인들은 풍수지리설을 부정하고 풍수지리설에 의해 개장하는 것을 잘못된 것으로 보았다.[36]

한편, 서양인들은 우리 전통상례의 복잡한 절차와 상례비용의 과다지출 등에 대하여 부정적이었고 비판적이었다.[37]

다음은 일제강점기 신문 자료에 대하여 살펴보겠다.

---

36 박종천, 「상·제례의 한국적 전개와 유교의례의 문화적 영향」, 『국학연구』 제17집, 한국국학진흥원, 2010, 374~376쪽 ; 이희재, 앞의 논문, 578~580쪽 ; 김미영, 앞의 책, 405~407쪽. 그런데 일본인들은 풍수지리설을 부정하면서도 우리의 산과 대지의 맥과 혈처를 태반은 끊어 놓았다.

37 졸고, 앞의 논문, 「개화기 서양인의 한국 의례에 대한 인식과 그 의미」, 272~277쪽.

〈일제강점기 상례 관련 한국어 신문 자료 목록〉

연번	제 목	기고자	신문명	게재일	게재면
1	死後葬禮는 팔천호의 친척들이 시례를 안장한다고		동아일보	1920.05.28	3
2	虎疫治療方協議: 避病院에로의 隔離, 死亡者의 火葬例를 廢止		동아일보	1920.07.21	4
3	墨國의 新葬式, 면차로 상여를 대신		동아일보	1920.07.31	3
4	埋火葬許可는 먼저 경찰의 승인 필요		동아일보	1920.08.08	3
5	敎會葬으로 牛耳洞에, 손병희씨의 장례절차결뎡		동아일보	1923.05.20	3
6	街上의 初冬[五] 朝鮮葬儀社		동아일보	1924.11.26	2
7	葬禮式 行列 沮止타가 數百群衆 亂鬪, 미신으로 일어난 싸움, 重經傷者는 七名		동아일보	1930.10.09	6
8	葬禮라는 喪人 낫으로 亂刺		동아일보	1931.10.21	2
9	喪輿行列妨害, 大邱서 取調中: 達城 張元希, 조상墓所 앞을 못 지나가게		동아일보	1932.09.15	4
10	喪禮를 簡便히 하라		동아일보	1932.11.04	3
11	喪禮變改案		동아일보	1933.02.21	1
12	啓明俱樂部 喪禮變改案		동아일보	1933.07.30	2
13	喪禮 간이화를 토의결정, 계명 구락부 총회에서		조선중앙일보	1933.07.31	2

위의 자료를 보면, 화장과 상여, 상례 간소화 및 개혁 등을 언급하고 있어 우리 상례의 변화의 일면을 감지할 수 있다.

개화기에서 일제강점기까지의 상례는 개화기는 큰 변모가 없는 편인 듯하다. 그러나 일제강점기에는 일본에 의해 강제적으로 많은 변모를 하였다. 특히 1934년에 공포한 의례준칙은 결정적이라 할 수 있다. 그렇지만 우리의 전통상례는 변용은 있었지만, 쉽게 바뀌지는

않았던 것 같다.[38]

4. 제례

개화기에서 일제강점기까지 제례의 지속과 변용은 어떠했을까?
먼저 조선 후기 서울 班家의 제례, 특히 기제사와 제수를 중심으로
살펴보면, 기제사의 절차를 비롯하여 祭服과 祭具 등이 매우 정형화
된 특징을 갖고 있다. 이는 조선 후기에 들어 유교가 우리의 가정의
례생활에 토착화됨으로써 우리 고유의 제례문화를 형성하게 되었
기 때문이다. 그리고 제수의 경우 여성들의 婦功이 반영되는 것으로,
살아계신 어른이 드시는 진짓상 차림과 같이 준비한다는 것이다.[39]
그러면 개화기 때를 살펴보자.

먼저 〈禫服으로 제사를 거행한 일〉에 대하여 살펴보겠다.

> 예(禮)에 담복은 제사를 거행할 때 쓴다고 하였는데, 경산(經山)은
> 담제(禫祭) 때의 옷을 침실(寢室)에 간직해 두고서 매양 기일(忌日)을
> 당할 때마다 이를 입고서 제사를 거행하였다. 50년이나 되어 옷이 해
> 져서 쓰지 못하게 되자 깁고 꿰매어 입었는데, 사람들이 다들 이 옷을
> 귀하게 여겼다. 나도 담복을 제사를 거행할 때 입는데, 비록 시제(時祭)
> 를 제명(齊明)하게 하는 의절(儀節)에는 어긋나지만, 이로써 추모(追慕)

---

38 권광욱, 앞의 책, 168쪽.
39 최배영, 「조선후기 서울 반가의 제례-기제의 준비 및 제수를 중심으로」, 『유교사
　상연구』 제16집, 한국유교학회, 2002, 107~127쪽.

하는 성의를 부친 것이다.[40]

이유원이 담복을 입고 제사를 지낸다는 내용이다. 담복은 원래 복을 다 벗는 제사인 禪祭 때까지 입으면 된다. 그러나 이유원은 처 백부인 정원용이 담복을 입고 제사 지내는 것을 칭송하면서, 자신도 비록 禮에 어긋나지만 담복을 입고 제사를 지내는데, 이는 추모의 성의 때문이라고 하였다.

다음은 〈이씨 影堂〉에 대하여 언급하겠다.

양호영당(陽湖影堂)에는 이씨 여섯 선생의 유상(遺像)이 모셔져 있는데, 이들은 모두 일찍이 제향을 받은 분들이다. 그런데 아직 사사(祀事)를 거행하는 일이 없으니, 그 후손들이 빈한한 것을 알 수 있다. 내가 가오곡(嘉梧谷)에도 당(堂) 하나를 건립하여 조선(祖先)의 유상을 봉안하였는데, 모두 11위(位)이다. 혹은 초본(初本)을 모시기도 했고 혹은 이모(移模)하여 모시기도 하였는데, 첩책(貼冊)으로 장성(粧成)하여 같은 함에 넣어서 선적(先蹟)과 함께 소장하였다. 이는 제향을 위한 것이 아니고 대체로 후세에 전하려는 나의 정성이다.[41]

위의 인용문은 이유원이 말년에 거처했던 가오곡에다 조상의 영당을 봉안했는데, 이는 제향을 위한 것이 아니라 후세에 전하려는

---

40 『국역 임하필기 6』, 「춘명일사」, 〈禪服으로 제사를 거행한 일〉, 민족문화추진회, 1999, 42쪽.
41 『국역 임하필기 5』, 「춘명일사」, 〈이씨 影堂〉, 민족문화추진회, 1999, 315~316쪽.

정성 때문이라는 내용이다. 조선시대 사대부들은 대부분 家廟를 설치하여 位牌를 모셨다. 16세기 때의 인물인 李文楗은 절에다 영당을 마련하여 조상의 影幀을 봉안하고 매년 影堂祭를 지냈지만, 이러한 불교색 짙은 영당제는 매우 드문 경우였다.[42] 물론 여기서는 이문건의 경우와 다르지만 영당을 만들어 조상의 遺像을 봉안했다는 사실은 19세기에도 흔했던 것은 아닌 듯하다.

이번에는 〈關北의 儒風〉에 대하여 살펴보자.

> 함관(咸關) 이북 지방은 가옥(家屋)이 토굴(土窟)과 같고 사람들이 짐승의 가죽을 입고 산다. 그러나 평소 유풍(儒風)을 숭상하여 남자들은 모두 글을 읽을 줄 알고 여자들은 다 길쌈을 할 줄 안다. 제사(祭祀)는 반드시 정성스레 지내되, 탁의(卓椅)를 설치하는 일이 없고 땅바닥에 척포(尺布)를 펴고 그 위에 과일과 어포(魚脯) 등의 제물을 벌여 놓는데, 멀리서 바라보면 마치 수달이 물고기를 제사 지내는 것처럼 보인다.[43]

이유원이 함경도 관찰사로 있을 때 본 것을 기록한 내용이다. 이유원은 咸關 이북 지방의 사람들이 儒風을 숭상하고 글을 읽을 줄 알 뿐만 아니라, 제사도 정성스레 지내는데, 제사상에 진설하지 않고 제사지내는 것에 대하여 못마땅하게 여겼다. 이로써 짐작컨대 함경

---

42 졸고, 「묵재일기와 미암일기를 통해 본 16세기의 관·혼·상·제례」, 『한문학논집』 제30집, 근역한문학회, 2010, 316쪽.
43 『국역 임하필기 6』, 「춘명일사」, 〈關北의 儒風〉, 민족문화추진회, 1999, 47쪽.

도 지방에서는 제사를 『주자가례』에 의거하여 지내되, 일부 집안에
서는 변칙적으로 행했던 것으로 추정된다.

다음은 1934년에 공포된 의례준칙에 대하여 살펴보기로 하자. 의례
준칙에 나타난 두드러진 특징은 4대 봉사를 폐지하고 조부모까지 2대
봉사로 제한한 것이다. 기제와 묘제를 제외한 나머지 조상의례를 모
두 생략했으며, 음복은 제례에 참여한 사람들에게만 허용하고 이튿날
친족이나 이웃에게 돌리는 준(餕)의 습속을 금지하였다.[44] 또 제수를
간소하게 하고 지방 대신 사진을 제사상에 게시하자고 하였다. 이러
한 변용은 일제가 제사를 호주제와 연계시키려 했기 때문이다.[45]

한편, 서양인들도 우리의 기제사에 대하여 딱 벌어지게 상을 차려
야 이웃에게 존경을 받는다는 인식과 제사상 마련으로 많은 집안들
이 엄청난 빚더미에 빠진 것에 대하여 비판하였다.[46]

그러면 이번에는 일제강점기 신문·잡지 자료를 살펴보자.

<일제강점기 제례 관련 한국어 신문 자료 목록>

연번	제 목	기고자	신문명	게재일	게재면
1	耶蘇教와 祭祀問題, 耶蘇教側의 觀察	梁柱三	동아일보	1920.09.04	3
2	祭祀와 偶像崇拜, 朝鮮의 祭祀는 一神思想이 違反이 되지 아니한다	梁柱三	동아일보	1920.09.10	1
3	祭祀폐지에 대한 耶蘇教의 主張, 진리로된 정신적도덕	梁柱三	동아일보	1920.09.11	4

---

44 김미영, 앞의 책, 407쪽. 참고로 1934년 일제에 의해 공포된 의례준칙은 1969년 우
리 정부에 의해 제정된 가정의례준칙을 통해 이어진다. 아이러니가 아닐 수 없다.

45 이희재, 앞의 논문, 580~582쪽.

46 제이콥 로버트 무스 지음·문무홍 외 옮김, 앞의 책, 265쪽.

연번	제 목	기고자	신문명	게재일	게재면
4	安城教會懇親會 開催코 복음전도: 基督教와 祭祀問題	朴喜鼎	동아일보	1920.09.21	4
5	祭祀問題를 再論하노라[一]	朴喜鼎	동아일보	1920.09.24	1
6	祭祀問題를 再論하노라[二]	朴喜鼎	동아일보	1920.09.25	1

〈일제강점기 제례 관련 일본어 잡지(朝鮮·朝鮮及滿洲) 자료 목록〉

연번	제 목	기고자	잡지명	권호	수록일자	수록면
1	內鮮共通せる祭祀に就いて	星野輝興	조선	제253	1936.06.01	114-125
2	朝鮮舊式의 祭祀概要[其一]	小田省吾	조선급만주	제50권 제354호	1937.05.01	79-82
3	朝鮮舊式의 祭祀概要[其二]	小田省吾	조선급만주	제50권 제355호	1937.06.01	43-45
4	朝鮮舊式의 祭祀概要[其三]	小田省吾	조선급만주	제51권 제356호	1937.07.01	53-55
5	朝鮮舊式의 祭祀概要[其四]	小田省吾	조선급만주	제51권 제357호	1937.08.01	45-49
6	朝鮮舊式의 祭祀概要[其五]	小田省吾	조선급만주	제51권 제358호	1937.09.01	58-62
7	文廟の釋奠祭儀	金完鎮	조선	제269 (祭特輯號)	1937.10.01	104-118
8	李王家の祭祀	李鍾龍	조선	제269	1937.10.01	82-103
9	朝鮮神宮の年中祭祀	吉田貞治	조선	제269	1937.10.01	27-46
10	朝鮮部落祭	村山智順	조선	제269	1937.10.01	119-131
11	朝鮮に於ける神社の祭と附帶行事	小山文雄	조선	제269	1937.10.01	3-26
12	京城神社の恒例大祭	市秋弘	조선	제269	1937.10.01	47-67
13	儒敎以前 祖先崇拜	秋葉隆	조선	제297	1940.02.01	50-55

위의 자료에서 보듯, 한국어 신문 자료에는 종교와 제사(제사폐지 포함), 제사문제를 주로 다루고 있고, 일본어 잡지 자료에는 조선의

제사개요, 문묘 석전제의, 이왕가 제사, 조선신궁 연중제사, 조선의 신사 제사, 조선의 부락제, 유교 이전 祖先숭배 등을 다양하게 언급하고 이다. 이로서 짐작컨대 당시 한국어 신문에는 기독교와 제사문제에 대하여 관심이 있었던 것 같고, 일본어 잡지에는 조선의 구식 제사, 왕실 및 국가 제례, 신사 등에 대하여 관심을 가진 듯하다.

　개화기에서 일제강점기의 제례는 개화기 때는 큰 변모가 없었던 것으로 보인다. 그리고 일제강점기의 경우, 변용은 있었지만 혼례나 상례보다는 변용이 적었다고 하겠다.

Ⅲ. 관·혼·상·제례의 지속과 변용의 결과

　필자는 개화기에서 일제강점기까지 관·혼·상·제례의 지속과 변용에 대하여 살펴보았다. 앞에서 논의한 사항들을 종합 요약하여 결론으로 삼겠다.

　개화기와 일제강점기는 격변과 굴욕의 시기요 근대화되는 시기이기도 하다. 이러한 시기에 국내외 상황이나 배경, 기독교와 천주교의 포교활동과 서양문물의 유입, 그리고 국내의 주요 사건이나 정책, 당대인들의 인식태도 등은 관·혼·상·제례의 지속과 변용에 영향을 줄 수밖에 없었다. 특히 일본의 조선 강점은 관·혼·상·제례의 변용에 결정적인 계기가 되었다. 그런데 그 변용이 급박하게 변화하는 시대 흐름 속에서 자발적이 아닌 강압적이라는데 문제가 있는 것이다. 그럼에도 불구하고 우리 관·혼·상·제례는 이 같은 상황 속에서 나름대로 지속과 변용을 하였다고 본다. 그러면 이를 관례, 혼례, 상례, 제례 순으로 언급하겠다.

관례는 개화기 뿐 아니라 단발령 이후 특히 일제강점기에 행하지 않는 사람들도 많았지만, 행하는 경우 새롭게 변용되거나 또는 혼례의 선행의식으로 약식화 되거나 흡수되고 말았다. 혼례의 경우 개화기에는 일제강점기와는 달리 변모는 되었지만 크게 변모되지는 않았던 것으로 보인다. 그러나 갑오 1차 개혁과 함께 서양문물의 유입과 근대화 과정, 그리고 당시의 시대적 상황과 흐름, 당대인들의 인식태도 등에서 변화는 필연적이었다고 본다. 그런데 그것이 자의에 의한 것이 아니라는데 문제가 있다. 일본의 조선 강점은 우리 전통혼례에 대한 강제적 전환이라 할 수 있다. 결국 일제강점기의 경우, 일본의 강압에 의해 우리의 전통혼례는 변용될 수밖에 없었다. 비록 일본에 의해 변용되었지만, 나름대로 개선하려는 노력도 있었고, 또 주로 지방이나 시골에서는 우리의 전통혼례를 고수하려고도 하였다. 상례는 개화기에는 큰 변모가 없는 편이었던 것 같다. 그러나 일제강점기에는 일본에 의해 강제적으로 많은 변용을 하였다. 특히 1934년에 공포한 〈의례준칙〉은 결정적이라 할 수 있다. 그렇지만 우리의 전통상례는 변용은 있었지만, 쉽게 바뀌지는 않았던 것 같다. 제례는 개화기 때는 그렇게 큰 변모는 없었던 것으로 보인다. 그리고 일제강점기의 경우, 변용은 있었지만 혼례나 상례보다는 변용이 적었다.

제2장

민속놀이와 의식주를 통해 바라본
"조선의 근대" 연구에 대한 의의

Ⅰ. 의식주와 민속놀이를 통해 바라본 조선의 근대에 대한 논의

개화기에서부터 일제강점기에 이르는 시기는 서양 문물의 도입과 식민지로의 편입으로 인해 우리 사회 전체가 근대적 전환과 문화적 억압·굴절이라는 충격적인 경험을 하게 되는 기간이다. 조선은 1876년(고종 13)에 강화도조약을 체결함으로써 문호를 개방하게 된다. 조선의 개항은 근대 일본의 무력적인 포함외교(砲艦外交)라는 외래적인 계기와 함께 조선 내부에서 자라고 있던 대외 개방의 내재적 계기가 작용하여 이루어진 것이다. 하지만 내재적 작용에도 불구하고 일본의 무력에 의한 외래적 계기가 더 크게 작용함으로써 불평등

255

조약을 체결하게 되고, 이후 청일전쟁과 러일전쟁에서 승리한 일본의 식민지로 전락하고 만다.

식민지 지배 권력은 조선의 사회·경제적 수탈뿐만 아니라 민족을 말살하고 소멸시키고자 하는 정책을 집행한다. 일제는 토지약탈과 식민지 착취를 목적으로 1910부터 1918년까지 이른바 '토지조사사업'을 실시한다. 그 결과 임야 및 민간인 공유지, 미간지개간지, 농경지 등 약 1484만 여 정보의 토지를 약탈한다. 이것은 당시 국토면적의 약 62%에 해당하는 실로 방대한 것이었다. 이로 인해서 일제에 병합되기 이전에 자작농이었던 사람이 조선총독부의 소작농으로 전락하게 되었으며, 일반농민과 소작농의 처지는 더욱 열악한 상황에 처하게 된다.

1911년 8월에 〈조선교육령〉을 공포하여 조선인을 일본제국에 충량(忠良)한 국민으로 육성하고, 조선에 일본어를 보급하고, 필요한 실업기능 교육만 시킴으로서 민족말살과 식민지교육을 자행한다. 이러한 목적을 달성하기 위해 공립학교뿐만 아니라 사립학교의 경우도 총독부의 지시를 따르도록 제도화하였다.

뿐만 아니라 일제는 조선의 전통적인 삶의 방식을 폭력적으로 해체하면서 근대적 생활양식으로의 변화를 물리적으로 강제하고자 하였다. 그러나 일상적인 생활방식은 외세의 강압에 의해 일시에 변화하고 교체될 수 있는 것이 아니다. 조상이 남긴 유무형의 유산을 묵묵히 이어받아 생활해 온 기층민들에 있어 외래문화의 수용은 자신들의 삶에 일정부분 영향을 미칠 수는 있어도 그 본질을 바꿀 수는 없다. 기층의 생활은 정치·경제적 변화의 진행과는 층위를 달리

하는, 장기적으로 지속되는 문화전통의 토양을 바탕으로 교섭과 통합의 복합적인 과정을 거치면서 전화(轉化)하는 것이기 때문이다.

그동안 개화기에서 일제강점기의 연구는 문학 분야를 제외하고는 민족독립과 계급투쟁이라는 거대담론 속에서 언급되었다. 식민지 권력은 주민들의 일상에 대한 체계적 관찰과 이에 기초한 일상의 재조직을 시도하며, 다른 한편으로 조선인 엘리트들은 조선의 전통적 생활양식을 성찰의 대상으로 삼아 이를 바꾸기 위한 계몽운동에 열을 올렸다. 그러나 민중들의 일상생활은 이들의 정책이나 계몽에 영향을 받아 변화할 뿐만 아니라 이에 대한 습속화 된 보수성에 의해 지속되는 것이다. 일상생활은 도시화와 산업화, 국권의 상실과 이를 회복하려는 의식적 운동 등 다양한 요인들이 경합하는 장이었던 것이다.[1]

이러한 현상은 생활의 기초인 의식주뿐만 아니라 우리의 전통적인 민속놀이를 통해서도 엿볼 수 있다. 우리의 민속놀이 대부분은 설과 단오, 추석 등 세시풍속과 결부된 놀이였다. 그런데 근대 시기에 와서는 민속놀이가 세시풍속의 현장을 벗어나 별개의 공간에서 개최되었다. 그 대표적인 공간이 운동회였다. 운동회는 근대시기 체육을 통한 체력의 증진과 함께 집단 오락을 통해 민족의 정체성을 각인하는 공간이자 동시에 축제의 장이 되었던 것이다.[2] 일제강점기에는 민속놀이가 세시나 지역 축제의 장에서 놀아지고 지역 주민들

---

1 공제욱·장근식 편,『식민지의 일상 지배와 균열』, 문화과학사, 2006, 16쪽.
2 김난주·송재용,「일제강점기 향토오락 진흥정책과 민속놀이의 전개 양상」,『민속놀이의 문화정책과 변모양상』, 단국대학교출판부, 2011, 36~37.

의 출연과 운영으로 이루어지던 전통 사회에 비해 기획된 민속놀이 진흥정책에 의해 그 전승 구조가 변용되었음을 지적할 수 있다.

조선총독부에 의해서 마련된 농촌오락 진흥 방침의 기본 골자는 첫째, 대중적이고 전 조선에 보편적으로 보급되어 있는 것, 둘째, 시국인식에 장애가 되지 않고 충국 신민 양성에 도움이 되는 것, 셋째, 체력증진에 도움이 되고, 넷째, 경제적 부담이 없는 것을 엄선하여 보급하는 것이었다. 그러나 관 주도의 선동적인 향토오락 장려운동은 정작 놀이의 향유자여야 할 농산어촌의 인민들에게는 별다른 실효를 거두지 못했는데, 이는 무엇보다 이러한 오락의 선동이 전시체제하의 수탈과 공출로 피폐해진 농촌 사회 현실과 괴리되어 있었기 때문이다. 대신 향토오락 진흥운동은 무대화된 〈향토오락경연대회〉나 탈춤의 부흥과 같은 기획된 퍼포먼스를 양산하는 방향으로 흘렀다. 또 한편에서는 씨름, 그네, 윷놀이, 줄다리기와 같은 몇몇 민속놀이에 집중되는 양상을 보였는데, 이러한 민속놀이는 대개 당시 유력 일간지의 후원을 받으며 시민운동회와 같은 성격을 띠는 민속놀이대회로 개최되었다. 일제강점기 민속놀이는 본래의 전승 공간인 '향토'를 떠나 수백 수천의 관중을 동원하는 〈민속놀이대회〉로 성행하는데, 그 전승 공간인 '향토'와 놀이의 주체자를 더욱 확장하고 도시화했다는 점에서 민속놀이전승 방식의 근대적 변모 양상이라 할 수 있을 것이다.[3]

『의식주와 민속놀이를 통해 바라본 조선의 근대』는 본 연구소의

---

3 위의 책, 42~43쪽.

한국연구재단 중점과제인 "개화기에서 일제강점기까지 한국 문화 전통의 지속과 변용"의 일환으로 기획된 것이다. 본 연구소 중점과제의 2단계 3년차는 의식주와 민속놀이를 종합적으로 정리하여 그 의미를 부여하고 평가하는 단계였다. 즉 이 시기 한국의 의식주 생활 문화와 민속놀이가 보여주는 지속과 변용의 의미를 평가하고 이를 바탕으로 한국 민속 문화전통의 정체성 해명과 함께 그 형성 과정을 구명하고자 하였다.

이 책은 2011년 7월 7일에 개최한 학술대회 〈'개화기에서 일제강점기까지' 한국 문화 전통의 지속과 변용Ⅵ; 민속놀이와 의식주〉에서 발표한 것과 중점과제에 맞춰 새로 집필한 것, 그리고 본 연구소의 중점연구과제에 부합되는 기존의 발표 논문들을 취합한 것이다.

Ⅱ. 의식주를 통해 바라본 조선의 근대

이 책은 수록된 논문의 성격에 따라 크게 제1부 의식주 편, 제2부 민속놀이 편으로 구분하였다. 제1부 의식주 관련 논문을 개략적으로 정리하면 다음과 같다.

배영동의 「경제현상으로서 근대 이행기의 의생활」[4]은 19세기 말엽부터 20세기 중반까지 농촌사회의 의생활이 어떤 모습을 띠면서

---

4 배영동, 「경제현상으로서 근대 이행기의 의생활」, 『비교민속학』 제27호, 비교민속학회, 2004), 363~399쪽.

변모하게 되었는가를 고찰한 글이다.

근대 이행기에 섬유재·직물·의류라는 자원이 어떻게 생산·분배·소비되었는지에 대하여 자연환경·시장경제·식민지 상황·가족제도의 관계 속에서 살펴보았다. 이를 위해서 논자는 경북 예천의 함양 박씨가(家)에 소장된 일기, 전남 구례 운조루에 소장된 일기, 일본인의 한국 기행 자료, 그리고 경북 안동·의성·문경·영주 등지에서 수집된 현지조사 자료 등을 활용하고 있다.

근대 이행기에 섬유재와 직물은 기본적으로 자가에서 생산되었으나, 그 조달에서 시장 의존도가 점차 높아졌다. 섬유재와 직물의 생산은 일반적으로 자연환경 조건에 맞추어서 가족노동으로 진행되고, 고난도의 공정은 마을 내 전문가의 참여로 이루어졌다. 하지만 일제에 의하여 한국의 주권이 침탈되는 상황 하에서 염료와 광목 등이 수입되면서 직물시장의 교역이 확대되었다. 여기에 재봉틀이 도입되면서 전문적인 옷집이 출현하게 되었던 것이다.

섬유재와 직물의 생산과정에는 한국의 사회구조, 좁게는 가부장적 가족제도가 작용하였다. 섬유재와 직물생산의 핵심적 주체는 여자 어른들이다. 전통적으로 남경여직(男耕如織)의 방식으로, 남자는 농사를 짓고, 여자는 직조와 바느질을 담당했던 역할분담의 결과이다. 즉, 남자는 농사의 연장선상에 있던 섬유재 생산에는 참여했으나 직물 생산에는 거의 참여하지 않았다. 특히 남자 아이는 직물 생산과정에서 전적으로 배제되었다.

직물과 의류의 소비는 전통적인 유교이념과 가부장적 가족제도의 틀에서 이루어졌다. 직물과 의류의 소비과정에서 남자, 특히 그 중에서도 지위가 가장 높았던 남자 어른들이 가장 좋은 대우를 받았으며, 반대로 여자 아이들은 직물과 의류의 소비과정에서 가장 열악한 대우를 받았다. 그리고 일상적 상황보다는 의례적 상황에 직물과 의류의 소비가 집중되었으며, 속옷보다는 겉옷에 대한 가치가 강조되었다.

한편, 일제가 도입한 몸뻬(왜바지)는 전통적 가치관에 충격을 준 옷이었지만, 여자들의 농작업 참여도가 높아지면서 차츰 확산되었다. 요컨대, 근대 이행기의 의생활은 외래문물의 도입과 시장경제의 변화라는 사회적 상황에 따르면서, 자연환경 조건과 기술 수준에 맞추어 서열적 사회구조와 유교적 이념과 가치를 실천하는 가족경제였다.

이영수·최인학의 「구한국 관보 복식관련 자료의 유형별 분석」[5]은 2011년 8월에 단국대학교 동양학연구소에서 '구한국관보'에 수록된 복식 자료들을 총망라하여 펴낸 『구한국관보 복식 관련 자료집』의 개관적인 성격을 띤 글이다.

'구한국관보'에서 복식 관련 자료들은 칙령, 부령, 내부고시, 궁정녹사 등을 통해서 확인할 수 있는데, 『구한국관보 복식 관련 자료집』은 16년간의 관보 기록을 일일이 뒤져서 복식과 직간접적으로 관련된 자료들을 총망라한 것이다. 그 결과 1894년에서부터 1909년까지 발행된 호외와 부록 등을 포함한 72호의 관보에서 모두 91개의 복식

---

5 이영수·최인학, 「구한국 관보의 복식관련 자료의 유형별 분석」, 『의식주와 민속놀이를 통해 바라본 조선의 근대』, 채륜, 2012, 83~113쪽.

관련 자료를 수집하였다. 이 논문은 91편의 복식 관련 자료를 크게 1)조신 및 관원 관련 복식 2)군 관련 복식 3)경찰 관련 복식 4)사법 관련 복식 5)훈·포장 관련 자료 6)단발 관련 자료 등의 6개 유형으로 구분하고 당시의 시대적 상황에 따른 복식의 변화양상을 살펴본 것이다. 1876년 강화도조약을 맺으면서 문호를 개방한 조선은 선진 외국의 문물을 받아들이면서 정치·경제·사회·문화 전반에 걸쳐 일대 개혁을 단행하였다. 복식도 예외는 아니어서 1884년 갑신의제개혁, 1894년 갑오의제개혁, 1895년 을미의제개혁을 통해 많은 변화를 겪게 되었다. 이 글은 '구한국관보'에 수록된 복식 자료를 통해 당시 서구 열강의 침략에 대응하면서 근대화라는 새로운 환경에 적응하고자 했던 노력과 신분제 폐지와 같은 조선의 내부적 문제를 혁파하고자 했던 정황 등을 고찰하였다.

주영하의 「조선요리옥의 탄생 : 안순환과 명월관」[6]은 조선요리옥에 대해 통시적으로 접근한 글이다.

이 글은 일제강점기의 조선음식에 대한 미적 경향보다는 근대적 도시가 만들어지면서 재편되는 음식의 문화적 생산과 소비 장소로서 조선요리옥의 각종 현상에 주목하였다. 이마무라 도모에는 조선요리옥이 일본요리옥의 조선 진출과 관련된 것으로 보았다. 일본의 조선 진출로 조선에서 일본요리옥의 필요성이 늘어나게 되고 이러한 영향으로 조선요리옥이 나타나게 되었으며, 그 최초가 '명월관'

---

6 주영하, 「조선요리옥의 탄생 : 안순환과 명월관」, 『동양학』 제50집(단국대학교 동양학연구소, 2011, 141~162쪽.

이다. 명월관의 설립은 대한매일신보의 기사를 통해 1903년 9월 17일로 추정되고 안순환이 그 주인이었다가 여러 경로를 거쳐 김성수에게 넘어갔다. 지금의 광화문 동아일보사 자리가 그곳이다. 안순환은 영어학교에서 근대 문물을 익히고 대한제국의 관료가 되어 종3품의 고위직까지 이른 인물로 적어도 1929년까지 조선요리옥 사업을 운영하였다. 이후 성리학에 대한 관심으로 녹동서원을 건립하고 명교학원을 설립하여 유학 교육에도 참여하였다가 1942년 72세로 사망하였다.

조선요리옥의 대표적 경영자인 안순환은 조선음식을 지키려는 선각자라기보다는 조선요리옥을 통해서 새로운 자본을 축적해간 사업가였다. 그는 조선음식을 개량의 대상으로 보았다. 이런 의미에서 안순환은 결코 대한제국의 궁중음식을 유지시킨 인물은 아니며, 그 보다는 대한제국이 궁중음식을 근대적 상업공간인 조선요리옥에서 메뉴로 변모시킨 인물이라고 보아야 한다.

식민지시기 조선요리옥은 단순한 음식점이 아니라 정치적이고 문화적인 모임이 열리던 장소였다. 여기에 근대적으로 바뀐 기생들이 드나들면서 접대를 하기도 했기 때문에 천 가지의 얼굴을 가진 연회의 장소였던 것이다. 사실 조선시대에는 왕실이나 관청에서 행하는 공식적인 연회를 제외하면, 사적공간에서 대부분의 연회가 이루어졌다. 이에 비해서 식민지시기 조선요리옥은 사적공간에서 행해지던 연회를 공적영역으로 옮겨놓았다. 이 공적영역에서는 공적인 모임뿐만 아니라, 사적인 식욕과 성욕까지도 공적으로 해결하였던 것이다. 즉 '근대'의 시각에서 조선음식과 그 연회는 공공성을 확보한 것이고 자신의 집에서 소비하던 조선음식과는 다른 차원의 조선요리옥 음식을 조선음식의 대표로 여기게 되었다. 이것은 지금까지 '한정식'의 이름으로 그 대표성을 유지하고 있다.

최인학의 「일제강점기의 식문화 지속과 변용」[7]은 일제강점기시대에 있어서 우리 식문화가 어떻게 변용되었는지를 논자가 단편적이나마 보고, 듣고, 읽은 것을 정리한 글이다.

일제강점기 이전에는 그런대로 식문화에 관한 문헌이 있으나 일제강점기에 와서는 특히 외식과 관련하여 언급한 논문이 적은 편이라고 하면서, 몇 편의 선학연구에 의존하면서 나름대로 객관적인 시각에서 일제강점기의 식문화의 지속과 변용에 대해 접근하고 있다.

우선 '식문화의 지속과 변용'이라는 주제에 들어가기 전에 '몇 가지 식단의 원류고'를 언급하면서 본론에 접근하였다. 일제강점기에 일본은 지배 권력의 우월성 때문에 한국의 식문화를 동화시키고자 노력하였다. 왜간장, 왜된장 등 가공 공장이 생겨나 이로 인해 한국인 중의 일부는 일본식의 간장이나 된장에 맛을 들여 변화를 가져온이도 있었다. 중류 이상의 부유층에 있어서는 다소 외식음식이 수용되어 있기는 하나 일반인에 대해서는 식민지시대 일본인의 식문화의 강압적 노력이 있었음에도 불구하고 전연 반영되지 않았다는 것이다. 식문화란 오랜 역사를 통해 그 민족에 적응하는 것이기에 일제강점기란 짧은 기간에 전통음식이 변용될 수 없기 때문이다. 이

---

7 최인학, 「일제강점기의 식문화 지속과 변용」, 『남도민속연구』 제20집, 남도민속
   학회, 2010, 311~332쪽.

글에서 논자는 일제강점기 우리의 식문화가 일반 농민과 서민들에 의해 한국인의 미각과 조미료를 기반으로 하여 변용 없이 계승되었다고 하였다.

이규진·조미숙의 「음식 관련기사를 통해서 본 일제강점기 식생활 연구」[8]는 1936년 4월에 창간하여 1940년 12월에 폐간된 일제강점기 대표적인 여성잡지인 『여성』을 분석한 글이다.

『여성』 49권에 실린 식품영양 관련 기사를 통해 당시 소개되었던 과학적 조리법, 식품의 영양학적 분석, 식단 짜기, 서양음식 도입 등 많은 근대적 식생활의 요소를 발견할 수 있었다고 한다. 그리고 조리법과 관련된 기사는 한국음식에 대한 비중이 높은 반면 일본 음식 소개는 매우 빈약하였다. 이에 비해 여러 가지 서양음식 조리법과 재료가 소개 되었고 나아가 서양식 식탁 예절 등이 적극적으로 기사화 되었다.

서양에서는 요리법을 '큰 학문'으로 여기고 있으며 칼로리를 계산하여 섭취량을 정하는 등 과학적인 음식섭취를 한다며 이를 도입하려는 노력을 하였다. 또한 가사노동의 효율을 위해 식단을 작성하고 영양표를 고려하며 위생관념을 도입하였다. 식품의 영양적 측면에 대해 높은 관심을 가지고 미용으로까지 연결시키며, 모유 수유의 중요성을 강조하였다. '현미, 채소, 두부' 등을 건강음식으로 추천하는 것은 현재의 영양상식과 크게 다르지 않았다. 그리고 음식의 맛뿐

---

8 이규진·조미숙, 「음식 관련기사를 통해서 본 일제강점기 식생활 연구」, 『한국식생활문화학회지』 23집, 한국식생활문화학회, 2008, 336~347쪽.

아니라 시각과 취각의 중요성을 언급한 기사와 미식학 문헌으로 분류할 수 있는 기사도 발견되었다.

『여성』을 통해 1936년 4월부터 1940년 12월 사이 '일제강점기'라는 특수한 상황에서, 영양을 고려하고 가사노동의 효율화 방안을 모색한 우리나라 식생활 발전단계와 근대화의 단면을 살펴볼 수 있었다. 앞으로도 우리나라 식문화 연구를 위해서 과거의 여성잡지나 신문 등을 통한 연구가 지속되어야 하며 방신영, 이각경, 홍선표 등 주요 인물들에 대한 업적 발굴 등 후속 연구가 이루어져야 할 것이다.

이 글은『여성』의 음식 관련 기사 분석을 통해 일제 강점기 상류층 신여성들의 식생활의 단면과 근대적 식생활의 요소들을 알아봄으로써 전통 식생활의 서구화 과정에서 나타나는 변화를 조사한 것으로 근대 식생활 연구를 위한 기초자료를 제공하는데 일조하고 있다.

히구치 아츠시(樋口淳)의 「개화기에서 식민지시대까지 한국 주거 문화의 지속과 변용(開化期から植民地時代に於ける韓国住文化の持続と変容)」[9]은 한국과 일본의 전통적인 주거 문화를 비교하고 그것이 근대화와 함께 어떻게 변용되었으며, 현대에 이르러서는 어떤 변용의 형태를 보여 왔는지에 대해 고찰한 글이다.

근대 이전의 주거생활에서 한국은 〈남녀구별〉, 〈사랑채와 안채〉 구조로, 일본은 〈이로리(囲爐裏)〉, 〈도마(土間)〉, 이타노마(板の間), 자시키(座敷)〉 구조로 전형화 시켰다. 논자는 근대 이후인 1988년에 경북

---

9 히구찌 아쓰시,「개화기에서 식민지시대까지 한국 주거 문화의 지속과 변용」,『개화기에서 일제강점기까지 한국 문화전통의 지속과 변용Ⅵ』, 단국대학교 동양학연구소, 2011, 9~28쪽.

예천군 가곡리에서 현지조사를 실시하였다. 새마을운동의 영향으로 집의 외관 구조가 바뀌었지만 바깥주인의 사랑방과 안주인의 안방이 나뉘어져 〈남녀유별〉의 구조는 유지되고 있었다. 이 지역의 청취조사를 통해 새마을운동의 극단적 개혁을 통해 음력설과 같은 마을행사의 양상을 바꾸어놓았고 이후 개선되었다고는 해도 예전의 떠들썩함은 사라졌다. 양력의 정착과 새로운 농업기술의 영향 등 환경의 변화에 따라 계절행사나 전승, 신앙 등의 의미를 잃게 되었는데 이러한 변화는 일본에서도 마찬가지로 강제적이었다. 비록 새마을운동의 영향이 크게 보이기는 하지만 이러한 변화는 거문도의 예에서 보듯이 이미 개화기에서 일제강점기에 걸쳐 일어난 것이었다.

오래 전부터 일본인에게 전략적 요충지로 잘 알려진 거문도는 아편전쟁 직후 영국과 러시아에 의해 조사가 이루어졌다. 이후 일본도 거문도에 진출하게 되었는데, 일본어민의 본격적인 이주는 1906년부터 이루어졌다. 1905년 야마구치현 유타마우라의 대화재로 가산을 잃은 기무라 주타로가 가족과 함께 일부 재산을 갖고 거문도로 진출하게 된 것이 그 시발점이 되었다. 이후 거문도, 거문리를 중심으로 항구도시의 양상을 띠게 되었는데 1915년에서 1918년 사이에는 한국인보다 일본인의 인구수가 훨씬 많았다. 또 이들을 상대로 하는 여관, 식당, 목욕탕, 카페, 유곽 등이 형성되어 근대 항구도시의 풍경이 나타나게 되었다.

이러한 변화의 양상은 일본의 경우 1858년 일미수호통상조약을 통해 개항된 요코하마에서 볼 수 있다. 1911년에 준공된 가와사키시의 일본가옥을 살펴보면 근대 이후 도입된 유리를 제외하고도 근대 이전 〈민가〉에서 볼 수 없었던 건축 양식이었다. 근대 이후 상류계급으로 퍼지면서 오늘날 〈일본가옥〉으로 불리게 되었다.

거문도에서도 일본식 주택이 남아 있는데 〈나가토야 여관〉이 그것이다. 이 집의 구조는 근대 이전 일본민가에서 볼 수 없었던 근대의 산물로 구미에 의해 개국된 후 만들어진 〈새로운 일본문화〉가 적용된 예이다. 말하자면 일본과 거문도는 거의 동시에 동일한 〈문화변용〉을 경험하게 된 셈이라고 하겠다.

이영수의 「일제강점기 일본인과 조선인의 온돌관」[10]은 단국대학교 동양학연구소에서 펴낸 『주거 문화 관련 자료집』을 중심으로 일본인과 조선인의 온돌관을 비교·고찰한 글이다.

온돌의 등장은 우리 가옥 구조와 생활 방식, 그리고 생활용품에 이르기까지 주생활 전반에 걸쳐 커다란 변화를 가져왔다. 이러한 온돌은 일제강점기에 산림 황폐화의 주요인으로 꼽히며 끊임없이 개량 내지 폐지해야 한다는 논란을 불러일으켰다. 이 글은 당시에 제기된 온돌과 관련된 논의를 크게 경제적 측면, 위생적 측면, 인간 행태적 측면으로 나누고, 다시 경제적 측면을 산림의 황폐화와 온돌의 개조로 세분하여 관련 자료를 중심으로 논의를 전개하였다.

일본인들은 조선의 온돌을 산림을 황폐화시키고 위생상 좋지 않으며 나태한 조선인을 양산하는 산물로 인식하였다. 그래서 조선의 온돌을 문명과 근대에 역행하는 것으로 생각하고 해체해야 할

---

10 이영수, 「일제강점기 일본인과 조선인의 온돌관」, 『실천민속학연구』 제18호, 실천민속학회, 2011, 297~331쪽.

대상으로 여겼다. 이러한 비판적 시각은 주거에서 조선 고유의 색채를 일소함으로써 우리 민족의 정신을 말살하여 그 종속관계를 영구히 지속하고자 했던 일제의 민족말살정책과 무관하지 않았던 것이다.

일본인과 달리 추운 겨울을 이겨낼 방도가 온돌 이외에 달리 대안이 없었던 조선인에게 있어서 온돌의 존폐는 바로 민족의 생존과 직결되는 문제였다. 그래서 일본인과 달리 온돌의 장점을 부각시키면서 온돌의 구조적 형태를 지키고자 하였다. 이것은 일제강점기 하에서 우리 민족의 정체성을 잃지 않으려는 노력의 일환이었던 것이다. 그리고 일본인에 의해 온돌의 폐단으로 제기된 비경제성과 비위생성 등은 양국의 생활 방식에 따른 차이에서 기인한 것이지 결코 온돌이 주는 폐단은 아니었던 것이다.

Ⅲ. 조선의 근대와 민속놀이의 변화 양상

이 책에 수록된 제2부 민속놀이 관련 논문을 개략적으로 정리하면 다음과 같다.

윤광봉의 「근대시기 놀이의 변화 양상」[11]은 개화기의 초입이라 할 수 있는 1894년부터 일제가 무너진 1945년 사이에 수많은 놀이들이

---

11 윤광봉, 「근대시기 놀이의 변화 양상」, 『개화기에서 일제강점기까지 한국 문화전통의 지속과 변용Ⅵ』, 단국대학교 동양학연구소, 2011, 109~133쪽.

외세의 침입 특히 일제의 침입으로 인해 어떠한 변화를 거듭해 왔는 가를 살펴본 글이다.

갑오경장 전후 당시의 외국인 눈에 비친 한국의 놀이에 대한 기록 에 의하면, 카를로 로제티는 한국인의 놀이성향에 대해 '한국인은 선천적인 도박사'라고 하였다. 길모어의 『서울풍물지』에서는 대중 적인 오락으로 연날리기, 특히 연싸움과 제기차기를 들면서 조선 사 람들이 새롭고 이상한 광경을 보기 위해 모여드는 모습에 주목하였 다. 그리피스는 남자들의 놀이로 격투기를, 헐버트는 놀이의 시간성 을 언급하였는데 계절놀이를 일컬음이다. 그 외에도 많은 기록들이 모인 것이 컬린의 『Korean Games』이었다. 스튜어트 컬린의 『Korean Games』에는 한국의 놀이 97개가 일본과 중국의 놀이와 함께 소개되 었다.

합방 이전 대한제국 경제의 예속화가 심화되는 가운데 외래품의 침투는 근대를 향한 급격한 변화이기도 했으나 전통적 생활방식에 익숙한 당시 한국인들에게는 형식이 새로운 근대적 오락거리와 만 나게 되면서 당황 반 호기심 반으로 혼란을 겪으며 근대성 속으로 빠지게 되는 시기였다. 1890년대 진고개에는 한국인을 유혹하는 대 표적인 물건으로 눈깔사탕과 만화경이 있었다. 그리고 이를 이용해 시바이, 족예, 요술, 곡예, 취시, 투륜 등이 소개되어 재미를 보았다. 근대화 초기 1896년에 훈련원 연병장에서 관립소학교 운동회가 있 었는데 이것이 우리나라 최초의 운동회였던 것이다. 이때 처음으로 발공차기, 즉 축구가 도입되었고 그 외 군대행진, 대포알 던지기 등 이 행해졌다. 이들 놀이는 모두 규칙과 관계되며 반복가능성의 특징을 지녔다. 1905년 일본은 보호통치를 위해 무언가 저촉되거나 방해되는 요소를 없애려고 들었는데 대표적 집단놀이인 석전이 그러한 대상이었다. 또한 극장에서 일본연극을 모방토록 해서 이른바 신파극이 대중연극으로 자리매김하게 되었다. 이러한 사회적 변화 특히 외국인 선교사와 일제의 강압 통치는 실제로 놀이에도 많은 변화를 가지고 왔는데 이러한 모습은『개화백경』을 통해 볼 수 있다. 그러나 이 시기에도 석전이나 투우, 윷, 정월행사 등은 일본인의 관심을 받기도 했다.

1930년대에 접어들면서 관습적으로 반복되던 전통놀이는 신앙성이 쇠퇴하고 오락성이 강조되었고 지역적 특성과 환경적 차이에 따라 변화하고 차별화가 이루어져 다양한 형태의 민속놀이로 정착되었다. 이는 조선총독부에서 발간한『조선의 향토오락』을 통해 조사되었다. 그 이전에『조선의 연중행사』를 통해서도 몇몇 놀이들을 조사했는데 대부분 시절에 어김없이 하는 대표적인 놀이들이었다. 이러한 정리 작업은 일제의 통치 강화를 위한 방편의 하나로 놀이에 대한 보다 체계적인 정리가 필요했음을 알 수 있다. 이 와중에도 한국인과 일본인에 의한 전통놀이에 대한 관심과 기록을 볼 수 있는데 대표적인 것으로 윤백남, 박로아 등을 들 수 있다. 전통놀이를 통한 고유한 정신 양성이 큰 목적이었던 것이다.

전시 하에 이르러 향토예술진흥과 농촌오락 장려에 대해서 전쟁과 노동으로 인한 위무의 수단으로 인식했고 조선 고유의 향토예술까지 조장 동원하려 했다. 이러한 차원으로 이 분야의 전문가들의 고견을 듣기도 하고 부흥책을 마련하고자 하였다. 한편으로 친일파

들을 통해 학생들의 놀이에 간섭하며 지침을 내리기도 하였다. 국가 비상시인 40년대 전반은 모든 것이 국가를 위해 존재하는 것이기에 꼭두새벽 일터에 나가 밤늦도록 고생하는 산업전사들에게 오락이라는 것은 언감생심이었다. 그래서 농어촌 구석구석을 누비기 위해 이동극단을 조직하여 그들의 시름을 잠시나마 잊게 하려는 고육책을 쓰기도 하였다. 어떻게 하면 자신들의 흉악함을 오락으로 대치할 수 있을까 하는 궁여지책을 시도한 시기이기 때문이다. 이러한 한계에 머물러 우리의 일반적인 놀이 내지 전통놀이가 활발하지 않게 된 요인이 되었던 것이다.

이승수의 「광복 이전 전래 무예의 지속과 변용」[12]은 개화기와 제국일본의 식민주의 정책 속에 한반도의 무예가 구체적으로 어떻게 전개되었고 그 과정에서 전통적 무예가 어떻게 지속, 변용되어왔는지, 또 그 결과 한국인의 신체문화에 어떠한 영향을 미치게 되었는지를 당시의 신문과 각종 문헌자료를 토대로 하여 총체적으로 고찰한 글이다.

한국의 전래 무예는 개화기와 일제강점기를 거치면서 무예 전승의 토대를 약화시키는 결과를 초래하였으며, 한편으로는 새로운 무예 문화를 창출하며 지속적으로 발전하게 되었다.

개화기에 일본, 프랑스, 중국 등 여러 나라를 통해 수용된 군사제도로 인해 제도권 속의 전래 무예인 석전·검술·창술·봉술·도술·방

---

12 이승수, 「광복 이전 전래 무예의 지속과 변용」, 『한국사회체육학회지』 제42호, 한국사회체육학회, 2010, 117~130쪽.

패술·마상재·격구·기사·기창 등이 대부분 소멸하게 되었다. 대신에 개항 이후에 조선에 파견된 선교사에 의해 서양 스포츠 및 무예가, 일본인에 의해 유도와 검도가 유입되었다.

조선총독부는 1919년 3.1운동을 계기로 제한적으로나마 조선의 문화를 용인하면서 일본화를 겨냥하였다. 이때 전래 무예가 스포츠로 변용되기 시작하는데 그 대표적인 것이 궁술과 씨름이다. 궁술은 임진왜란 이후 전쟁 수단에서 호연지기의 풍류로 전환되었다가 3.1 운동을 계기로 각종 궁술대회 개최와 함께 스포츠로 자리 잡게 되었다. 대회의 우승자에게는 상장과 상품을 수여하였는데 이러한 경기 방식은 전통적인 방식에서 벗어나 근대 스포츠, 특히 일본식 무도대회 형식으로 바뀌었음을 보여주는 예이다. 씨름 역시 민속놀이로써 거행되다가 1927년경 조선씨름협회가 창설되면서 현대식 스포츠로 발전하였다. 촌락사회에서 오락성이 강한 신체활동에서, 협회 주도의 전국적인 규모로 행사가 거행되는데 이를 통해 제국주의 정책에 편입되는 양상을 보였다. 이러한 제도적 변화에 따른 전래 무예 그 자체의 변용은 종목에 따라서는 쇠퇴와 소멸을 가져오게 되었다.

외래스포츠와 무예 및 무도의 수용은 조선의 전래 무예의 스포츠화 혹은 무도화에 많은 영향을 미치게 되었다. 무예의 종목에 따라 약간의 차이는 있겠지만, 무예 속에 내재되어 있는 정신적인 요소는 많이 탈락되면서 세속화하였다. 따라서 조선시대부터 변함없이 이어져 온 무예는 찾아보기 어렵게 되었다. 대신 근대 스포츠의 핵심인 경기화의 방식으로 무도가 탈바꿈하면서 조선인의 신체문화로 계승 발달하게 되었던 것이다.

김현숙의 「대한제국기 운동회의 기능과 표상」[13]은 대한제국의 정치·사회적인 맥락에서 운동회가 어떠한 역할을 담당하고 있는지를 고찰한 글이다.

이 논문은 운동회가 어떻게 정부의 국민통합과 근대 기혹에 이용되었는지, 그리고 애국계몽론자들의 계몽과 국권회복의 수단으로 동원되었는지에 대해 분석하였다. 대한제국기의 운동회는 서양처럼 개인이 다양한 목적을 위해, 다양한 운동 종목을 즐기는 여유에서 이루어진 것이 아니라, 황제에게 충성하는 근대 '신민 만들기' 프로젝트의 일환이자 문명화된 대한제국의 선전의 장으로 활용되었다. 외면상으로 대한제국기 운동회는 다양한 색깔과 음악, 깃발, 진귀한 상품, 자유, 평등 등의 기호를 갖고, 보고, 듣고, 먹는 즐거움을 제공하였다. 하지만 그 이면에는 정부와 지식인들의 '충량한 신민 만들기'와 '근대 문명인 제조'라는 면밀한 목표에 따라 엄격한 규칙과 규율이 적용되고, 치열한 자본주의적 경쟁이 도입되며, 근대적 시공간으로 구획되는 운동회가 기획되었던 것이다.

새롭게 도입된 체육과 운동회는 을사보호조약이라는 식민지화의 위기에 따라 여가적이고 유희적인 요소는 상당부분 탈색되고, 대신 규율과 복종, 여가 대신에 교육과 희생을 강조하는 장으로 변용하였다. 이러한 현상은 우리만이 경험한 것은 아니며, 반 식민지적 국가였던 중국에서도 동일하게 나타났던 현상이었다. 애국계몽 사상가

---

13 김현숙, 「대한제국기 운동회의 기능과 표상」, 『동아시아 문화연구』 제48집, 한양대학교 동아시아문화연구소, 2010, 7~31쪽.

들은 운동회와 체육을 활용하여 민족으로서의 단결과 항일의식 고취, 그리고 체조를 가장한 군사훈련을 시킴으로서 종전의 황제에 충성하는 '신민 만들기'에서 국가에 애국하는 '국민 만들기'를 시도하였다. 결국 체육과 운동회는 새로 탄생하는 민족과 민족주의 담론을 생산하고 훈련하는 장으로 활용되었던 것이다. 이렇듯 대한제국기의 운동회는 '근대인'과 '민족'이라는 새로운 미시권력이 탄생되는 사건이자 공간이 되었던 것이다.

서종원의 「근대시기 서구식 완구(玩具)에 대한 단상(斷想)」[14]은 『매일신보』, 『동아일보』, 『조선일보』의 신문 기사를 통해 근대시기 외부에서 유입된 대표적인 놀이 도구인 완구의 유입배경 및 전파과정, 완구에 대한 당시의 인식 양상, 완구와 아이들의 교육과의 연관성, 완구와 관련된 다양한 사건·사고 등을 살펴본 글이다.

근대시기에는 서구에서 유입된 완구에 대한 개념이 제대로 정립되지 않아 이들 완구를 접하는 과정에서 혼란스러운 부분이 적지 않았으며, 완구를 어떻게 다루어야 하는지 몰라 다양한 형태의 사건·사고가 발생하였다. 이런 연유로 근대시기 완구에 대한 인식은 부정적인 인식과 긍정적인 인식이 공존하였다. 처음 서구식 완구를 접해본 많은 사람들은 이를 어떻게 받아들여야 하는지를 제대로 인지하지 못하였다. 그러면서 한편으로는 새롭게 유입된 서구식 완구에 대해 많은 관심과 호기심을 가졌던 것 또한 사실이다.

---

14 서종원, 「근대시기 서구식 완구에 대한 단상」, 『의식주와 민속놀이를 통해 바라본 조선의 근대』, 채륜, 2012, 427~456쪽.

근대시기 완구에는 우리가 알지 못하는 또 다른 무언가가 숨겨져 있을 가능성도 배제할 수 없다. 통치자나 지배자의 입장에서 순수한 아이들을 그들의 입맛에 맞는 성인으로 길러내기 위해 완구라는 놀이도구가 이용되었을 가능성이 있기 때문이다. 이러한 양상은 특히 일제강점기에 오면서 더욱 두드러졌을 것으로 보이는데, 이점은 완구 이외에 여러 가지 놀이문화에서도 확인할 수 있었다. 근대시기의 문화적 표상을 올바로 이해하기 위해서는 아동놀이를 비롯한 민속놀이 전반에 걸쳐 내재되어 있는 실상을 보다 면밀하게 천착하고 폭넓게 접근할 필요성을 제기하였다.

권선경의 「일제강점기 장난감 관련 기사의 양상과 의미」[15]는 일제강점기 신문에 나타난 장난감 관련 기사를 통해 어린이의 개념과 장난감이 갖는 여러 가지 의미를 고찰한 글이다.

일제강점기 장난감과 관련된 신문 기사들은 크게 '교육', '위생', '어머니'라는 키워드로 묶을 수 있다. 구한말부터 나타나기 시작한 어린이에 대한 개념은 어린이의 인권을 중시한다는 점에서 전통적인 어린이의 개념과는 다른 것이었다. 근대적 의미에서 어린이라는 개념이 새롭게 정립되면서 어린이의 교육적 측면이 강조되었다. 그러나 일제강점기라는 특수한 상황 역시 고려해야만 한다. 식민권력의 입장에서 황국신민의 재생산이라는 측면에서 아이들의 교육 또한 중요했기 때문이다. 그래서 1930년대 들어서 어린이 운동은 전면

---

15 권선경, 「일제강점기 장난감 관련 기사의 양상과 의미」, 『의식주와 민속놀이를 통해 바라본 조선의 근대』, 채륜, 2012, 457~473쪽.

적으로 금지되기에 이르렀다.

장난감을 통한 아이들의 교육이 부각되면서 자연스럽게 아이들의 양육을 전담하는 어머니의 존재가 중요하게 부각되었다. 장난감의 교육적 가치를 높이기 위해서는 아이에게 좋은 장난감을 장만해 주어야 했는데, 그것을 선택하는 것이 어머니의 몫이었기 때문이다. 그리고 '위생'은 당대 사회의 가장 커다란 담론 중의 하나였기에 장난감 역시 그러한 담론에서 자유스러울 수 없었던 것이다.

Ⅳ. 조선의 근대와 외래문화로 인한 문화전통의 변용

개화기에서 일제강점기를 거치면서 우리의 수많은 전통이 사라지고 왜곡되는 시련도 겪었지만, 한편으로는 우리의 전통을 굳건히 지키면서 외래문화를 수용하는 가운데 새로운 문화전통을 형성하기도 하였다. 문화전통이란 문화의 전승 주체가 재래의 전통문화를 향유하면서 새로 유입된 외래문화를 주체적으로 수용하는 자기화 과정에서 성립된 것이다. 이 과정에서 다양한 지속과 변용의 양상을 보이게 된다. 문화전통의 지속과 변용을 연구함에 있어 전대로부터 '잔존'한 전통 문화유산을 규명하는 일에 진력할 것이 아니라 오히려 외부 문화와의 접촉 과정에서 혼성 변이되면서 중층적으로 축적되는 제반 현상들에 관심을 기울여야 한다.

그동안 한국문화 연구에 있어서의 전통은 대개 근대 문화나 서구 문화의 타자의 자리에서 발견해 왔다. 이에 따라 재래의 것, 고유한 것이 '잔존'되는 현상에 관심을 기울여왔다. 그러나 이러한 방어적·고립적·배타적 시각에 입각한 전통에 대한 소극적인 해석은 결과적으로 민족의 정체성을 정태적이고 고정된 것으로 파악하는 한계를 지닌다. 전통에 대한 본질적인 관점은 전통에 대한 이해를 협소하고 경직된 것으로 한정시키고 있다는 점에서 제고할 필요가 있다.

오랜 역사를 거쳐 형성된 우리의 문화전통은 개화기 이후 '서양의 충격'과 동아시아 국제질서의 재편 과정에서 큰 혼란을 겪었고, 이어 일제강점기란 민족적 시련에 의해 새로운 국면을 맞이하게 된다. 특히 일제강점기 우리의 문화전통은 내적 발전의 역량이 억압된 채 일제에 의해 점차 일방적 수용 및 왜곡의 양상으로 '변용'된다. 이런 과정에서 최남선, 이능화, 손진태, 송석하, 임석재 등 일부 선각자들에 의해 우리의 문화전통을 지키고자 하는 노력이 지속적으로 전개되었던 것이다. 이들은 일제가 한민족의 문화전통을 왜곡하는데 대항하여 우리의 문화적 정체성을 찾고, 한국 문화전통을 널리 알리기 위해 노력하였다. 이러한 지식인의 의도적인 노력 이외에도 문화의 각 층위와 요소마다 배어있는 전통적 면모들은 한민족의 일상생활에서 면면히 '지속'되었다. 나아가 근대화의 명목 하에 이루어진 서구화가 만연된 오늘의 한국 문화 역시, 그 내면을 조금만 깊이 들여다보면 우리의 문화 전승 주체들이 과거부터 지켜온 전통과 무관하지 않음을 쉽게 확인할 수 있다. 이렇게 볼 때 변화와 왜곡이 가장 극심했던 일제강점기의 한국문화전통의 지속과 변용의 양상을 면밀하게 조사·연구하는 작업은 현재 우리가 가지고 있는 문화의 정체성을 규명하고 나아가 미래적 전망을 모색하는 데 있어 구체적인 정보를 제공해 준다는 점에서 의미가 크다고 하겠다.

의식주 문화전통은 모든 문화 층위 가운데서도 인간 생명과 직결되는 삶의 가장 근간을 이루는 문화 층위이며 나아가 한 민족과 국가의 고유성을 가장 직접적으로 드러내는 것이기도 하다. 근대화 서구화의 기치 아래 서양 문물과 제도가 급속도로 유입되고 일제의 식민지 동화 정책에 의해 한국의 의식주 문화 전통은 심층적 전면적인 변용 양상을 보인다. 그럼에도 불구하고 이 시기 의식주와 관련한 연구 성과는 미미한 편이다. 따라서 의식주 생활 문화에 대한 1차 자료를 찾아 정리하고, 이를 토대로 이 시기 의식주 문화 변용이 오늘날 우리의 생활 문화와 어떻게 맞닿아 있는지 그 현재적 의미를 파악할 필요가 있다.

놀이는 심층적 다면적 면모를 지닌 문화 복합체이다. 특히 민속놀이는 우주와 자연의 순환법칙이 담겨있고 인간사의 희로애락이 구현된 것이다. 이러한 우리의 민속놀이는 개화기와 일제강점기를 거치면서 전승이 단절되거나 서구 외래놀이 문화의 유입으로 일대 변용을 겪게 된다. 따라서 이 시기 한국 민속놀이 문화에 나타난 변용 양상을 면밀히 추적하고 그것이 지니는 문화사회학적 의미를 총체적으로 구명할 필요가 있다.

여기에 수록된 12편의 논문은 개화기에서 일제강점기를 거치면서 우리의 문화전통이 어떻게 변모되면서 오늘에 이르게 되었는지를 엿볼 수 있는 작업의 소산물이라 하겠다. 특히 넓은 의미에서 〈개화기에서 일제강점기까지 한국문화전통의 지속과 변용〉 연구에 초석이 되는 귀중한 원고들이다. 모쪼록 본서가 근대 시기 한국의 사회문화를 전공하는 연구자들에게 널리 활용되어 관련 학문 분야에 기여할 수 있기를 기대한다.

부록

개화기에서 일제강점기까지

한국 민속 연구

1. 번역자료

<한국의 여인숙>(Korean Repository vol 4. 1897)

영어의 역량은 거의 무한하다. 이 언어는 경이로울 정도로 신축적이다. 유럽에 있는 한 저명한 프랑스 외교관은 그의 동료에 관해 다음과 같이 이야기한다. "그는 거짓말을 할 수 있다. 그는 그가 거짓말을 한다는 사실을 알고 있을 때 거짓말을 할 수 있다. 그는 그가 거짓말을 한다는 사실을 당신이 알고 있다는 것을 알고 있을 때 거짓말을 할 수 있다. 그는 그가 거짓말을 한다는 사실을 그가 알고 있다는 것을 당신이 알고 있다는 것을 그가 알고 있을 때 거짓말을 할 수 있다." 이 언어는 긴장을 견뎌내었다. 그러나 한국의 여인숙은 다른 색깔의 말(馬)이다. 칼스씨(Mr. Carles)는 한국의 여인숙에 대한 많은 경험을 갖고 있으며, 그의 "한국에서의 나와 나의 개 샘(Me and my dog Sam in Korea)"에는 한 여인숙의 사진을 담고 있다. 그는 여기에다 꼬리표를 달려고 했는데, "북쪽 지방 여인숙의 부엌(Kitchen in inn in the north)"가 그 결과이다. 이 꼬리표의 두 끝은 적절하나 중간부분에 있는 언어에는 잘못된 끝으로, 윙윙 울리는 소리를 낸다. 그래서 나는 둥근 톱이나 총알 없는 권총에 접근한다.

한국의 여인숙을 경험하기 위해 당신은 시골을 여행해야 한다. 이것은 결코 피크닉이 아니다. 이것은 힘든 작업을 의미한다. 그러나 이 여행은 단조로운 것은 아니다. 이 여행에서 경험하는 아름다운 경치, 진기한 풍속과 볼거리 그리고 내지 사람들이 외국인에게 보내는 이상한 눈길 등은 오랫동안 당신의 흥미를 끌 것이기 때문이다. 특히 여인숙에 관한 것에서 매우 많은 흥미로운 발견들을 하게 될 것이다. 이러한 발견들 가운데 하나는 한국에는 여인숙이 매우 드물다는 사실이다. 마부는 그만 가자고 하고 당신은 앞으로 몇 마일을 더 가야겠다고 마음먹을 때까지 당신은 여인숙이 얼마나 드문지 알 수가 없을 것이다. 만약 마부 양반이 어떤 특정한 곳에서 멈추기를 원한다면 그것은 틀림없이 앞으로 20마일 내에는 여인숙이 없다는 것을 확신할 수 있다. 그리고 마을 사람들은 그 결과가 몹시 힘들 것이라는 것을 자신할 것이다. 그러나 사람의 발길이 닿지 않은 야생과 하늘 높은 산과 외국인에 익숙하지 않는 한국인들이 있는 오지에는 여인숙이 항상 "3마일을 더 가야" 한다.

한국인들은 그들의 현재 여인숙의 시스템은 매우 현대적인 것으로 겨우 천 년 정도 밖에 안됐지만 그 역사가 유구함은 명백한 역사적 사실이며, 미국 정치의 살롱처럼 국가조직으로 편입되었다고 주장한다. 한국으로 이민 온 최초의 중국인 기자(箕子)는 일일학교를 시작했고 평양의 저자거리에서 장사가 잘되는 사업을 하였다. 한국인들은 그를 안으로 데려와서 음식을 주었다고 주장한다. 이것은 명백하게 그들이 여관주인들이었다는 사실을 말해준다. 한국의 여관주인들은 뉴욕의 사기꾼이 한 달 동안 열심히 일하는 것보다 더 많은 사람을 하루 동안 '숙박시킨다.' 다음으로 급식에 관해 말하자면, 여기에 대해서는 의심의 여지가 없다. 왜냐하면 기자는 친구들을 데리고 왔는데, 그 수가 5천명에 달한다고 이르며, 그리고 그들은 의심할 여지없이 그들의 수장이 모든 식비를 지불하는 것을 목격하였다. 한국 여관주인의 역사가 오래되었음을 말해주는 또 다른 증거는 한국 여관주인의 보수주의적 성향이다. 그는 여관의 역사가 오래된 만큼이나 보수적이다. 정치, 종교, 도덕에 있어서 보수적이다. 사실 개, 벌레, 연기 그리고 고추 등을 제외한 모든 것에서 보수적이다. 이 네 가지 항목들에서 그는 가장 급진적이다. 사실 한국인들이 이스라엘의 잊혀진 열 개 부족들 가운데 하나임을 증명하는 책을 쓴 사람만큼이나 급진적이다.

한국의 여인숙은 항상 외모에 관해 보수적이다. 이것은, 하나의 공공시설로서, 서울에서 외국인들과 친하게 지내는 사람들만이 알아볼 수 있는 신식 제품과 사치품들을 좋게 생각하지 않는다. 사발이 럭비공처럼 생겼다고 하여 싫어하거나, 고인 물 뒤편에 있는 우물에서 막 떠 온 물을 정제하기를 원하거나, 여종업원의 머리카락이 그의 밥에 섞여있다고 투덜대거나, 아니면 그녀가 그의 젓가락을 앞치마로 훔치고 손가락으로 그의 오믈렛을 휘저었다며 문법에 맞지 않는 한국말을 지껄이는 사람을 상대하지 않는다. 이러한 사람들에게 한국의 여인숙은 별도리가 없다. "좋은 옛 방식들"에 대해 스파르타식 열정과 용기를 지닌 애국심을 감상하기에는 너무나 좁은 마음을 지닌 런던 토박이의 일원인 그들에게 할 수 있는 것은 슬픈 눈으로 그들을 바라보는 것이다.

한국의 여인숙은 또한 매우 주목할 만한 공공시설이다. 여인숙을 뜻하는 한국어는 주막이다. 여인숙이 사람들에게 불러일으키는 존경심은 대단하여 대부분의 시가지와 마을들이 주막으로 알려져 있듯이 그들은 이 단어를 '시가지' 및 '마을'과 동의어로 사용한다. 눈에 띄는 예외는 고을 원님의 자리이다. 여관주인보다 거들먹대는 고을 사또는 모든 면에서 우위를 차지하는 여관의 횡포로부터 벗어날 수 있고, 그의 고을에 버젓한 이름을 내밀고, 고을의 원님이라는 미명하에 미래에 일어날 위험을 예견할 수 있다. 아마도 한국의 여인숙에 관한 가장 놀랄만한 것은 주인이다. 그는 주인장(master-gentleman)으로 알려졌으며 여인숙마다 대략 4명에서 전체 남자 구성원에 이르기까지 이 직함을 갖고 있다. 그래서 당신이 창문이나 문에 기대서서 점잖게 "주인장"하고 부르면, "왜 그러슈"와 같은 퉁명스런 대꾸를 듣게 될 것이다.

한국의 여인숙은 또한 그 구조에 있어서 주목할 만하다. 당신이 "General Thomas Thumb 조랑말"을 타고 15마일 또는 20마일이나 되는 길을 여행한 뒤 한 여인숙으로 들어가 부엌 바로 뒤에 있는 안

마당에서 말에서 내렸다고 가정해보자. 당신은 땅바닥에 내릴 때 주의해야 한다. 특히 비가 내렸을 때인데, 당신은 뉴욕의 한 거리 한가운데 있다고 상상해서는 안된다. 그것은 당신으로 하여금 향수에 젖게 할지도 모른다. 곧이어 두 세 명의 주인장들이 길이가 6피트에 너비가 3피트가 되는 새 매트를 들고 가장 좋은 방으로 향해 가는 모습을 목격할 수 있다. 이 매트는 항상 새 것이다. 100마일이나 되는 여정을 통해 모든 여인숙은 나에게 새 매트를 제공했다. 나는 이 사실이 너무나 놀라워 최근에 매트공장에 한 건의 화재도 발생하지 않았느냐고 물어보았다. 아무도 웃지 않았다. 농담이 통하지 않았다. 그리고서 당신은 다른 방들과 마찬가지로 여러 주인장들의 살림방, 가족들, 부엌과 마구간 등 마당에 펼쳐지는 다채로운 광경들을 내다볼 수 있는 방으로 안내된다. 이웃사람들이 들어와서 당신의 일행들과 다투고 누군가가 그들을 떼어놓고 평화가 다시 찾아올 때까지 그들에게 마치 청중들에게 연설하는 것처럼 "이 양반아"라고 외치는 동안 당신은 여기에서 앉아있거나 들을 수 있다. 그리고 당신은 지세를 파악할 수 있다. 당신의 방이 다른 쪽 모퉁이에 위치하고 있는데 반해 부엌은 일반적으로 앞쪽에 자리 잡고 있다. 뒤쪽 창문을 통해 당신은 배추와 무, 연초 그리고 참깨 등을 심은 향기로운 밭을 바라볼 수 있다. 집의 앞쪽에 자리 잡고 있는 부엌의 위치가 처음에는 조금 이상하다는 인상을 준다. 그러나 잠시 후 당신은 이것이 주도면밀하게 고려하고 계획한 결과라는 것을 발견하게 된다. 이것의 이점은 부인할 수 없는 것이다. 당신은 식탁으로부터 음식찌꺼기를 옮기기 위해 멀리 움직일 필요 없이 손쉽게 문이나 창문 밖으로 던져놓으면 일이 끝난다. 가장 큰 이점은 여종업원의 경우이다. 그녀는 거리에서 무슨 일이 일어나고 있는지를 알아보기 위해 멀리 나갈 필요가 없으며 화재나 투견과 같은 흥미진진한 일을 항상 가장 먼저 목격할 수 있다. 사실 말이 난 김에 우리는 한국의 여종업원들의 특권은 환상적이라고 말할 수 있겠다. 그리고 만약 여종업원들로 골머리를 앓고 있는 부유한 미국인들이 한국 여인숙 주인들의 방법을 채택하여 부엌을 객실 주위로 옮겨놓는다면 "여종업원"이라는 그렇게도 성가신 질문을 그렇게 많이는 듣지 않게 될 것이다.

당신의 시야에 들어오는 왼쪽은 일반적으로 마구간이다. 이 건물은 길쭉하며 안마당을 향해 있어서 사람과 짐승이 주인장의 환대를 함께 누리게 됨에 따라 똑같은 광경들이 사람과 짐승의 마음을 기쁘게 한다. 만약 여인숙이 붐빌 때 마구간은 짐승뿐만 아니라 사람들을 위해 사용될 수 있다. 그리고 만약 그 사람들이 외국인일 경우 잠결에 발길질을 하여도 상대방이 상처를 덜 입게 하기 위해 그들은 그들과 짐승 사이에 풀로 만든 칸막이를 걸어놓는다.

당신이 조용히 형세를 파악했을 무렵이면 저녁식사 시간이 다가온다. 즉시 메뉴판이 와서 당신이 원하는 것을 주문할 수 있다. 나는 일반적으로 종업원에게 쌀밥을 제외한 모든 것을 가져오게 해서 되도록 빨리 집 뒤에다 묻게 한다. 그러나 장례식을 치르기 전에 당신은 어쩌면 음식들 가운데 하나를 맛보는 것을 감수해야 한다. 그 한 가지 예로 케첩처럼 빨간 소스를 바른 새우를 들 수 있다. 당신은 그것을 맛보고 먹지 않았어야 했다는 생각을 하게 된다. 앞에서 언급했듯이, 한국인들은 고추를 애용하는 데 있어서 매우 급진적이다.

그러나 쌀밥도 괜찮다. 만약 당신이 부엌으로 내려가서 앞서 말한 여종업원이 손으로 당신의 밥그릇에 쌀밥을 담는 것을 보지 않겠다는 선견지명을 가진다면 그들이 당신이 무엇을 먹는지 지켜보며 당신을 마치 동물원에 있는 동물처럼 취급하고 있는 동안 당신은 당신이 갖고 온 "꾸러미"에 비축해 두었던 물건을 꺼내 곁들임으로써 쌀밥을 즐길 수 있다.

식사가 끝난다. 당신이 고용한 사람들은 당신을 위해 마루에다 이불을 편다. 당신은 그 날의 계산을 끝내고 당신의 일지를 꺼내고 누워 잠을 청한다. 자신만이 유일하게 이 방을 차지하고 있다고 자신을 속이면서. 그러나 당신이 누군가−고통을 주는데 어마어마한 능력을 갖고 있고 그들의 다양함은 그들을 거의 도처에 편재되게 만드는 몇 명의 사내들−와 함께 있다고 의식하게 되기까지는 오래 걸리지 않는다. 한국 여인숙의 거주자들에 관한 많은 것들이 전해진다. 사실 외국인들 가운데 평신도가 그들 가운데 끼게 될 때마다 많은 것들이 이야기된다. 그러나 어쩌면 당신은 당신의 "꾸러미"에 "Ichiban" 가루를 넣을 지에 대해 신중하게 되며 결과적으로 일어나는 '도살'은 도움을 받을 가능성이 없는 이러한 교제를 참아온 사람에 의해서만 한껏 즐길 수 있다. 한국의 여인숙에서 하루 밤을 보낸 뒤 당신은 "벼룩을 잡을 때 말고는 절대 서두르지 마라"라는 금언을 이해할 수 있게 된다. 얼마동안 누워 있으면 당신은 슬며시 한국 여인숙의 전 구조에서 가장 색다른 것, 즉 침대 밑에 있는 난방기에 관해 의식하게 된다. 지금 나는 어떤 사람들이 이것을 비웃고 "beating Eli Perkins" 등에 관해 투덜댈 것이라는 것을 안다. 그러나 그들이 당신의 침대

밑에 난방기를 설치할 뿐만 아니라 가끔 그 난방기 위에서 요리를 하는 것은 사실이다. 우리의 침대에 대한 한국인들의 변하지 않는 불만은 그들이 어렸을 때부터 사용해 온 난방기가 그립다는 것이다. 이미 밝혔듯이 한국의 호텔은 그 조직에 있어서 놀랄 만하다. 그 독특함은 부엌 아궁이와 연결된 일련의 途氣管(flues: 온돌)이 있는 돌로 만든 마루에까지 확대된다. 이것을 통해 돌은 가열되고 활활 타는 불은 보통 밤부터 시작하여 그 열기는 일반적으로 마루가 스페인의 이단자 심문을 위한 특별한 방처럼 달궈질 때까지 지속된다.

한국의 오지를 여행한 뒤 당신은 이러한 작은 기이한 풍습에 익숙해져서 감당할 수 있게 된다. 인간의 골격은 환경에 적응할 수 있게 만들어졌다. 그러나 내가 이 오래된 제도를 비방하고 있다고는 생각지 말라. 진실로 나는 그렇지 않다. 한국의 여인숙은 무언가 특이한 장점을 갖고 있기 때문이다. 한국의 여인숙은 예술가가 투숙하기에 더할 나위 없이 멋진 장소이다. 특히 만약 그가 아이디어가 떠오르지 않을 때 그는 Buddhist Inferus로부터 Hottentot Kraal까지 어떤 자료를 찾을 수 있다. 나는 내 자신이 예술가가 아니며, 이웃집 아이가 나를 민주주의자라 불렀기 때문에 몇 년 전에 그 아이의 눈을 그려준 것 이외에는 그 어떠한 것도 그려본 적이 결코 없다. 그러나 어느 날 저녁에 나는 한 model hotel에 들러 예전처럼 평화로운 잠에 들기 위해 눕는 것으로 그 날 하루를 마감했다. 그러나 이것은 소용이 없었다. 나의 동료들은 특이한 종족처럼 보였고 그들은 그렇게 나를 대했다. 나는 그들이 고대인들이 지하세계인 지옥을 지켰던 것으로 믿었던 머리가 세 개 달린 개의 자손임에 틀림없다고 확신했다. 어쨌든 간에 나는 부하(하인) Friday에게 "Ichiban"을 만들라고 하고 나는 외투에 내 자신을 둘둘 말고 밖으로 나왔다. 뜰 위로 으스레하지만 거룩한 광채를 발하는 수많은 별들로 뒤덮인 하늘은 마치 눈에 보이지 않는 끈으로 그것을 바라보는 영혼을 묶어 포로로 만들어, 보이지 않는 손들이 그것을 들어 옮겨서 무한한 공간으로 내던지는 것처럼 보였다. 그리고 부드럽고 별들이 희미하게 비추는 땅을 부유(浮遊)하고 그 광대함은 시들어갔다. 그리고 미묘한 무언가가 나에게로 스며들어왔다. 그것은 무엇인가? 나는 거만스럽게 대지를 향해 되물었고, 먼 곳 끄트머리의 거무스름한 후미진 곳에는 번득이는 붉은 불꽃이 작열하고, 간헐적인 섬광이 부엌과 그 아치형 입구를 비쳤다. 그리고 붕긋한 壇에는 그들의 얼굴이 뒤틀리고, 그들의 형체는 밝고 붉은 섬광에 그로테스크한 것은 한 무리의 한국인들이었다. 그들 가운데 호텔의 여인들은 음식을 나르고 있었는데, 불꽃이 작열하는 들판을 가로지르고, 그리고 어둠 너머로 사라지고 있다. 나는 그것을 응시하는 눈길로 남자들의 뒤틀린 얼굴 생김새와 여인들의 훨훨 나는 얼굴, 이글거리는 불꽃에 비춰지는 그리고 다시 그 그림자의 암흑에 싸여있는 부엌의 깊숙한 곳 등을 바라보았다. 그리고 모든 것은 고요하다. 그리고서 나는 그 설명을 보았다. 호텔에 있는 모든 토착민들은 부엌의 층계 가까이에 만들어진 소나무 장작의 활활 타는 불에 의해 촉진된 늦은 식사에서 좋은 시간을 보내고 있었다.

291

개화기에서 일제강점기까지

한국 민속 연구

2. 번역자료

(1) <새로운 세기 *The New Century*>(Korea Review, 1901)

세계가 19세기와 20세기를 가르는 선을 넘으면서 지구상의 모든 문명국가들은 이제 일종의 친선과 우호의 연방에 가입하고 있다. 은둔의 왕국이나 금지된 나라들은 더 이상 남아있지 않다. 인간의 상호의존의 법칙이 그 논리적 목적을 향해 작동하기 시작했고, 한국이 연방에 가입했을 때, 국가의 자급자족이라는 중세적 원리는 최후의 타격을 받았다. 여전히 접근하기 어려운 티베트와 같은 지역이 남아 있기는 하지만, 티베트는 중국에 전적으로 의존하고 있으며, 그 접근불가능성은 정치적 이유라기보다는 자연적 이유에서 비롯된 것이다. 티베트의 개방이 의미가 있는 것이 되려 했다면, 지금보다는 이전에 개방이 되었어야 했을 것이다. 오늘날 자치정부라면 절대로 상호의존 법칙의 유용성을 깨닫지 못할 리가 없다.

국제적인 조약들이 언제부터 발효되기 시작했는지, 또 두 나라를 그 좋은 예로 만드는 것이 무엇인지를 확실히 말하기란 어렵다. 그러나 우리는 한국은 그 선 안으로 들어와서, 분리되어 있는 20세기 세계라는 광경으로부터 우리를 구한 최후의 국가이다.

한국이 최초의 근대적 조약을 맺은 것은 1876년 2월 27일이었다. 그 조약은 일본과 맺은 것이었지만, 3년간은 대사교환도 없었다. 한국이 새로운 관계의 압박 하에 각성하기 시작한 것은 1880년대 들어와서이다.

한국이 변화된 환경을 처음 이용한 분야는 상업적인 분야였다. 한국인들은 대외무역의 중요성을 재빨리 알아챘다. 한국이 보다 싼 가격에 보다 좋은 물건이 들어오는 상황에 직면해서 오래된 관습이 승리한 가능성은 거의 없다는 것을 증명하는 최초의 국가는 아니다. 한국인들은 옛 복식 양식의 변경을 너무나도 정당하게 거부하지만, 옷감의 재료는 기꺼이 바꿨다. 많은 양의 개별 상품들과 석유 및 성냥의 수입으로 인해서 지난 20년 동안에 한국의 보통사람들의 생활은 대단히 많이 개선되었다.

교역의 개방은 세관의 설립 필요성을 낳았다. 한국의 세관은 중국 세관의 후원 하에 설립되었고, 한국에게 있어서 그것의 효율성과 가치는 한국의 진보를 보여주는 가장 놀라운 특징들에 속하는 것이었다.

변화의 또 다른 산물은 처음에는 온건한 방식으로 진행된 환자의 치료를 위한 병원 설립과 외국어, 자연과학 그리고 예술 분야를 공부하기 위한 학교의 설립이었다. 이것은 1884년에 시작되었는데 현재까지 지속되고 있으며 점차 확대되어서 현재에는 유능한 외국인의 관리 하에 6개의 국립 외국어학교가 설립되어 있다. 그 결과로 여기서 자극을 받아서 순전히 한국인이 발기한 7개의 사립학교가 생겨났다. 선교사들이 세운 학교는 처음부터 교육 분야에서 두각을 나타냈다. 일반 학교들도 여기서 자극을 받아서 교육 체계를 완전히 재조직하였고, 새로운 자유교양 분야가 교과과정에 도입되었다. 정규학교와 전문대들이 생겨났고 현재에는 대학이 설립이 예상되고 있다. 교육에 대한 관심이 전국적으로 확산되어서 이전의 서당보다도 훨씬 앞서서 서울의 학교들과 유사한 학교들이 각 지방의 중심도시에 설립되었다. 교육은 점진적이지만 그만큼 그 결과도 확실했다.

세 번째로 한국의 개방은 자연히 농업에도 자극을 주었다. 일본의 높은 곡물가격은 곧 한국시장에 영향을 주었고, 콩과 쌀의 수출이 급속히 증대되었다. 이로 인해서 유통화폐의 통화량이 증대되었고, 그 결과 모든 상품의 가격이 상승했다. 역사가 우리에게 보여주듯이, 과거에 한국은 대체로 쌀 수확량이 많았기 때문에 길을 가는 사람들이 따로 돈을 지불하지 않고서도 밥을 얻어먹을 수 있었다. 그러나 더 이상 이런 일은 없다. 이제는 공급과 수요의 자연법칙이 작동하고 한국과 일본의 생활비는 거의 비슷해졌다. 한국인들은 곡물가격이 지속적으로 오르는 것에 대해서 자주 불평을 토하지만, 곡물가격의 상승이 호경기를 입증하는 자연적인 원인 때문이라는 것을 망각하고 있다. 어려움은 다음과 같은 점에 있다. 전환의 시기 동안에는 생활필수품의 가격이 노동자의 임금보다 더 빨리 오른다는 점이다. 노동자들은 그 어떤 경제적 환경 변화의 위험에 정면으로 맞설 수밖에 없다는 것은 다른 나라에서와 마찬가지로 한국에서도 사실이다.

농산물 수용의 지속적인 증가와 더불어 '경작 이윤'도 점차 증가했다. 아시아의 가장 대표적인 산물인 쌀을 증산하기 위해서 버려진 땅을 개간하고, 비옥한 토지의 관개를 위한 많은 계획들이 진행되고 있다.

광산 지역에서도 대단히 활기가 분명하게 느껴지고 있다. 외국 기업들에게 매장되어 있는 금을 개발할 수 있는 이권이 보장되고 있고, 기업들은 충분히 투자할 만한 것이었다는 결과를 얻었다. 이 사업은 대규모의 자본은 한국에 이입시켰고, 더욱이 수천 명의 한국인들에게 고용기회를 제공하였다. 그들은 영국인, 독일인, 미국인 그리고 일본인 등 고용주로부터 직접 현장에서 기술을 획득하고 있다.

이 기간 동안에 개신교 지도자들이 한국에서 선교 일을 시작하였으며 그것은 아주 놀랍게 진전되고 있다. 그들의 선교는 기독교 교리에 대한 실질적인 신봉보다 더 강력한 애국주의와 충성의 보루를 없다는 것을 적잖이 보여준다.

이 시기 동안에 한국은 여전히 중국적 이념에 대해서 심취하고 있지만, 중국에 대한 정치적 종속으로부터는 다소 벗어난 것처럼 보인다. 이런 상황에서 한국 본래의 윤리적·언어적·지리적 견지에서 볼 때 한국의 적절한 위상이라고 할 수 있는 대한제국 건립의 길이 열렸다. 한국은 조약국들의 수도들에서 위엄을 갖춘 부끄럽지 않은 위상을 점하고 있다. 충분히 예상할 수 있는 일이었지만, 한국은 워싱턴에 땅을 매입하고 영구적인 거주지를 마련했는데, 이것은 미국이 처음부터 한국의 번영에 가장 "사심 없는" 관심을 기울여 왔기 때문이었다.

미국 기업은 수도와 항구를 연결하는 철도 건설에 참여했는데, 확실한 재정적 성공을 제외한다면, 이것은 한국에 더할 나위 없이 좋은 교훈의 대상이 되는 것이었다. 서울에서 시작되는 남과 북의 다른 철로들은 거대한 시베리아 철도망과 함께 부산과 연결될 것이고, 그러면 이제껏 세계에서 시행된 것 중에서 가장 거대한 토목공사의 위업이 달성되게 된다. 서울에서 비롯되는 남과 북의 철로들은 이미 건설을 시작했다. 한국의 물질적 진보에서 일본은 주도적인 역할을 수행하였다. 일본은 한국을 당연히 식량 공급지이자 자신들이 생산한 공산품의 수출 시장으로 바라보기 때문에, 그것은 한국의 개항에 대한 일본의 깊은 이해관계의 논리적인 귀결이었다. 두 나라의 이러한 상호이익에 힘입어 한국은 일본의 놀라운 산업적 변화의 혜택을 공유할 수 있을 것이고, 한국의 자원 개발의 가장 든든한 보장을 얻을 수 있을 것이다. 마찬가지 방식으로 철도 소통이 러시아와도 이루어진다면, 우리는 러시아와 한국 모두에게 상호이익이 되는 북부 지역의 보다 급속한 발전을 기대할 수 있을 것이다. 압록강 유역의 발전가능성은 아직 추론해보지도 않았다.

새롭게 외국에 문호를 개방한 모든 나라들은 경험을 통해서 배워야 하고, 이것은 불가피하게 세계가 진보라고 부르는 바에 찬성하거나 반대하는 심적 태도에 변화를 낳을 것이다. 한국의 지사(志士)들이 취할 수 있는 보다 바람직한 태도는 실패를 트집 잡기보다는 진정한 성공을 거둘 수 있도록 한국인을 격려하고 고무하는 것이다. 그리고 전체적으로 지난 20년 동안의 한국의 실제적 진보는 대단했다는 점은 마땅히 인정되어야 한다. 여전히 할 일이 많다는 사실이 한국이 그동안 쌓아온 신용을 손상시키는 것은 아니다. 우리의 목적은 우리가 이 『한국평론』이란 잡지를 통해서 할 수 있는 일을 하는 것이다. 그것은 한국과 외부세계와의 상호지식을 증진시키는 것이다. 우리는 그렇게 함으로써 어떤 식으로든 이 나라(한국)의 이익이 증진될 수 있다고 믿는다.

(2) <모리슨 박사의 한국론 *Dr. Morrison on Korea*>(Korean Review, 1905)

지난 호에서 우리는 한국의 상황에 대한 모리슨 박사의 보고서를 잠시 언급한 적이 있다. 그 리포트로 인해서 『타임즈』는 이집트에서의 영국의 활동은 한반도에서의 일본의 호의적인 활동과 비교될 수 없다고 보도하였다. 우리는 일본의 외국 신문을 통해서 이제 서야 그 보고서의 전문을 받아 보았다. 그것을 검토하기에 앞서서 우리는 신문기자 혹은 통신원의 역할에 대해서 한 마디 짚고 넘어가려 한다. 우리가 이해하는 바로는, 그들의 일은 이론들을 가지고 채색하거나 신문사의 방침에 따라 영향을 받거나 하지 않고, 단지 사실들을 확인해서 있는 그대로 신문에 내는 것이다. 그는 신문사가 듣고 싶어 하는 바가 무엇인지를 알고 있을 것이다. 그러나 사실이 그런 욕망과 어긋나는 경우에 그가 선택할 바는 자명하다. 본 잡지의 중요한 목적 중에 하나도 영어권 독자들에게 한국과 관련된 사건들의 사실을 그대로 전달하는 것이다.

모리슨 박사의 진술은 우리가 그동안 주장해 많은 진술들과 전적으로 상반되는 것이다. 안타깝게도 그가 실수를 범했거나 아니면 우리가 실수를 범했을 것이다. 그러므로 우리는 유명한 통신원(모리슨 박사)의 주요 진술을 간략히, 그러나 절대로 감정적이지 않은 방식으로 검토함으로써 대중에게 우리가 문제를 공정하게 다루는 지 여부를 보여주려고 한다. 우리가 일본의 합법적인 모든 열정에 전적으로 공감하는 입장을 가지고 있다는 것을 장황하게 다시 반복할 필요는 없을 것이다. 한국의 자원 개발의 주도권은 일본인들에게 있으므로, 만일 일본인들이 한국인 한 사람 한 사람의 개인적 권리와 소유권을 인정하기만 한다면, 우리로서는 자원을 개발하려는 이 모든 시도들을 기꺼이 환영할 것이다.

모리슨 박사는 "개혁은 이미 상당한 정도로 효력을 발휘하고 있으며, 그것은 사람들에게 순수하게 이익을 주고 있다"고 말한다. 아마도 사람들은 『타임즈』가 이와 같은 두드러져 보이는 개혁들의 목록을 - 아니, 특별한 효과가 없다고 하더라도 그저 개혁의 목록을- 작성해서 출판하는 데 관심을 기울일 만하다고 생각할 수도 있다. 그러나 모리슨 박사는 이미 효력을 발휘하는 개혁 사례를 단 하나도 제시하지 않는다. 그는 철도에 대해서 많이 언급하지만, 철도는 개혁정책이 아니다. 누구라도 그러하듯이 우리도 그것에 많은 찬사를 보내지만, 거기에는 사업적 고려가, 그것도 오로지 일본에게만 이득이 되는 고려가 담겨있다. 물론, 그런 (철도부설) 방식은 부수적으로 한국인에게도 커다란 이익이 될 것이 틀림없다. 그러나 거기에선 그 어떤 개혁의 사례들을 찾을 수는 없다. 모리슨 박사는 통신문의 거의 끝 부분에서 몇몇 진정한 개혁에 대해서 말하고 있다. 그는 통화 부문에서 7월 1일에 개혁이 시작될 예정이며, 이에 일본은행은 통화를 재조직할 계획이고, 토지세를 거두고 모든 국가 재정을 관리할 예정이다. 이 모든 것들은 미래시제일 뿐이고, 이런 바람직한 개혁들이란 이미 효력을 발휘하고 있다는 '그런 놀라운 개혁들'의 리스트에 수록될 수 있는 것들이 아니다.

그는 이미 영향을 끼치고 있는 이런 개혁들이 "황제와, 내시, 점쟁이들, 그리고 외국인 식객들로 이루어진 그의 부패한 궁정에 충격을 주고 있다"고 말한다. 일본의 점령으로 인해서 상당한 정도의 충격이 일어나고 있다는 것은 사실일 것이다. 그럼에도 불구하고, 유념해야 할 것은 일본이 한국에서 일을 처리할 때 경악을 자아내지 않는 방식으로 할 수 있는 능력범주 안에서만 잘 할 수 있다는 점이다. 그러나 황제의 궁정이 주로 환관들과 점쟁이들 그리고 외국인 식객들로 구성되어 있다고 말한다면, 그것은 한마디로 비열한 말이라고 할 수 있다. 그는 관리담당 장관(the Minister of the Household)과 그의 휘하에 있는 관리들의 사회적 등급이 너무 낮아서 환관, 점쟁이들 그리고 외국인 식객들을 그들보다 먼저 언급했다고 우리에게 말하려고 하는 것인가? 또한 외국인 식객의 문제도 다시 한 번 주의를 기울일 만한 문제이다. 상황을 잘 모르는 사람들은 그런 언급에서 황제 개인의 주변에는 적어도 여서 일곱 명의 외국인 식객이 있을 것이라고 생각할 것이 틀림없다.

우리는 황제 개인 주변에 있는 모든 외국인들에 대해서 잘 알고 있다. 그런 혐의를 둘 수 있는 사람으로는 유럽식으로 간단한 식사나 만찬을 준비하고 시중을 드는 독일 여성이 있다. 그러나 그녀가 하는 일은 힘들고 고된 책무이며, 그녀를 고용한 황제나 그의 손님들로부터 매우 만족스러운 평가를 받고 있다. 그리고 황태자의 가정교사로 고용된 또 한 명의 영국 여성이 있는데, 그녀는 궁정에는 출입조차 하지 않는다. 또한 궁정의 전기설비를 담당하는 미국인이 한 사람 있는데, 그는 그저 전기기사일 뿐인 그런 사람이다. 바로 이 세 사람들이 식객으로 낙인찍힌 사람들이고 황제의 궁정을 이루는 한 축으로 이야기된 사람들이다. 그들은 모두 정부로부터 급료를 받는 고용인들이고, 자기 분야에서 특별히 흠잡을 데가 없는 사람들이다. 만약 그들이 식객이라고 한다면, 정부의 모든 외국인 고용인들 모두도 식객일 것이다.

우리는 "일본인들은 모든 것에 대해서 아낌없이 관대하게 지불을 하고 있다"는 이야기를 듣는다. 속도가 긴요한 문제였던 전쟁의 초창기에 물자수송을 위해서 한국인 일꾼들에게 상대적으로 많은 임금을 주었다. 그 일꾼들은 집을 떠나 전쟁의 궤적을 따라 그대로 이동했다. 그들의 임금은 많았지만 지출도 또한 많았다. 그런 상황에서 일꾼들이 갑작스런 수요와 높은 임금으로 인해서 그 어떤 이득을 보았다고는 결코 말할 수 없다는 것이 우리의 생각이다. 절박성이 사라짐에 따라, 그들의 높은 임금수준도 지속되지 않았다. 오늘날 일본은 한국인 일꾼들에게 하루 30엔을 지급하였지만, 그들은 거기서 밥값을 내야만 한다. 그러나 서울에 있는 일반 일꾼들의 일당은 40엔과 거의 맞먹는 1 한국 달러 정도였다. 일본인은 결코 모든 일에 대한 아낌없이 관대하지는 않았다. 원산과 다른 지역들에서 표면적으로는 군사적 목적을 내걸고 백성들의 가옥과 전답을 점유하면서, 실제 거래가격에 비해 낮은 가격으로 수용했다. 우리는 한국의 거의 모든 지방에 신뢰할 만한 통신원을 두고 있는 데 모든 지역에서 같은 이야기가 들려오고 있다. 우리가 일본은 국민들에게 적어도 실거래가로 토지를 수용해야 한다고 말할 때, 우리는 일본이 정부로부터 철도 용지를 부여받는 사실 자체를 혹독하게 비난하는 것이 아니다. 우리는 국가의 재정이 어려워서 극악무도한 몰수를 제외하고서는 그런 정당한 방식을 보장할 수조차 없는 정부로부터 그런 혜택을 받는 것이 꼭 비도덕적인가 하는 결정은 결의논자(특정 양심 문제나 행위에 일반적 윤리의 원리를 적용하는 문제를 다루는 학자 : 역자 주)에게 남겨 놓을 수밖에 없다. 이러는 사이에 일본인들 스스로도 그것이 극동의 다른 그 어느 나라의 경우에도 즉각적인 유혈 저항의 징후를 낳을 수 있는 강탈의 행위임을 알고 있다. 우리가 지적하려 하는 것은 백성들 중 단 한 사람도 보상을 받지 못했다는 게 아니라, 대다수 백성들이 적절한 보상을 받지 못했다는 사실이다.

우리는 "질서를 유지하는 데 최소한의 강제력만이 사용된다."는 말을 듣는다. 서울 근교에 사는 한국인들은 그들의 전답을 빼앗겼고, 저항할 때에는 정부의 보상을 기다리라는 말을 들었다. 그러나 그들을 담당하는 특수한 업무를 맡은 정부 위원회나 부서는 애당초 없었다. 그 사람들은 절망하게 되었고, 그리하여 한밤중에 자신들의 땅위를 가로지르는 철도 레일 몇 개를 뜯어냈다. 그들은 군법에 관해서는 전혀 아는 바가 없었다. 며칠 후에 그들은 체포되어서 총살형에 처해 졌다. 이것은 대단한 위력을 발휘해서 한국인들의 저항은 그 후에 더 이상 없었지만, 모리슨 박사가 이것을 최소한의 강제력만이 사용된 증거라고 말한다면, 그가 무엇을 상당히 커다란 증거라고 부를 것인지 우리는 알고 싶다.

한국에서의 철도정책과 "사람들을 대단히 가혹하게 다루면서 고통을 주기 때문에, 적의가 팽배한 지역인" 만주에서의 러시아의 철도정책에는 커다란 차이가 있다는 말이 들린다. 그런데 며칠 전에 미국인 몇 사람이 서울-부산 간을 구경한 적이 있었다. 어느 역에서 약 75세 정도의 양반이 그의 긴 지팡이에 의지한 채, 역 승강구로 와서는 신기하다는 듯이 기차를 바라보고 있었다. 그 때, 18세 정도 된 거의 나체에 가까운 차림의 일본인 승무원이 그 노인의 뒤에 와서는 노인을 자기 뒤로 휙 밀쳐내고는 그 옆에서 낄낄대고 있었다. 그 노인이 고통스럽게 다시 발을 모으려고 할 때, 그 일본 청년은 그를 승강장 바깥의 선로 위로 내던졌다. 노인은 일어날 수가 없었고, 그의 동료들은 그를 부축해 일으켜 세우려고 애를 썼다. 우리는 이야기가 사실을 증명할 수 있는 증거를 댈 수도 있다. 능히 그럴 수도 있을 것이다. 물론 이런 부당하고 잔학한 행위로부터 한국인들을 보호하기 위해서, 모리슨 박사의 표현으로는 "한줌의 헌병들"이 더 늘어나게 되면 상황은 나아질 수도 있을 것이다.

『타임즈』통신원인 그의 진술 중에서 가장 놀라운 것은 "서울과 그 주변 지역의 치안을 유지하기 위해서 지난 1월부터 한국 경찰은 업무를 중단했고, 일본 헌병이 업무를 대행하고 있다." 우리의 확실한 지식에 의하면, 한국 경찰이 업무 수행을 중단한 적은 단 하루도 없었다. 그들이 활동하고 있다는 증거는 서울과 주변지역 도처에서 발견할 수 있다. 모리슨 박사가 그들이 근무를 서고 있는 작은 초소를 지나지 않고서는 서울의 큰길들을 따라 200야드도 걸어갈 수 없었을 것이다.

우리는 모리슨 박사가 제시한 극단적인 일면적 견해는 정확하지도 않고, 일본에게 실제로 도움이 되는 것도 아니라고 생각한다. 일본은 한국에서 찬사를 받을 수 있는 권한들을 확보했다. 철도건설은 국가적으로나 세계적으로 중요한 사업이며, 국가의 자원과 산업 개발에 부여한 자극은 전폭적으로 찬사를 받아 마땅하다. 그러나 이런 사업들과 관련해서 의심스러운 실수나, 행위가 조금도 없을 것이라고 생각하기란 어렵다. 한국의 성공뿐만 아니라 일본의 성공을 기원하는 우리로서는 좋은 측면과 나쁜 측면을 두루 지적하려고 한다. 이렇게 하는 것이 모든 관련 당사자들에게 최선이라고 우리는 믿는다.

(3) <한국의 상거래 *Korean Business Life*>(Korean Review, 1905, June)

최근까지 한국의 화폐는 그 크기와 무게로 인해서 다루기 어려운 경화(硬貨)일 뿐이었다. 또한 그것은 오래된 물물교환의 관습을 그대로 보존하려는 태도와 관련이 있는 것이었고, 심지어 오늘날도 이런 거래방식은 조금도 사라지지 않아서 많은 한국인들은 면화나 쌀이나 아마(亞麻)를, 법적 변제를 위한 대용으로 생각한다. 이 나라에도 주기적으로 시장이 열리는 곳이 있다고 한다. 거의 모든 사람들은 자기 집의 30마일 이내에서 이런 〈장〉을 찾을 수가 있다. 대체로 장은 5일에 한 번씩 열리지만, 특별한 품목들만을 다루는 특화시장들도 많이 있다. 거의 모든 한국 상품들은 제 철이라는 게 있다. 농산품은 자연히 여름이나 가을에 많이 나온다. 대개 농부들은 겨울철에 가내 수공품을 만들어서 부수적인 수입을 얻는 데, 그 물건들은 겨울과 봄철에 판매된다.

수 세기동안 한국에는 보부상 조합이 존재해 왔다. 이 조합은 등에 물건을 짊어지고 도보로 전국을 돌아다니면서 가가호호 방문하여 물건을 파는 수천 명의 사람들로 이루어진 조합이다. 그들은 일정한 순회 노선을 따라 돌아다닌다. 이 조합은 아주 완벽하게 조직되어 있다. 최근에 들어 이 조합은 쇠퇴의 길에 놓이게 되었고, 애매하게 일하는 부패한 관료들이 부리는 악한들에 의해서 밀려나고 있다. 그 악한들은 보부상이 아니며, 현재 "보부상조합"의 불미스러운 평판은 진짜 보부상들과는 아무 관련이 없다.

한국의 국내에서의 상거래는 주로 시장과 보부상들을 통해서 이루어졌다. 큰 중심부에서는 보통 일반상점들이 있으며, 거의 모든 상품들은 각기 별개의 조합에 의해서 취급된다. 관행적인 거래 제도는 대단히 상당한 정도에 이르렀다. 많은 조합들이 느슨하게나마 부분적으로는 보험을 구비한 회사였고, 화재나 사망에 의한 손해는 상호부조해서 처리할 문제가 되었다. 이 조합들에게는 회비가 부과되었고, 정기적으론 아니지만 간혹 강제로 징수되기도 하였다. 조합을 대표하는 가문에 갑자기 현금 압력이 가해졌을 때마다, 그 조합이 발행한 어음은 언제나 받아들여졌다.

한국의 상점에는 두 종류가 있다. 개방형과 폐쇄형! 일반적인 상점은 한 칸 정도의 크기로, 구매자가 좌판에 있는 거의 모든 상품을 집어 들고 살펴 볼 수 있도록 거리 쪽으로 바로 트여있다. 그러나 비단, 면, 아마, 모시, 신발 그리고 기타 상품들을 다루는 거상(巨商)들은 상품을 별로 진열해 놓지 않는다. 당신이 들어가서 필요한 물건을 물으면 그것은 창고나 보관대에서 가져다 보여준다. 언제나 상품을 비교·선택하여 구매하는 외국인의 눈에 이것은 매우 낯설어 보인다. 가끔은 상인이 아주 무례한 경우엔, 비단을 살짝 보여준 후, 더 보여주지 않으면서 당신이 찾는 게 이것이 아니라면 우리 가게에는 당신 맘에 드는 물건은 없다고 말하기도 한다. 이곳에서는 당신이 원하는 바와 제조된 시기를 정확하게 말해야 하고, 가격만 물을 때에는 아주 심사숙고해서 조심해야 한다. 한국에서의 쇼핑은, 서방에서 거의 그러하듯이 생활의 즐거움의 하나로 간주하기 어렵다.

큰 도시에서의 부동산 매매는 언제나 중개인에 의해서 이루어지지만, 전답은 이해 당사자들의 직접적인 의사교류를 통해서 소유주의 변동이 매우 빈번하게 일어난다. 중개인에게 주는 법적 수수료의 비율은 구매가격의 1푼 정도이고, 파는 사람이 지불한다. 사는 사람은 협상진행 기간 동안에 소요되는 2파운드 정도의 담배를 제공한다. 중개업자들의 조합이 있으며, 조합원들은 시청에 이름이 등재되어 있다. 중개인이 파는 사람이 요구하는 총액을 속이고 별개의 돈을 '먹으면', 그것은 쉽게 탄로가 날 것이다. 그럴 경우에 그 중개인은 조합에서 쫓겨나고, 그의 면허는 취소된다.

최근까지도 한국에는 은행이 없었다. 그러나 구리돈(엽전)은 사용하기에 너무 번거롭고 운송비용이 막대하기 때문에 취급비용을 절감하기 위한 다양한 구상들이 시도되었다. 서울에 있는 큰 회사들 특히 조합들이 관행적으로 사용하는 것은, 언제나 받는 것은 아니지만 개인의 토지문서이다. 주택들의 가치평가는 비교적 잘 되어 있으며, 이런 문서들을 사용한다고 해서 한국인이 손해를 보는 경우는 거의 없다. 쌀로 세금을 내야할 경우에는 그 산지에서 서울까지의 수송에는 거대한 노동력이 요구된다. 그러나 돈으로 세금을 내게 된 이후로 그것은 세금지불은 매우 간편해졌다. 그러나 돈을 서울로 운송해오는 일도 어렵다. 그 결과 모든 이해 당사자들에게 상호이익이 되는 일종의 교환이 생겨났다. 자본을 지닌 사람은 한 지역의 모든 세금을 중앙정부에 지불하고서 그 총액에 해당되는 지사 자리를 부여받기도 한다. 그 직책을 부여받은 후에, 그는 그 지방에서 상품을 사거나 서울이나 다른 주요 지방도시에서 상품을 만들어 팔아서 다소의 이익을 만들어 낸다. 최근에 정부는 자신이 발행한, 가치가 낮은 당백전으로 세금을 내는 것을 허용했다. 이 통화체계로 적어도 4달러 이상은 되어야 미국 돈 1달러 정도가 된다. 그러나 한국에서는 당백전은 거의 사용되지 않기 때문에 구리동전만이 지불수단이 되는데, 그것은 현금으로 3달러 정도 모아야 미국 돈 1달러의 가치가 된다. 그로 인해서 이런 운용체계에서는 매점 매석하는 투기꾼들이 큰 이득을 볼 수 있게 된다. 이런 이유로 관리들은 일반적으로 물건을 구입할 돈을 융통해주고 이익을 거둔다. 그러므로 이 지구상에 다음과 같은 격언이 한국보다 더 잘 들어맞는 곳은 없다. 가진 자에게 보다 많이 주어져야 하고 못 가진 자로부터 그가 가진 최소한의 것들도 빼앗아 와야 한다.

이자율은 어디든지 안정적인 투자에 적합해야 한다. 이런 이유에서 우리가 보기에는 한국에서 금전적 이익은 통상 월 2-5%정도 수준이다. 좋은 담보물이 일반적으로 필요하다. 그러면 사람들은 물을 수 있다, 대부가 왜 그렇게 까다롭냐고? 그 대답은 한국의 사법권을 믿을 수 없다는 데 있다.

이곳의 상업윤리에 있어서 커다란 불평등을 감안하면, 한국인들은 정말로 놀랍게 서로를 믿는다. 신뢰에 입각해서 거래되는 화폐량은 대단히 많다. 보통의 한국인들은 신뢰에 입각해서 준 돈에 대해 영수증 이외에 다른 것을 요구하는 것을 경멸한다. 나는 사용 가능한 그 어떤 법적 강제력보다도 평범한 정의감과 체면의식이 기만을 막는 보다 커다란 억제력이 된다는 조심스러운 확신을 가지고 있다.

(4) <미지의 땅 *Unknown Land*>(Korean Review, 1905, June)

우리가 일요일 오후 내내 산청에 머물렀을 때, 여관주인이 "당신들은 여기에 온 최초의 외국인입니다."라고 말했다.

한국의 많은 지역이 아직도 외국인들에게 미지의 상태로 남아있는 것은 무척 유감스러운 일이었다. 한, 두 명의 선교사를 제외하면 우리 외국인들은 한국의 항구들과 중심지, 그리고 철도가 연결되는 지역을 이외로 여행을 다녀본 적이 없다. 심지어 선교사들조차도 교회를 오고가는 길을 제외하고는 한국에 대해서 거의 알지 못한다. 작년 11월 홀(Hall) 목사와 경상남도의 북동지역을 여행하면서 나는 외국인들이 한국에 대해서 거의 아는 바가 없다는 사실에 대단히 놀랐다. 부산에서 약 128킬로미터 정도 떨어져 있는 유속이 느린 낙동강을 건너 전라도 경계에 도달하기 전까지 우리는 행정구역이 다른 6개의 고을을 지나면서 우리는 주목의 대상이 되었는데, 그것은 그 지역에서는 그간 어떤 외국인도 보지 못했다는 사실을 보여주는 것이었다. 우리는 8년 전에 합천에서 종교책자를 팔면서 설교를 했던 애덤스 씨나, 약 6년 전에 「삼가(Samga)」에 나타났던 로스(Ross) 씨, 또는 4년 전에 자전거를 타고 전주에서 진주까지 갔던 백인 휴 밀러(Hugh Miller)와 우리가 동일시될 수 있다는 생각이 들었다. 이름이 알려진 이 세 사람을 제외하고, 그 어떤 백인 방문객에 관한 보고도 접해 본 적이 없다. 경상도 지역에 산재해 있을 것이라고 생각했던 프랑스 신부들조차도 이 지역을 여행한 적이 없는 것처럼 보인다. 물론 소문을 통해서 여섯 명중에서 세 명 정도는 아마도 이 지역을 지나갔을 것이라는 생각이 들기는 했다.

　도시와 도시를 연결하는 주요 도로를 비껴서 여행하는 과정에서 우리가 지난 그 지역은 부산이나 대구에 비해서 훨씬 산들이 많았다. 계곡들은 좁고 험난하며 산에 접근하기란 어려웠다. 협곡이 점점 감소해서 밭을 일굴 수 있는 땅으로 변하기 전까지는 유용할 수 있는 땅은 급속히 줄어들 것이고 그에 비례하여 인구도 줄 것이다. 관찰과 부지런한 시장 조사를 통해서 우리는 철도가 통과하는 부유한 지역과 비교해서 그 서부지역에는 훨씬 적은 인구가 살고 있을 것이라고 생각하게 되었다. 한국체류 중에 처음으로 나는 이십 리 근방에 집 한 채도 발견할 수 없었던 경험을 하였다.

여행 중에 우리는 유명한 지리산의 경치를 볼 수 있는 지역에 갔었다. 이 산은 한국의 남쪽 지방에서 가장 높은 산이며 경상남도와 전라도의 경계를 이루는 산이다. 우리에게 뭐든지 말해주려고 하는 말이 많은 한 한국인은 지리산은 8개의 행정구역을 아우르고 주변 600리에 걸쳐 있으며, 산 정상까지 가장 짧은 길로 가도 50리 길에 이른다고 말했다. 또한 그에 의하면 그 산에는 곰과 호랑이와 같은 야생동물들이 서식하고 있으며 여름 한 철에만 정상에 오르는 것이 가능한 데, 추수감사절 시기에는 여전히 눈이 목 높이까지 쌓여 있을 정도라는 것이다. 확실히 이 산의 무수히 많은 지맥들은 여행객들에게 범접하기 어려운 장애가 되고 있으며, 그 높이로 인해서 한국의 산들 중에서 유명하게 되었다.

동쪽에서 합천지역으로 들어가는 중에 내가 한국에서 본 것 중에 가장 아름다운 자연경치를 만나게 되었다. 그것은 아마도 약 800미터쯤 되는, 기분을 상쾌하게 만들어 주는 작은 시내를 덮고 있는 거대한 벼랑이었다. 그 절벽의 중간쯤에는 자연적으로 생긴 8피트 넓이의 굽어진 길이 있었고, 그 위로 똑바로 솟은 원주형의 바위가 있었다. 그리고 아래로는 약 200피트 높이로 물이 떨어져서 반짝이는 시내로 흘러가고 있었다. 놀라운 것은 그 자연도로만이 아니었다. 우리는 그 바위로 된 그 경관들 위의 농염한 신록에도 감탄을 금치 못했다. 마치 기름진 땅에서는 자랄 수 없는 듯이 자연스럽게 직경 30센티미터 이상의 거대한 나무들이 바위 위에서 가지를 위로 내뻗으면서 자라고 있었다. 11월의 날씨는 나뭇잎들을 가을 색으로 물들였고, 그 형형색색의 나뭇잎들은 촘촘히 이어져 있어서 우리는 거의 해를 보지 못하고 그 아름다운 길을 걸어갈 정도였다.

우리는 '절벽 길'이라고 명명한 그 길을 가로막고 있는 두 개의 돌을 치우고서야 길의 끝에 도달할 수 있었다. 그 돌들은 위에서 굴러 내려왔고, 우리는 우리가 이런 경관을 보게 된 지점에서부터 그 돌들 밑에 있었으며, 그 돌이 언제 굴러 내려올지도 모른다는 생각에 두려움 갖게 되었다. 그 근처 마을에 사는 사람들의 말에 의하면, 며칠 전에도 굴러 내려온 돌에 맞아 한 사람이 죽었다는 것이다.

자른 듯한 절벽과 반짝이는 시내, 낭만적인 길, 호기심을 자아내는 나무들, 감탄을 자아내는 단풍, 등골을 오싹하게 하는 높이, 만일 이런 것들이 보다 잘 알려진 나라에 있었더라면, 그것들은 국립공원이 되어서 엄청난 가격으로 팔릴 것이다. 또한 도로가 놓여서 이런 놀라운 경치를 감상하려는 사람들이나, 눈에 잘 띄지 않는 나무그늘에서 밀어를 속삭이려는 연인들을 불러들일 것이다.

우리는 경각심을 늦추지 않았기 때문에, 5년 전 대구 방문 시와 같이 도둑맞을 걱정을 할 필요가 없었다. 우리는 높은 산에서 내려오는 도중에 재난을 만나 비명소리가 터져 나오는 마을에서 빠져 나오는 일군의 사람들을 만났다. 그들은 눈에 보이는 무기를 지니고 있지는 않았지만, 동행한 한국인들의 말에 의하면 그들은 도둑질과 폭력을 일삼는 무법자들이라는 것이었다. 우리는 별 탈 없이 그들을 지나쳐 갈 수 있었다. 서쪽 지역 전체에 이런 도둑들이 들끓고 있기 때문에 그들을 잡기 위해서 50명의 군사가 근처에 주둔하고 있지만,

군인들의 힘은 몇 마일 근방에만 미치는 실정이었다. 산청에서 얼마 전에 군인들이 우리가 막 내려온 지리산에 올라가서 도둑을 사로잡아서 29명이나 되는 도둑들을 완전 나체로 밤에 시내로 끌고 왔다는 소식을 들었다. 우리는 진심으로 많은 개혁을 수행하는 일본인들이 산적들을 소탕할 방법을 찾아내기를 기대한다.

우리는 경상남도의 거의 절반을 탐사한 후에 우리의 여행을 마쳤다. 우리는 어떤 개신교 선교사보다도 이 지역을 많은 살펴보았다. 우리가 좀 더 많은 여행을 한다면, 한국 내부에 관한 신뢰할 만한 정보를 보다 빨리 획득할 수 있을 것이다.

(5) <케넌의 서울론 *Mr. Kennan on Seoul*>(Korean Review, 1904, No. 11)

조지 케넌은 『전망 Outlook』 10월 호에 경청할 만한 서울론(論)을 실었다. 그는 아주 예리한 관찰자로서 여러 가지 일들을 매우 드라마틱하게 기술한다. 그의 글에서도 서울에 대해서 지나치게 후한 평가를 내린 해밀턴의 글이 남긴 영향을 찾을 수 있다. 그러나 케넌의 경우에는 그렇게 많은 기대를 했다가 그것이 실망으로 변하면서 또 다른 극단적인 평가를 내린다. 그는 서울에는 볼 만한 것이 그리 많지 않다고 말했던 것이다. 예컨대 서울의 자연경관에 관한 그의 기술은 홍콩이라는 유일한 예외를 제외하면 서울은 극동에서 가장 아름다운 곳에 위치해 있다고 생각하지 않는다. "예전에 서울에 거주했던 사람"의(사실 그는 케넌보다도 한국에 대한 지식을 한결 더 완벽하게 지니고 있던 어느 미 해군 장교인데) 조잡한 운문에 의해서 서울이 더욱 잘 설명된다고 케넌이 말한 것은, 그가 해밀턴의 극단적인 칭송에서 벗어나 또 다른 극단으로 나아가고 있다는 것을 보여준다. 여인들이 반나체로 서울의 거리에 나다닌다는 작가가 남긴 인상기를 우리는 부인하지 않을 수 없다. 서울에 사는 어느 누구도 소수의 여자 노비들이 가슴을 노출하고 다닐지라도, 그것이 서울 거리를 다니는 한국 여인들의 일반적 면모는 아니라는 점에 동의할 것이다. "반-나체"라고 하는 표현은 실제와는 많이 다른, 이론의 여지가 있는 표현이다. 케넌이 공정을 기하려고 했다면, 그는 비교 항목에다가 한국과 일본의 '나체'에 대한 인식의 차이를 언급했어야 한다. 그러나 서울에 관해 지나가면서 툭 던진 언급들에는 공정한 비교를 찾아볼 수가 없다.

케넌은 서울의 쓰레기와 냄새에 관해서 많이 언급하고 있지만, 서울이나 동양의 다른 도시들에 관한 주마간산격의 관찰을 넘어선다면 서울은 중국의 여러 개항장에 비해서 그렇게 기분 상할 정도로 냄새가 심한 것은 아니라는 것을 알 수 있을 것이다. 천진이나 상하이를 위시한 중국의 수백 개 도시들은 서울과는 비교할 수 없을 정도로 냄새 문제에 있어서 악명이 높다. 케넌은 이런 여타의 도시들을 보았어야 했다. 그러나 흔히 사람들이 그러하듯이, 그는 논문에서 이 문제에 있어서 서울이 유별난 것으로 결론짓는다. 우리는 동경에도 여러 차례 갔었지만 언제나 서울보다도 훨씬 심한 악취로 고생을 해야만 했다.

"한국에는 청소하는 새가 없는 것 같다." 이 놀라운 진술은 결론적으로 케넌이 자신의 견해를 전혀 수정하지 않았다는 것을 보여준다. 서울에서의 놀라운 일 중의 하나는 쓰레기를 찾아 도시 주변을 선회하며 맴도는 커다란 매들이 엄청나게 많다는 사실이다. 이것은 수많은 사례 중의 하나일 뿐이다. 어린 소년들은 죽은 쥐를 보면, 땅으로 내려와 그것들을 채가려는 매들을 향해서 공중으로 돌을 던지면서 놀기도 한다.

케넌의 많은 진술들은 사실에 근거한 진실한 것이고, 이런 결함들은 불완전한 관찰에서 비롯된 것이다. 그렇게 짧은 체류일정과 제한된 체류지역을 감안하면, 케넌의 진술은 눈에 드러난 사물들에 대한 놀라운 집중력과 빠른 이해력을 보여준다고 말할 수도 있을 것이다.

물론 이렇게 말할 수 있다. 여기에 얼마 간 살았던 사람들은 어떤 의미에서는 그들에게 별로 새로울 것이 없는 현재의 상황에 익숙해 있다고 말할 수도 있다. 그러나 우리 처럼 중국에 살았던 사람들은 일반적으로 서울이 지내기에 훨씬 더 좋다는 견해를 가지고 있다는 점을 놓쳐서는 곤란하다. 공중위생과 관련해서도 한국의 방식이 중국의 그것보다 훨씬 더 낫다고 생각하지 않을 수 없다. 보기엔 혐오스러워도 하루 종일 햇살에 노출되는 드러난 도랑이, 대충 판자로 가려 막아서 병균이 햇볕에 노출되지 않는 도랑보다 건강에 덜 해롭다는 사실을 케넌도 틀림없이 알고 있다. 들리는 바에 의하면, 도쿄에서는 도랑을 복개하지 전까지는 디프테리아를 몰랐다고 한다.

서울에는 뉴욕의 많은 거리들만큼 넓은 16킬로미터의 도로가 있다. 낮에는 비가 와서 도랑을 깨끗하게 씻어낸다. 밤에는 도랑 치는 일을 특수한 일로 생각하는 사람들아 오물을 치운다. 케넌은 안타깝게도 서울 및 그 주변의 흥미로운 볼거리를 알기에는 시간이 없었다. 누군가가 서울 및 그 주변에 관한 좋은 안내책자를 내야한다. 그러면, 여행객들이 떠나가지 않고, 여기서는 흥미 거리를 찾을 수가 없다는 말이 나오지 않을 것이다.

(6) <케넌과 한국 *Kennan and Korea*>(Korean Review, 1906. No. 6)

1905년 10월 호『전망 Outlook』에 케넌의 글이 실렸다. 편집자는 "이 글은 지난여름 케넌이 한국의 상황을 관찰하고 연구한 바에 입각한 일련의 글들 중 첫 글이다"라고 말했다. 케넌의 글에서는 한국 황제의 인품, 한국 관료들의 뇌물수수, 한국인들의 사기 저하, 한국에서의 일본인들의 행정 처리능력 그리고 한국의 미래 등의 문제들이 다루어 질 것이라고 한다.

우리로서는 이 역겨운 작가가 이런 문제들에 관하여 권위주의적으로 언급할 수 있는 어떤 자격과 기회를 지녔는지를 당연히 묻지 않을 수 없다. 편집자가 말한 것처럼, 케넌이 한국에 체류했던 시기는 1905년 여름이었다. 현실적으로 작가의 개인적 지식이란 점에서 케넌은 한국에 한 달도 채 못 있었다. 그는 외국인 조차지 내의 호텔에 묵었고, 한국인들의 일상적인 생활로부터 격리되어 있었으며, 더욱이 한국에 있는 사람이면 누구나 알고 있는 것처럼 그 해 여름에

315

는 지난 십 년 중에 가장 비가 많이 내린 여름이었다. 그 해 여름에는 봄이나 가을과는 달리, 한국 사람들을 살피고 그들의 생활조건을 연구할 만한 기회가 마련되어 있지 않았다. 일 년 중에서 그 때만큼 그런 일을 하기에 더 부적절한 계절은 없을 것이다.

그 당연한 결과로, 케넌은 한국인을 직접적으로는 거의 연구할 수 없었다. 그의 진술에 대한 면밀한 검토가 필요하다는 점에서 이런 점들은 마땅히 지적되어야 한다. 약 일 년 전쯤에도 그는 한국을 방문하여 며칠 체류한 적이 있다. 그 당시에 그가 쓴 편지가 바로 이 「전망」이란 잡지에서 비판을 받았는데, 그는 거기에 너무나도 많은 실수를 저질렀다. 그 중에 하나가 서울에는 청소하는 새가 없다는 진술이다. 우리(『한국평론』)는 이 진술이 사실에 위배된다는 점을 이미 지적한 바가 있다. 이 도시에 사는 모든 사람들은 도시 상공을 선회하는 수많은 매가 있다는 것을 알고 있다. 그 매들은 쓰레기를 찾기만 하면 깨끗이 먹어 치운다. 이제 두 번째 방문이기에 케넌은 자신의 진술이 옳다는 것을 증명할 책임이 있다. 그는 자신은 매를 찾아보려고 노력하였지만, 한 마리도 볼 수 없었다고 말하고 있다. 그런데 독자들은 우기가 한창인 몇 주 동안에는 보통 때와는 달리 비록 전혀 볼 수 없는 것은 아니지만, 매들을 거의 볼 수 없다는 사실을 유념할 필요가 있다. 이런 사정을 이용하여 케넌은 20여 년 동안 서울에 살고 있는 사람들의 증언과는 어긋남에도 불구하고, 자신의 논지를 견지하고 있다. 이것은 케넌의 독특한 방법이기에 중요하게 다루어져야 할 사안이다. 그는 모든 문제에 관하여 겨우 몇 주간의 관찰에 의거하여 결정을 내렸다. 이것은 어떤 나라에 도착하여 거리에 있는 황구(黃狗)를 보고서 친구에게 그 나라의 모든 개들은 황구(黃狗)라고 쓰는 여행자의 관찰에 비해서 조금 덜 당혹스러운 관찰일 뿐이라고 할 수 있다.

두 번째 문제점은 거의 전부가 서울과 그 주변의 한 두 항구에 할애되어 있다는 것이다. 그 도시의 사람들은 한국인 전체의 전형이 될 수가 없다. 수도에는 관리들과 그들의 수행원들이 모여 있고, 관리들에게 기생하는 한량들이나 관직에 오를 기회를 엿보는 사람들이 많이 있다. 그들 대부분이 타락한 사람들이라고 할 수는 없어도, 우리는 결코 그들의 게으름을 변호할 생각도 없다. 그러나 핵심적인 것은 그들이 대다수의 한국인을 대표하는 전형은 아니라는 사실이다.

다시 그 무더웠던 여름으로 돌아가서 모든 노동자들은 그 시기에 시애스타(siesta)와 같은 오랜 점심 휴식을 갖는다는 것이 관례이다. 분명히 케넌은 10시에서 2시 사이에 관찰을 하였음으로, 그가 새벽에 일어나 시장에 가서 활기차고 민첩하게 움직이는 사람들을 보지 못했다는 것은 분명하다. 한국인들은 새벽에 최소한 미국인들이 일어나 일하기 2시간 전부터 일을 시작한다. 한국인은 12시에 휴식을 취하기 전까지 쉬지 않고 일하기 때문에 케넌과 같은 피상적인 관찰자로부터는 비난의 대상이 된다.

그러나 보다 중요한 문제가 여전히 남아 있는데, 그것은 『전망』의 편집자의 서언에 나타난 추론이다. 거기에는 케넌의 방식으로 한국의 생활에 관련하여 (1) 황제의 성격 (2) 관리들의 뇌물 (3) 백성들의 의기소침함 (4) 일본에 의한 행정 (5) 한국의 장래 등 5개의 특별한 문제들이 언급되어 있다. 적어도 앞의 세 문제는 한국인들을 독특하

게 다루어야만 하는 문제이다. 우리는 공정한 독자들에게 물어보고
자 한다. 이런 항목(구성)이 과연 한국인들에게 공정한 것인가? 라
고. 케넌이 아주 특별한 변론가라는 것을 이 목차보다 더 잘 보여주
는 것은 없다. 그는 한국인들은 모두 나쁘다는 것을 증명하기 위해
서 한국에 왔고, 그들의 좋은 면에 관해서는 언급도 하지 않음으로
써 균형을 유지하려는 그 어떤 일도 하지 않았다. 그는 한국인의 미
덕은 기술할 만한 것이 없다는 추론의 여지를 제공하였다. 우리가
보기에 케넌의 체류일정이나, 그의 관찰의 날카로움 혹은 한국의 상
황에 대해서 타인에게 편견과 곡해만을 심어주는 마음의 공정성 등
그 어느 한 측면에서도 그는 자격을 갖추고 있지 못하다.

　지금까지 우리가 말한 바에서 이것이 분명하게 드러나지 않았다
면 다음의 사실들에서 보다 분명하게 그 점을 알 수 있을 것이다. 케
넌이 서울에 숙소를 구했을 때가 우기인 관계로, 그는 직접적인 관
찰을 할 수 없었고, 결국 그런 문제에 관하여 뭔가를 알고 있는 서울
에 체류하는 사람을 찾아갔다. 이 글을 쓰는 나도 그들 중의 한 사람
이었다. 나는 이 저명한 여행가가 사건을 제대로 공정하게 제시하길
바랬고, 그와 함께 오랜 시간을 보내면서 정세에 관한 많은 질문들
에 답변을 해주었다. 우리는 그에게 한국에서의 일본 지배의 본질에
관한 우리의 견해를 설명해 주었을 뿐만 아니라, 한국인의 성격과
기질에 관한 연구의 결과에 대해서도 신중하게 알려 주었다. 우리의
연구는 20년 정도 더 되었고, 한국 사회의 다양한 계층의 사람들과
의 친밀한 교우관계를 통해서 얻은 것인 만큼 정확하고 치밀한 것이
었다. 그런데 이 모든 것들 중에서 그가 활용하기 위해서 차용한 부

분은 어느 정도인가? 그는 자기 마음대로 거의 작가의 말인 양 바꿔서 그것을 사용하였지만, 손상된 부분을 복구해 놓은 한국 문명의 특성들에 관하여 우리가 제공한 모든 내용들을 생략했다. 그 대신에 그는 무책임하게 거리의 소문들과 한국인들을 희화화(戲畵化) 하는 사람들의 견해만을 취합하였고, 거기에다 그 자신의 부적절한 관찰까지 덧붙였다.

한국 사람들에 관한 그의 모든 일반화는 바로 여기에 근거한 것이었다. 한국 사람에 관한 그런 철저한 편견과 괘씸하기 짝이 없는 곡해는 거의 비견할 바가 없을 정도다. 우리는 이것을 분명하게 보여주고자 한다. 그는 우리를 이용했다. 그는 우리 견해의 일부분을 함축적으로 거의 그대로 수용함으로써 정확하게 진술하고 주어진 주제에 관하여 진실한 상을 제시하려는 우리의 노력을 부분적으로는 인정했다. 그러나 그 외의 다른 부분에서는 우리의 진술을 무시했다. 아니 무시했을 뿐만 아니라, 그가 중요한 부분에서 그토록 자유롭게 차용했던 우리의 입장이 그 자신의 진술과 정반대가 될 경우에는 전혀 언급하지 않았다. 이것은 일종의 배신이자 위약이며, 그렇게 함으로써 그는 마치 우리가 한국의 황제와 국민에 대한 그의 가증스러운 소묘를 지지하는 것처럼 만들었다. 이에 우리는 당연히 이의를 제기하려고 한다. 우리는 그의 견해를 반박하고, 그의 견해에는 위험천만한 오류가 있음을 보여주어야 한다는 개인적인 의무감까지도 느끼고 있다. 우리가 이 '기소장'에서 개인적인 편견을 제거할 수 있는가 여부는 오로지 이 기소장 자체의 내용에 의거해서 판단되어야 마땅하다.

케넌은 일본은 한국을 "변모시켜서 문명화시키려는 매우 진지하고도 결정적인 노력을 행하고 있는 중"이라는 말로 글을 시작한다. 즉, 일본은 한국을 "환골탈태시키기 위해서 의식적이고 지적인 노력을 기울이고 있는 중"이라는 것이다. 이것은 케넌이 기사를 작성하기 바로 직전의 몇 달과 염두에 두고서, 아마도 1904년 후반기에서 1905년 전반기를 염두에 두고서 하는 말이었다.

독자들이 케넌의 세 번째 기사를 조회해 보기만 하면, 위에 인용한 말들이 모두 적합한 것들인지를 저자 자신의 진술에 의거해서 판단할 수 있을 것이다. 또한 그의 세 번째 기사의 내용들 거의 전부가 『한국평론』에 있는 것을 알게 될 것이다. 그 기사는 우리가 『평론』에 공개적으로 제시하지 않았던 우리의 관점을 대단히 정확하게 진술하고 있지만, 거기에 담겨진 요지들을 전부 누락시켰다. 그리고 그 기사에는 삽화도 거의 없다. 그러므로 우리는 이러한 다른 기사들을 어느 정도로 함께 다루어야 할지를 검토하지 않을 수 없다.

첫 번째 기사에서 우리는 일본이 한국을 재건하기 위해서 "진지하고", "결정적이며", "의식적이고"도 "지적인" 노력을 기울이고 있는 중이라는 글을 볼 수 있다. 세 번째 기사에서는 사정이 전혀 다른 것을 알 수 있다. 이런 형용구들에 비춰 판단해 볼 때, 일본인이 한국에서 정말로 지적이고 정치가다운 정책을 도입했다는 이야기를 사람들로부터 흔히 들을 수 있으리라. 그러나 세 번째 기사에서 케넌의 말에 주의를 기울여 보면, 그는 그 문제에 대해서는 개인적으로 전혀 모르면서도 이 한 구절에서 그 문제를 깊숙이 연구한 사람의 관찰로부터 견해를 이끌어 냈다.

그는 처음에는 "전쟁과 같은 영역에서 일본인들이 보여주었던 지적인 예방책이나 두드러진 능력 혹은 뛰어난 사전 정비 능력과 같은 것을 그 분야에서 전혀 보여주지 못했다"고 말하면서 한국에 있는 일본인들은 "방법이나 성취, 모든 면에서" "실망스럽다고" 우리에게 말한다.

그가 말하는 일본의 첫 번째 실수란, 일본이 한국을 처음부터 보호령으로 만들지 않고서도 상황을 통제할 수 있다는 생각을 지칭한다. 물론 이것은 진실이다. 그들은 그런 방식을 취하지 않으면서 한국문제를 제대로 다루는데 실패했다. 그러나 케넌이 예시하는 바에 따르면, 한국문제는 지속적인 무력시위를 통해서만 러시아가 폴란드나 코카서스를 그렇게 다루었듯이 성공할 수 있다는 것이다. 여기 한국의 경우에 중요한 것은 일본이 한국의 독립을 보장하였다는 사실이다. 또한 케넌은 만일 일본이 택한 방법이 조금이라도 문명화된 면모를 지니고 있었더라면, 일본은 결코 현재와 같은 공고한 지위를 유지할 수 없었을 것이고, 만주에서 거둔 승리보다도 더 큰 승리를 한국에서 거둘 수 없을 것이라는 사실을 전혀 설명하지 않고 있다. 그러나 "만일"이란 가정은 매우 큰 문제일 수 있다. 일본은 힘의 사용에 필요한 모든 자기 통제력을 발휘하지 않았다. 일본이 한국에서 자기 정책을 실행할 수 있는 유일한 가능성은 1904년 조약의 타파에 달려 있었다. 그러나 케넌은 한국 관리들 부분에서 문제점을 찾아낸다. 그들이 나카모리 시안(試案)이나 메가타(Megata) 씨의 재정정책, 그리고 한국의 부와 자산에 위해(危害)를 가하는 전적으로 이기적인 다른 구상들을 반대하지 않았더라면, 무척이나 어리석고 비겁한 사람이 되었을 것이라는 주장이다. 우리는 케넌의 주장에 담겨있는 도덕을 문제 삼으려는 것은 아니다. 그는 우정국(郵政局) 사업을 접수하면서 일본은 실질적으로 한국의 주권을 침해하였고, 이런 이유로 인해서 그들은 오랜 기간에 걸쳐서 한국의 주권을 전반적으로 침해하는 방향으로 나아갈 수도 있다고 말한다. 그러나 1904년 한국의 독립을 보장한 것은 전적으로 일본의 자의에 의한 것이었다.

그렇다면, 케넌이 우리에게 말하려는 바는 과연 무엇인가? 한국의 독립을 보장한 후에 보니, 한국은 국가라는 배를 적절하게 이끄는 데 필요한 자기 통제력을 행사할 수 없고, 따라서 일본은 조약을 폐지할 권리가 있고 기꺼이 그럴 수 있다고 말하는 것인가? 우리는 이런 방식은 러시아가 조약을 취급하는 방법과 전적으로 마찬가지의 방식이라고 생각한다. 케넌의 모든 주장은 악의적이며 그 주장의 논리적 귀결은 조약들이 자기들이 편리한 경우에는 유효하다는 것이다.

케넌에 따르면, 일본의 두 번째 실수는 "필요한 개혁과 시급히 요청되는 개혁조치들에 대한 그릇된 판단"이다. 그는 나카모리 시안(試案)은 그 비용문제로 인해서 부절한 것이라고 비난한다. 그는 이 시안이 어떻게 한국 사람들의 선의를 일본과 격리시켰는지를 보여준다고 했다. 그리고 덧붙여 한국인들을 자신들 편으로 만들었을 지라도 관료주의로 인해서 별반 이룩된 것이 없을 것이라고 말한다. 이런 주장이 국가권력을 완전히 장악하지 않았기 때문에 아무 것도 성취할 수 없었다는 그의 이전 주장과 어떻게 양립될 수 있는가?

이런 사실들이 보여주는 것은 어떤 경우이든 일본에 의한 개혁은 별반 희망이 없다는 사실일 것이다. 일본인들은 증오심이 이미 열 배 이상 증폭되어 있는 상태의 나라를 장악하고, 사람들의 신뢰를 얻기 위해서 필요한 공감과 자기통제 그리고 포용력이 결여되어 있기 때문이다.

케넌은 한국인을 1) 황제, 2) 정부, 3) 백성들 등 셋으로 구분해서 묘사하고 있다. 그의 황제에 대한 묘사는 "공평무사한 한 미국인"의 견해를 길게 인용하면서 시작된다. 만일 그가 말하는 미국인이 미국 시민을 뜻하는 것이라면 우리는 이의를 제기하지 않을 수 없다. 황제에 대한 기술을 한 것은 미국인이 아니라 영국인이다. 그의 황제에 대한 인상은 한 마디로 다음과 같이 요약된다. "그는 어린이처럼 지각이 없고, 보어(Boer)인처럼 단호하고, 중국인처럼 무식하고, 호텐토트(Hottentot)인처럼 허영심이 강하다." 내가 이 문장이 모든 것을 축약하고 있다고 말하는 것은 그가 주장하려는 바의 3/4 정도는 그의 의도와 정반대임을 보여주고 있기 때문이다. "어린이처럼 지각이 없다"는 말의 의미를 정확히 가늠하기란 어려운 일이다. 우리는 결코 어린이의 특성을 무지각성과 동일시하지 않는다. 반대로 어떤 어린이는 대단히 주의 깊고, 예민한 지각력을 가지고 있다. 우리는 한국의 황제가 어린이처럼 지각이 없다는 말에 동의를 할 수도 있다. 그러나 황제가 보어인처럼 단호하다는 단언과 관련해서, 우리는 그가 그것을 칭찬 받아 마땅한 것으로 간주하지 않은 이유나 근거를 찾을 수가 없다. 우리는 보어인의 단호함을 익히 증명된 바라고 생각한다. 그러나 기억해야 할 것은 단호함은 자기가 생각하는 조국을 위해 싸우는 격렬한 투쟁의 과정에서 나타난다는 것이다. 황제가 중국인처럼 무식하다는 말은 오늘날에는 주의를 필요로 하는 표현이다. 왜냐하면 전 세계가 어디서나 발견할 수 있는 가장 명민하고 분별력 있는 사람들 가운데 중국인들을 발견할 수 있다는 사실을 이제 깨닫기 시작하였기 때문이다. 저자가 억지로 무지의 동의어를 찾으려고 했다면, 기민한 중국인들보다는 더 나은 국민을 찾았어야 할 것이다. 황제가 호텐토트인 처럼 허영심이 강하다는 말을 하는데, 그것은 차라리 허세부리기로 유명한 사람이라고 말하는 것이 더 좋았을 것이다. 왜냐하면 그 문장을 쓴 사람은 호텐토트인을 본 적이 없으며, 풍문으로 들은 것 외에는 그들에 대해서도 전혀 아는 바가 없기 때문이다. 그러므로 그가 황제에 대해서 아는 바도 그런 풍문에 불과한 것이 아닌지, 그리고 황제나 호텐토트인을, 혹은 둘 다를 중상(中傷)하고 있는 것은 아닌지 의심스럽다.

"그(황제)를 둘러싸고 있는 것은 극도의 무지이며, 그런 연유에서 그는 연한 황갈색의 사슴과 같이 소심하다." 여기에는 또 하나의 안타까운 직유(直喩) 표현이 있다. 자연은 그 사슴에게 예민한 감각과 준족(駿足)의 발이라는 두 가지 자기방어 수단을 주었다. 황제의 무지가 그의 주변에서 일어나고 있는 일을 인지하는 능력의 결여를 의미한다고 한다면, 그건 내가 보기에 진실과는 거리가 먼 이야기이다. 대체로 한국의 왕들은 격리되어 있었고, 당시의 조정대신들이 기꺼이 누설하려는 정보를 제외하고는 정보 부족의 상태에 있었다는 것은 사실이지만, 현재의 한국의 황제가 무지하기 때문에 결단력이 없고 소심하다고 하다고 말하는 것은 전혀 진실이 아니다. 그것은 나의 친절한 풍자화가에 의하면, 그가 너무 많이 알고 있기 때문이라는 것이다. 그는 25년의 재위 기간 중에 중국인, 일본인 그리고 러시아인들을 상대하면서 그들을 따돌릴 그 어떤 수단도 없었지만, 교묘하게 그들을 따돌렸다. 한국의 황제보다 중국의 책략이나 러시아 또는 일본의 책략에 대해서 더 많이 아는 개인이 틀림없이 있겠지만, 한국의 황제만큼 세 나라 모두를 많이 아는 사람은 아마 이 세상에 없을 것이다.

황제가 소심하다는 것은 의심의 여지가 없는 사실이다. 그러나 그것은 선천적인 타고난 성격이 아니다. 왜냐하면 그의 아버지는 지난 세기 오리엔트에서 배출된 가장 배짱 좋고 용감한 사람이기 때문이다. 그것은 후천적으로 생겨난 성격이거나 그가 처한 환경에서 유발된 정신적 태도일 것이다. 아마도 러시아 황제나 터키의 술탄에 대해서도 마찬가지의 이야기를 할 수 있을 것이다. 현재의 황제인 고종은 피비린내나는 천주교도 박해의 공포와, 결국은 침략으로 귀결된 프랑스와 미국의 위협 속에서 젊은 시절을 보냈다. 이런 사태가 마무리되자마자 그의 아버지와 황후 사이에 피를 부르는 반목이 생겨나 아버지와 황후, 그리고 오빠가 지긋지긋한 암투로 인해서 파멸하게 되었다. 이어서 1882년에는 황후의 궁전에서 추적이 시작되어 바로 황제의 눈앞에서 여러 고위 관료들이 부상을 입거나 살해당하는 일이 있었다. 1884년에는 그가 총애하던 6명의 신하들이 참수형 당하는 것을 거둘 것을 굴욕적으로 간청하는 중에 그의 면전에서 참수되었다. 1895년에는 살인자들이 그의 궁전에 침입해서 명성황후를 죽여 불태우고는 그를 죽이겠다고 위협한 일이 있었다. 치명상을

325

입은 한 충성스런 신하가 어전(御殿)으로 와서 죽기도 하였다. 이 사건이 있은 지 몇 달 후에는 황후의 살해자들과 제휴한 사람들의 손아귀에 잡혀서 사실상 감금 상태에 있었다. 그는 강압적으로 국민들 앞에서 죽은 황후의 명성이 더럽혀지고 모멸되는 광경을 보게 되었다. 이 모든 사건들이 그에게는 고통이었고, 다른 사람들의 도움을 청할 수 없었기 때문에 그가 독창적으로 만들어 낼 수 있는 일이란 거의 없었다. 여전히 사람들은 그가 소심하기 때문이라고 황제를 비웃는다. 그러나 그것은 그의 불행이지 그의 잘못이 아니다.

동료의 세계상을 그릴 수 있는 도덕적 권리를 지닌 유일한 사람은, 상상으로나마 자신을 동료가 처한 상황에 놓고서 그의 관점에서 사물을 보려는 사람이다. 다음의 표현보다 더 잔인한 과장된 표현이 있을 수 있을까? "그는 …(중략)… 백성들을 그의 학살을 바라는 양 떼나 소 떼처럼 생각하는 게 아닐까?" 이 표현이 어떻게 앞에서의 진술, 즉 "그는 친절한 마음씨를 가지고 있는 사람이다. 그는 일전에 그의 생가인 정동에 있는 궁전에서 돌아오는 길에, 무너진 오두막에서 가난하게 사는 어떤 나이든 막노동꾼을 돕기 위해서 특별한 선물을 보내기도 했다"는 진술과 부합되는지 도무지 모르겠다. 이 일이 어떤 특별한 경축일 날에 행해진 것이 아니라, 그가 심리적으로 안전하다고 생각하는 유일한 장소가 불에 타서 재로 변해버린 끔찍한 재난의 현상에서 돌아오는 도중에 있었단 일이라는 점에 주목해야 한다. 풍자 화가는 교묘하게 이렇게 말하다가 갑자기 다른 말을 하는 중에, 그가 인용한 이 무사무욕의 사랑(self-forgetful love)의 특별한 사례야말로 글에 실린 모든 빈정거림을 논파하는 증거일 것이다.

(7) <한국의 도박 *Gambling in Korea*>(Korean Review, 1906. No. 11)

내기 도박의 관습은 경주만큼이나 오래된 것이다. 공짜로 무엇을 얻으려는 욕구는, 단지 놀이에 "재미"를 더할 목적으로 내기를 하는 것이라고 그럴 듯한 변명으로 내세우기는 하지만, 인간의 주요한 정념 중의 하나이다. 그 욕구는 탐욕의 친형제이며, 만족할 줄을 모르는 욕구라고 하는 결코 부러워할 게 못되는 특징을 그 정념과 공유한다. 왜냐하면 대부분의 다른 정념들과는 달리, 공짜로 무엇을 얻으려는 욕구는 물리적 욕망이 아니라 지적 욕망이며, 결코 질리지 않는 욕망이기 때문이다. 한국인들도 지구상의 다른 쪽 세계와 마찬가지로 그 어떤 대가를 지불하지 않고서도 돈을 어떤 사람의 호주머니에서 다른 사람의 호주머니로 옮기는 비범한 재능을 발휘해 왔다. 게다가 부주의한 사람들을 쉽게 속일 수 있는 많은 속임수들도 가지고 있으며, 도박판에 끼어 있을 때에는 결과를 고려하거나 그에 연연해 하지 않는다. 그리하여 아주 심하게 돈이 쪼들릴 경우에는 입고 있던 웃옷까지도 내기에 걸곤 한다.

우리가 보기에 한국에서도 다른 나라와 마찬가지로 기술이 사용되는 게임과는 달리, 기술을 전혀 사용할 수 없는 그저 운을 시험해 보는 정도의 도박이 행해지기도 한다. 순전히 기술을 사용하는 게임이 많은 소년들과 사람들이 모여서 일년 중 어느 특정한 때에 즐기는 아주 적은 돈을 걸고 하는 게임을 제외하면 꼭 도박의 경우에만 사용되는 것은 아니다.

예전에는 자기 자신을 위해서 시합을 하는 경기임에도 불구하고, 활쏘기 시합에서도 종종 손해를 볼 수 있었다. 경마 역시도, 비록 오랫동안 연속되어 온 것은 아니지만 탐닉의 대상이었다. 심지어는 국민경기인 돌싸움도 종종 내기가 걸렸다. 일단 두 마을은 똑같은 양의 돌을 쌓아놓았고, 돌 맞은 사람은 전체에서 분리되었다. 중국에서 들어온 바둑은 아마도 세계에서 제일 난해한 놀이 중의 하나일 것이다. 한국의 상류계층들은 그것을 매우 좋아하는데 때로는 돈이 걸릴 경우도 있다. 그들이 하는 특별한 종류의 체스도 마찬가지이다. 한국인들이 바둑이나 장기를 좋아하는 것은, 아마도 그것이 철저히 지적인 놀이로 상당한 돈을 걸어서 흥취를 돋으려고 하지 않아도 되기 때문일 것이다. 이외에도 한 번에 두 사람만이 할 수 있는 놀이라는 점도 그 이유가 될 것이다. 도박이 대단한 사회적 여흥거리이며 네 사람 이하가 참여하는 놀이가 거의 없다는 점은 동양의 특징처럼 보인다. 놀이에 끼기 위해서 많은 한국 사람들이 폭 8피트 길이 8피트의 방에 꽉 들어찰 수 있는지 정말 놀랍다.

나는 조사를 나갔던 어느 날 밤을 쉽게 잊을 수 없다. 나는 창을 조심스럽게 두드리는 소리에 알고 보니 그것은 요리사의 아내가 내는 소리였다. 깨어나 조사를 나갔다. 그녀는 도박판이 벌어진 문간방에서 자기 남편이 힘들게 번 돈을 탕진하고 있으니 나더러 가서 도박을 좀 말려달라고 애원했다. 나는 수락하고서 그 곳 가까이 갔지만, "밤중에 흥청망청하는 소리"는 들리지 않고 단지 도미노가 서로 부딪치는 소리 같은 짝짝하는 소리만 들렸다. 문에 내가 출현하자 예외 없이 동일한 반응이 나타났다. 모든 사람들이 나를 노려보았고,

내가 유일한 출구인 문 앞에 서자, 그들은 마치 커다란 물결처럼 나를 넘어서 순간 마당을 가득 메우는 듯이 보였다. 그들은 신발 신을 시간도 없다는 듯이 버선발로 황급하게 달아나는 것이었다. 그 날 밤 땅은 진창이었고, 커다란 나막신들이 내가 사용하려고만 한다면 며칠은 충분히 사용할 수 있는 장작더미 마냥 수북하게 쌓였다. 나는 3달러 20센트를, 사실 그 중의 10분의 9는 위조였지만, 주워 모을 수 있었다. 그렇다고 내가 요리사에게 위조 동전으로 급여를 지급했다고 곧바로 생각하면 곤란하다. 나는 그런 것하고는 거리가 먼 사람이다. 다음 날 아침 그는 자신은 그저 구경만 했다고 내게 말했다. 누가 말을 했는지를 그가 알았는지는 모르겠다. 며칠 후 내가 알게 된 경위에 대하여 그 "동료"쪽에서 은밀한 조사가 진행되었지만 심각하게 고개를 가로 저을 뿐이었다. 그 결과 나는 보이지 않는 정보 수집 수단과, 떨어져 있더라도 상관없이 담벼락을 통해서 짝짝하는 소리를 들을 수 있는 천리안을 가지고 있는 것처럼 알려지게 되었다.

가장 일반적인 도박수단은 "카드"와 도미노였다. 카드들은 두껍게 기름을 바른 종이로 길쭉하게 만들어진 것인데, 바닥에 착착 달라붙고 각 카드에는 이해하기 어려운 흥미로운 그림들이 없어 있다. 그것들을 섞을 때에 한국인들은 두 손에 반반씩 나눠들고 부채 살처럼 펼쳐 보인 후 손에 있는 두 무더기의 카드를 아름답게 뒤섞으면서 쳐서 합친다. 이 카드를 가지고 할 수 있는 많은 다른 놀이를 모두 기술하면 너무 길어질 것이지만, 한국인들이 그 놀이들을 대단히 좋아하는 것은 분명하다. 보통의 카드놀이는 '투전(t'u jun)'이라고 불리고, '수투전(su t'u jun)'이라고 불리는 다른 카드놀이도 있다. 최근에 한국인들은 꾸준히 외국식 도박을 배웠다. 중국식 도미노와 일본의 화투는 매우 일반적이고, 특히 여러 나라 사람들이 모이는 곳에서는 서양식의 퇴폐적인 포커를 좋아하는 사람들이 생겨났다. 한국인들은 외국인이 놀랄 정도로 재빨리 포커하는 방법을 배운다. 한국의 이익을 위해서 타국으로 나가는 어느 한국인은 그 기간 동안에 한 사람 이상의 외국인을 "싹쓸이"하겠노라고 말했을 정도이다.

한국인은 거의 태생적으로 도박의 단맛과 쓴맛을 배운다. 대여섯 살짜리 아이들이 진지하고도 열심히 돈 던지기하는 것을 보면, 그들이 단지 재미만 바라는 것은 아니라는 것을 알 수 있다. 그들은 거의 돈을 맞출 수가 없기 때문에 놀이를 하는 동안에 손을 바꾸는 아이들이 거의 없다는 사실을 말하지 않을 수 없다. 어떤 때에서는 서울의 가장 특징적인 모습 중에 하나가 사람들이 두 줄로 늘어서서 동전던지기를 잘하는 두 사람을 지켜보는 모습이다.

기술을 사용할 여지가 없는 두 가지 도박방식이 있다. 그것은 주사위 굴리기와 제비뽑기이다. 이것들은 별로 일반적이지 않다. 나는 한국인들이 "술값 내기로 주사위 던지기"를 한다는 말은 들어본 적이 없다. 누가 기꺼이 돈을 낼 것인가를 가지고 다투는 것은 아마도 그들의 천성에 가까운 것 같다.

한국인들이 도박에서 사용하는 속임수는 매우 많고, 모든 곳에서 그러하듯이 그 기술은 매우 능숙하게 구사된다. 한국인들은 카드를 섞어 칠 때 속임수를 쓰거나 도미노를 손바닥에 감추거나 애석해하는 사람들이면 누구라도 그렇듯이 성공적으로 카드에 표시를 해 놓는다. 그리고 나서 그들은 교묘한 수법을 써서 먹이가 될 만한 사람으로 하여금 크게 걸도록 부추긴다. 도박에 미쳐서 가산을 탕진한 많은 가련한 사람들에 관한 이야기들을 들을 수가 있다. 부자가 한 달 만에 거지가 되고, 집, 땅, 물건, 옷, 보석, 가재도구 그리고 모든 것이 탐욕의 가마솥으로 던져진다.

도박은 수 세기 동안 한국에서는 범죄로 간주되어 왔고, 지금도 그렇다고 알려져 있다. 그제나 이제나 불시단속이 행해지고 서너 명의 사람들이 체포되었지만 그렇다고 변한 것은 별로 없다. 나는 급여가 열악한 경찰들은 도박꾼들에게 지속적으로 "감사표시"를 하지 않으면 체포하겠다는 협박을 해서 뇌물을 받아야 생활을 할 수 있다는 믿을만한 정보를 가지고 있다. 점증하는 악행을 막으려는 그 어떤 진정한 노력도 행해지고 있지 않다. 이런 식으로 생계를 꾸려나가는 한국인들과 체포되어서 법의 처벌을 받는 것을 두려워하는 한국인들은, 법을 어기는 행위가 벌어지고 있다는 것을 알면서도 한국 경찰이 불시단속을 할 수 없는 장소인 일본인 집을 빌려서 도박을 한다. 요즘 가장 흔히 볼 수 있는 풍경 중의 하나는, 1/6의 승률밖에 없는 주사위 던지기를 할 수 있는 카드를 칠 수 있는 책상을 갖춘 일본인 집들이다. 한국 자체가 정말로 이와 같은 후안무치한 술책을 계발한 것은 아니며, 계몽된 정부라면 국민들에게 그러한 사기에 따른 부담을 가해지는 것을 용납하지 않겠지만, 우리는 지금 계몽된 국가들에 관해서 말하는 것이 아니다.

(8) <한국의 이모저모 : *Odds and Ends*>(Korean Review)

* 여기에 수록한 글들은 Korean Review의 〈한국의 이모저모〉란에
실린 에피소드들을 번역하여 모아 놓은 것이다.

① 〈왕족의 특징〉(1902. No. 8)

전해 내려오는 이야기에 의하면, 한국에서는 왕족의 특징으로 다
음과 같은 것들을 들고 있다. 1) 36개의 치아, 2) 두드러진 코, 3) 두드
러진 광대뼈, 4) 가늘고 긴 눈, 5) 하얀 얼굴, 6) 엉덩이를 기준으로 하
체보다 훨씬 긴 상체, 7) 거울을 없이도 볼 수 있을 정도로 큰 귀, 8)
손가락이 무릎에 닿을 정도로 긴 팔.

아마도 이런 관념은 신라시대부터 전승되어 온 것 같다. 왜냐하면
구전에 의하면, 신라의 두 번째 왕인 '남해'가 죽자, 그의 아들인 '유
리'는 재상인 '석탈해'가 왕이 되어야 한다고 주장했고, '석탈해'는
'유리'가 왕이 되어야 한다고 주장했다. 그러다 마침내 그들은 36개
의 치아가 다 있는 사람을 찾아서 왕으로 추대하기로 의견을 모았다.
그런 사람을 오랫동안 찾아 헤맸지만, 발견할 수가 없었다. 그런 중
에 '유리'가 바로 치아가 36개인 사람임이 알게 되었고, '유리'는 더
이상 왕위를 거절할 수 없게 되었다. 또한, 고대에 신라가 위치해 있
던 경상도 지역의 사람들은 오늘날에도 일반적인 한국인들보다 좀
더 오뚝한 코를 가지고 있다는 것도 사실이다. 그들은 신라인들의
직접적인 후예들이다.

도교대학의 벨츠(Baeltz) 박사는 한국인의 얼굴생김새와 일본인

의 그것을 비교해 볼 특별한 목적으로 수년 전에 한국을 방문한 바 있는데, 그는 신라시대 때까지 조상의 뿌리를 거슬러 올라 갈 수 있는 한국의 상층계급 사람들 가운데 얼굴 생김새가 고대 일본을 지배한 대표적인 인종이라고 할 수 있는 야마토(Yamato)인의 얼굴생김새와 대단히 비슷한 사람들이 많다는 의견을 제시하였다. 이것은 신라 사람들과 고대 일본의 지배인종 사이에 어떤 관련성이 있던 것은 아닌가? 하는 질문을 불러일으킨다.

② 〈왼쪽에 누워라〉(1904. January)

"호랑이에게 물려가도 정신만 차리면 된다."는 한국 속담이 있다. 이 속담은 큰 재난이나 위험에 처했을 때에도 위험에서 벗어날 기지(機智)만 있다면, 빠져 나올 수 있다는 의미로 사용된다. 이것은 호랑이는 자기 왼편에 누워있는 사람은 잡아먹지 않는다는 일반적인 믿음에 근거하고 있다. 이것은 호랑이는 "서(西)"에 해당되고 용은 "동(東)"에 상응하기 때문이다. 머리를 북쪽으로 하고 다리를 남쪽으로 두면 사람의 왼편은 동쪽을 향하게 되고, 오른편은 서쪽, 즉 호랑이의 방향이 된다. 그러므로 호랑이가 당신의 귀를 잡고(이것은 당신 귀의 크기에 대한 찬사가 아니지만, "걱정하지는 마라") 어깨 위로 당신을 흔들어대고 굴을 향해 갈 때는, 그저 몇 분간 엉뚱한 생각이나 해라. 그 야수가 당신을 땅에 떨구고 그저 당신의 왼쪽으로 돌기만 한다면, 당신은 안전하다고 할 수 있다. 호랑이는 감히 당신을 건드리지 못할 것이다. 참고로 이것을 네 노트에 적어 놓아라. 실제로 이런 일이 생길지도 모른다.

③〈점쟁이의 딜레마〉(1904)

한 고위관리가 익명으로 장님 점쟁이에게 가서 자신의 운세를 들어 볼 생각을 가지고 있었다. 허름한 옷차림새로 위장을 하고서 점쟁이 집에 가서 그에게 운세를 물었다. 그 장님 점쟁이는 더듬거려서 책을 찾아 들고서 되는대로 펼쳤다. 그는 손가락으로 물을 문(閐)을 짚었다. 문(門)은 "대문"을 의미하고 구(口)는 "입"을 의미하므로 그 점쟁이는 "모든 사람들의 문에서 입을 벌리는 것이니 당신은 조만간 거지가 될 것이 자명하다"고 말했다. 그 관리는 미소를 머금고 돈을 지불한 후 그 집을 나섰다. 그 다음 날 그 관리는 우연히 세자를 만나 담소를 나누던 중에 우스갯소리로 어째서 자신이 거지가 되게 되었는지를 말했다. 세자는 그와 더불어 큰 소리로 웃으며 말했다.

"우리는 그 점쟁이 덕분에 재미있는 얘기 거리를 갖게 되었으니 그를 좀 놀려 줍시다. 그를 불러 들어서 내 운세를 들어봅시다. 그리고 그가 책을 펼쳐들 때, 그의 손가락이 다시 물을 문(閐)을 짚었다고 말합시다. 그 다음에 어찌 내가 거지가 된다고 말하는 지 들어봅시다."

그들을 곧바로 그렇게 했고, 점쟁이는 엎드려서 책을 펼쳤다. 아! 어쩔 것인가, 세자는 물을 문(閐)을 짚고야 말았다. "자, 내 운세가 어떤가? 어제 너는 그 글자를 가지고 다른 사람의 운세를 말해 주었지? 어디 네가 어떻게 해석하는지 한번 보자꾸나." 그 가련한 점쟁이는 자신이 계략에 빠졌다는 것을 알았다. 그러나 그는 재빨리 머리를 굴려서 그 문제는 아랑곳하지 않는 양 다음과 같이 말했다.

"해석은 경우에 따라 다릅니다. 자 이 물을 문(問)자는 보시다시피 왼쪽에서만 보시면 임금을 의미하는 군(君)자가 되고, 오른 쪽에서 보아도 군(君)자가 됩니다. 그러므로 어느 쪽에서 보든 보는 사람은 '임금'이 온통 당신을 둘러싸고 있는 것을 볼 수 있을 겁니다. 전하는 앞으로 반드시 왕위를 물려받게 될 것입니다." 왕자와 고위관리의 계획은 어긋났고 그만 웃음을 터트리고 말았다. 점쟁이는 두둑하게 사례금을 받아 소매에 넣고 대궐문을 빠져 나오면서 "이거야말로 점쟁이가 빠져 나오기 힘든 정말로 좁은 구멍일세, 그려"라고 중얼거렸다.

④ 〈탄로가 난 마법〉

한국의 양반들은 무당이나 주술사가 자신의 집에서 푸닥거리하는 것을 결코 용납하지 않지만, 이번 경우는 거기서 예외적인 경우였다. 양반의 부인은 자기 남편이 억지로라도 찬성을 해주기를 무척이나 바라고 있었지만, 양반은 차제에 무당의 허언의 진실성을 시험해보기로 작정했다. 그래서 그는 굿할 때 필요한 장구의 한 쪽을 비밀리에 떼어 내고 장구 속을 호랑이 가죽을 채워서 대체해 놓았다. 의식이 시작될 때가 되었다. 환상적인 의상을 걸친 무당이 도착했고, 음식과 음료는 제단에 가지런히 놓여 있었으므로 굿판을 벌이는 데 문제가 될 것은 전혀 없는 것처럼 보였다. 그러나 음악이 울렸을 때, 장구는 보통 때와는 달리, 제대로 소리가 나지 않았다. 이것은 사람들의 주목을 불러 일으켰다. 무당은 음식이 잘 차려지지 않았고, 옷감이 충분하지 않아서 혼령이 노한 때문이고 말했다. 그러자 그 양반은 "오! 그러냐? 네가 원하는 대로 보다 많은 음식과 옷감을 주겠노라"고 말했다. 그 말대로 했지만 여전히 소리가 "나오지" 않았다. 그러자 무당은 이번에는 접시와 제기들이 더럽기 때문이라고 말했다. 그릇들을 다시 점검해서 닦았지만 여전히 장구는 탁한 소리를 낼뿐이었다.

마침내 장님 점쟁이가 불려 왔다. 그는 그 비밀을 풀 수 있을 것 같았다. 그는 무엇이 문제인지 이야기를 들어 알고 있었고, 마법에 걸린 듯한 장구소리도 들었다. 그는 운세를 말할 때 늘 사용하던 주사위를 던지고는 다음과 같이 수수께끼 같은 말을 했다. "호랑이가 개를 잡으려 할 때, 그는 포효(咆哮)하지만, 개가 호랑이를 잡으려고 할 때에는 애처롭게 깨갱댈 뿐이다." 양반은 이 말을 듣고는 손뼉을 치며 한동안 웃음을 터뜨렸다. 그의 분부에 따라 장구를 벗겨 내자, 그 속에서 호랑이가죽이 나왔다. 양반은 말하기를, "그것이 바로 호랑이를 잡은 개로다." 장구의 편은 개가죽으로 만들어졌던 것이다. 무당은 줄행랑을 쳤고, 모든 음식과 옷감은 점쟁이에게 내려졌다. 장님은 아마도 예민한 청각을 가졌을 것이고, 그가 가지고 있던 감각 덕분에 문제의 원인을 간파하고는 즉석에서 영리하게 수수께끼 같은 말을 지어냈을 것이다.

⑤ 〈강직한 신하〉(1904, no 6)

허목(許穆, 1595~1682)은 조선 중기 효종(재위 1650~60) 때의 주

요 신하들 중 한 사람으로, 많은 관료들처럼 당쟁으로 인해서 죽었다. 다음의 비사(秘史)는 현재의 관료들과 극명한 대비를 보여주는 그에 관한 이야기이다.

젊은 날 그가 아직 관직에 나가지 않았을 때, 그는 공부하기 위해서 경상도의 큰 절에 간 적이 있었다. 그 당시에는 체재비용을 내지 않아도 절에서 살 수 있었다. 문예를 익힌 사람이 나중에 관직을 얻게 되면, 그에게 들어간 비용을 모두 충당하고 과외로 넉넉한 보너스까지도 받을 수 있으리라는 기대가 있었기 때문이다.

허목은 부지런히 공부를 했고, 목표를 달성할 가능성이 있어 보였다. 그러나 절을 수리할 비용이 급하게 필요하게 되었고, 절의 스님들에게 그것은 매우 다급한 문제였다. 그래서 그들은 허목에게 "기부를 권유하는 글"을 쓸 것을 요구했다. 이것은 절의 스님들을 몹시 칭찬하고 선의를 지닌 모든 사람들에게 재건에 필요한 돈을 기부하도록 권유하는 내용으로 된 좋은 글을 쓰라는 뜻이었다. 허목은 기꺼이 그들을 돕기로 하고 다음날 아침에 오면 그 글을 주겠노라고 말했다.

아침이 되자, 허목은 그들에게 보다 좋은 계획이 있다면서 그들이 가지고 있는 돈이 얼마나 되냐고 물었다. 그들은 겨우 2만 냥 정도라고 대답하자, 그는 그 돈으로 대마를 사서 가져오라고 말했다. 그들은 다소 주저하였지만, 그가 시키는 대로 했다. 그는 그것을 가지고 거대한 밧줄을 사람의 넓적다리 굵기로 꼬라고 말했다.

그는 그것들을 산으로 가져가서 절벽의 가장자리에 동떨어져 있는 거대한 바위에 감도록 했다. 그리고는 400여 명의 승려들에게 있

337

는 힘껏 그 줄을 잡아당기라고 말했다. 그 거대한 바위는 천천히 움직여서 뒤집혔고 안전하게 뒤집혀 세워졌다. 그들은 허목이 정신이 나갔든지 계시를 받았든지 둘 중의 하나라고 생각했다. 그러나 그가 바위가 놓여 있었던 땅을 가리키며 거기서 막대한 양의 은을 찾아보라고 말했을 때, 그들은 그가 돈 것이 아니라 계시를 받았다고 생각하지 않을 수 없었고 지체 없이 그 은을 절로 옮겼다.

그것은 돌이 놓여 있던 그 지점에 건립된 절의 승려들에 의해서 발견되기 수백 년 전부터 숨겨져 있던 보물이었다. 그들은 허목에게 어떻게 그것을 알았냐고 묻지 않았지만, 그것(은)으로 절을 보다 멋지게 중축 할 수 있었다. 허목은 은자 한 냥도 받기를 거절했고, 그저 서울로 가는 노자만을 가지고 떠났다. 그는 최고의 관직에까지 올랐고, 한국 사람들은 전해 내려오는 이 이야기를 진실이라고 생각하며, 그가 관직에 있으면서 받은 모든 급여가 그 절에 준 돈과 정확히 일치한다고 믿고 있다. 즉, 이 이야기가 하늘의 공명정대함을 보여주는 예라고 생각하고 있다. 그렇지만 허목은 숙적(宿敵)인 송시열에 의해서 감옥에서 옥사했다.

⑥ 〈만세교〉(1904, No. 7)

함흥에 있는 대교가 몇 주 전에 빈둥거리는 러시아인들에 의해서 부분적으로 파손되었는데, 한국인들은 그 다리를 아주 경이롭게 생각한다. 그 다리가 바로 "테이 다리(Tay Bridge)" 혹은 "브루클린 다리(Brooklyn Bridge)"이다. 그 다리는 약 반 마일 정도의 길이로 되어 있고, 우기나 되어야 강물이 강의 양쪽 둑을 채우는데, 다리는 강 양

끝의 넓은 모래바닥을 가로질러 놓여 있다. 그 다리는 나무기둥 위에 건설되었는데, 옛날 런던다리처럼 거의 일 년 내내 그 위에 주택과 상점들이 들어서 있다. 그러나 우기가 다가오면 이것들은 전부철거된다. 무더운 여름날에는 많은 사람들이 나와서 다리 위에서 잠을 청하기도 하는데, 적어도 한 번 이상은 산에서 불어오는 바람이갑자기 강물을 요동치게 만들어서 잠자는 사람들이 미처 위험을 감지하기도 전에 일부 사람들을 휩쓸어가 버리기도 한다. 그 재미있는이름은 다음과 같은 사건에서 유래했다.

함흥에는 자신의 외아들을 진심으로 자랑스러워하는 양반이 있었다. 그 아들의 이름이 만세(萬歲), 즉 만년이었다. 어느 날 그 소년은 강물을 바라보며 다리에서 서 있다가 균형을 잃고서 아래로 떨어져 익사했고, 그로 인해서 그 아버지는 말할 수 없는 슬픔에 잠겼다. 이 사고가 사람들에게 만세가 빠져 죽은 곳이라는 인상을 환기시켰다. 그 이후로 이 다리는 만세교(萬歲橋) 혹은 만년교(萬年橋)라고 불리게 되었다. 모래 속에 박혀서 다리를 떠받치고 있는 교각은 자연적으로 둘로 갈라진 목재들로 되어 있는데, 그 갈라진 지주(支柱)에는 가로장이 놓여 있다. 다리의 상판은 7인치 두께의 사각 판자들을 "칡"이라고 불리는 한국의 밧줄로 나란히 묶어서 만든다. 다리는 평소의 수면 높이보다 약간 위에 놓여 있기 때문에 매년 일정한 부분이 닳아 없어진다. 다리의 보수는 정부의 위임사항이고, 계약은 건축업자에게 많은 마진을 주는 쪽으로 이루어지기 때문에, 정기적으로 다리가 아래로 처지는 현상은 일을 잘 꾸려 가는 목수들에게는 좋은 일거리로 간주되고 있으며, 비가 내리는 계절은 별로 좋지 않은 때로 간주된다.

⑦ 〈고양이와 사자(死者)〉(1902. No. 9)

약 250여 년 전에 훗날 위대한 선비가 된 한 소년이 있었다. 그 소년이 열심히 공부하고 잠자리에 든 어느 날이었다. 그날따라 그는 좀처럼 잠을 이루지 못하고 깨어 있었다. 달빛이 창문을 넘어 방에 들어와 어스레한 빛이 방안을 감돌았다. 방문 바깥에서 무언가가 움직였다. 그는 가만히 누워 귀를 기울였다. 방문이 저절로 열리더니 크고 검은 물체가 방안으로 미끄러지듯 들어와 구석 쪽에 조용히 자리를 잡았다. 소년은 공포심을 억누르며 어둠 속에서 그 불청객을 응시했다. 그는 담대한 소년이었던 지라 그 검은 유령이 미동도 하지 않자, 얼마 지나지 않아서 돌아누워 잠에 빠져들었다. 아침에 눈을 떠서 그 구석을 살펴보니 어제 밤의 불청객이 여전히 거기 있었다. 구석에 곧추세워져 있는 그것은 못이 박혀 있는 뚜껑까지 있는, 분명히 안에 시신이 담겨져 있는 검고 큰 관이었다.

그것을 오랫동안 바라보던 끝에, 소년은 안도의 표정을 짓게 되었다. 그는 하인을 불러 다음과 같이 말했다. "마을로 내려가서 누가 시체를 잃어버렸는지 알아 오게."

하인이 곧 다시 돌아와서 마을에 큰 소동이 일어났다는 소식을 전했다. 초상집에서 관을 지키던 사람이 깜박 잠든 사이에 관과 시체가 사라져 버렸다는 것이다. "가서 그 상주더러 이리로 오라고 해라." 소년이 다시 하인에게 말했다. 어안이 벙벙한 상주가 오자, 소년은 방으로 데리고 가 구석을 가리키며 조용히 말했다. "저것이 무엇이요?” 베로 만든 상복을 걸친 상주는 그것을 보고 깜짝 놀라며 말했다. “저, 저, 저것은 우리 아버지의 관입니다. 대체 무슨 짓을 한 겁니까? 우리 아버지 시신을 훔쳐서 나를 평생토록 불효자로 만들 생각입니까?” 소년은 웃으며 말했다. “내가 저것을 어찌 운반해 왔겠소? 그건 저절로 이리 온 것이요. 내가 잠들기 전에 저것이 들어오는 것을 보았소” 상주는 그 말을 믿을 수가 없었기에 벌컥 화를 냈다. “지금부터 저것이 왜 이리로 왔는지에 관해 내가 말해 주리다.” 라고 소년이 말했다. “당신 집에는 고양이가 있을 것이고, 분명 그 고양이가 저 관을 뛰어 넘었을 것이오. 그것은 사자(死者)에게 모욕적인 해를 끼치는 것이었기에, 더 이상의 모욕으로부터 벗어나기 위하여 어떤 불가사의한 힘에 의해서 저 관과 시체 모두가 이리로 온 것이오. 만일 내 말이 믿어지지 않거든 고양이를 불러 그것을 살펴봅시다.” 그 도발적 제안은 거절할 수 없을 정도로 너무나도 단도직입적이어서 마침내 그 고양이를 데려오기 위해서 하인을 보내게 되었다. 그 동안 상주는 관을 바로 누여 놓으려고 온갖 애를 썼지만, 조금도 움직일 수가 없었다. 그러자 소년이 그 관으로 다가와 왼쪽 편을 세 번 두드리고 가볍고 밀었다. 사자(死者)는 주인의 손을 알아보았고, 관은 쉽게 바로 눕혀 졌다. 고양이를 데려와서 방안에다 내려놓자, 관은 저절로 다시 곧추 세워졌다. 물론 고양이가 그런 상태에 있는 관을 뛰어 넘기란 불가능한 일이었다. 놀라움에 어쩔 줄을 몰라 하는 상주는 그의 설명을 받아들이지 않을 수 없었고, 그날 시신은 안전하게 매장되었다. 그리하여 이날 이후로 관을 지키는 사람들은 사자(死者)의 평화가 방해하지 않도록 절대로 고양이가 시신이 안치된 방으로 들어오지 못하도록 각별한 주의를 기울이게 되었다.

(9) <한국의 조상숭배>(The Korean Repository, 1892, Vol 1)

한국의 종교신앙은 유교와 불교 그리고 도교의 융합을 보여준다. 우리가 알고 있듯이 유교의 가르침은 이 나라 교육의 기초를 형성한다. 전국에 걸쳐 모든 지방의 행정관리는 각자의 고을 어딘가에 공자를 모신 사당을 두고 있으며, 여기에서 일 년에 두 차례 봄과 가을에 지방관은 그의 수많은 관속들과 함께 이 성인(聖人)의 영혼을 숭배한다. 이 나라의 사회조직은 대체로 유교적이다. 조상숭배는 유교적이다. 그리고 절과 불교승려는 전국에 걸쳐 산재되어 있다. 이 신앙은 빛이 바랬지만 왕실의 후원을 받고 있다고 한다. 도교를 대표하는 사람으로 맹인 도사인 판수와 무당 그리고 지관이 있다.

각 종교는 이 나라의 신화에 그들의 몫을 갖고 있다. 그들의 종교체계의 상좌에는 임금만이 일 년에 한 차례 숭배하는 상제 또는 하느님이 있다. 많은 사람들은 상제 다음으로 부처(어떤 사람들은 친척이 죽었을 때 부처에게 그의 영혼을 좋은 곳으로 보내달라고 빌기 위해 절에 간다)를 꼽는다. 그리고 열 명의 지옥 심판관, 즉 십대왕이 있는데 절에 가면 그들의 모습을 그린 그림을 볼 수 있다. 그들의 부하들의 입을 통해 그들이 죽음에 관한 일에 정통하다고 전해진다. 사람이 죽으면 그의 영혼 중 하나가 이러한 심판관의 부하들에 의해 저승으로 보내진다. 그가 생전에 착하게 살았는지 아니면 나쁘게 살았는지를 알고 있는 심판관들은 판결을 내리고 그 결정에 따라 극락또는 지옥으로 보내져서 그의 존재의 나머지 세월을 보내게 된다. 지옥에는 가지각색의 형벌이 있다. 십대왕 다음으로 산신령이 있다. 서양바둑판 같은 한국의 산에는 수호신인 산신령이 있다. 산신 다음으로 많은 다른 종류의 신령들이 있다. 이제 우리는 서양의 사탄에해당하는 머리에 도깨비 형상을 한 귀신을 만나게 된다. 한국의 거의 모든 여성과 남성의 3/4은 이러한 기이한 존재들의 무서운 공포에 노출되어 있다. 이 귀신들은 일반적으로 힘이 세고, 기분에 따라행복과 불행을 가져다줄 수 있다. 한국의 모든 사회계층에서 남자들은 맹인 도사나 무당을 통해 이러한 귀신들에게 제를 올린다. 누군가 아프거나, 아니면 어려움에 빠져 있거나 또는 여행을 떠나려 하거나 집을 옮길 때 굿을 통해 귀신들을 달랜다. 집에는 집을 지키는귀신이 있다고 한다. 나는 감히 귀신숭배가 한국의 종교라고 말하고싶다.

이러한 확신을 갖고 이 나라의 종교를 바라보자. 한국에서 행해지고 있는 조상숭배에 대해 우리의 눈길을 돌려보자. 조상숭배는 그기원에 있어서 유교적이다. 공자는 그의 철학에 있어서 매우 실천적이다. 그는 초자연적인 것을 좋아하지 않는다. 그는 "신령을 존경하되 멀리하라."고 말했다. 그는 또한 "네가 사람을 섬기지 못하는데어찌 신을 섬길 수 있겠는가?"라고 말했다. 그는 그가 그렇게도 존경해 마지않았던 옛 사람들 사이에 조상숭배가 존재했음을 알고 그 관습에 대해 거의 논평 없이 지나쳤다. 그러나 그는 사람들에게 그들이 행해야 할 미덕을 아름답게 제시하였지만, 그가 효의 미덕의 중요성을 지나치게 강조하고 이것을 그의 사상구조의 초석으로 삼았기에, 그는 조상숭배의 원칙을 갖추었다고 말할 수 있다.

한국에서 조상숭배를 통제하는 관습은 중국의 그것과는 달라서 사후의 절차를 어느 정도 자세하게 고찰해 보는 것도 유익할 것이다. 한국인들은 모든 사람들이 세 가지 영혼을 갖고 있는데, 사람이 죽으면 한 영혼은 저승으로, 또 한 영혼은 땅속으로, 그리고 한 영혼은 조상의 위패에 거처를 정한다고 믿고 있다.

임종의 순간에는 침묵이 온 집 안을 감돈다. 죽음을 애도하기 위한 의식이 뒤따르고 시신에는 매장을 위한 새 옷이 입혀진다. 문 밖에는 즉시 세 공기의 쌀과 빨간 호박이 놓여 진 작은 탁자가 준비되고 그 옆에는 세 짝의 짚신을 놓아둔다.

세 명의 저승사자들이 영혼을 저승에 있는 십대왕에게 데려가기 위해 당도한다. 이것들은 그들에게 바쳐진다. 쌀밥의 냄새를 맡고 그들은 원기를 회복한다. 불사른 짚신은 그들이 여행에서 신게 된다. 호박은 2천 년 전부터 있었고, 호박을 좋아하는 간수에게 바치기 위한 선물이다. 사람들은 쌀을 흩뿌리고 호박을 깬다. 이것은 사람이 죽은 지 30분 사이에 행해진다. 그리고 저승사자 차림의 한 사람이 죽은 자의 옷을 허공에다 흔들며 죽은 자의 이름을 큰소리로 부른다. 그와 동시에 죽은 자의 친지들은 통곡한다. 잠시 후 옷을 지붕 위에 던져둔다.

묘 자리의 선택은 한국인들에게 매우 중요한 문제로 여겨진다. 반원형의 무덤이 어김없이 산허리에 세워진다. 이 무덤들은 산비탈 위

어느 방향으로든 세울 수 있지만 특히 남향을 선호한다. 이것은 아마도 따뜻함과 생명이 남쪽에서 시작되고 추움과 결빙이 북쪽에서부터 내려온다는 이유 때문에 무덤은 대체로 북쪽을 피하고 남쪽에서 발산하는 것으로 여겨지는 좋은 영향들을 받는 위치에 자리 잡는다. 그러나 만약 이것만이 그 이유라면 묘 자리의 선택은 간단한 문제이다. 이 주제와 관련하여 많은 복잡한 문제들이 얽혀있다. 친척들은 지관에게 물어봐야 한다. 지관은 풍수지리에 관한 책들을 많이 읽어서 땅 속에서 일어나는 좋고 나쁜 영향들에 관한 모든 미신을 알고 있는 사람이다. 그는 매장할 곳을 선택해야 한다. 묘 자리를 잘 잡으면 지위와 돈 그리고 죽은 이의 후손들이 아들을 많이 보게 된다고 믿는다.

장례식을 거행하는 날이 되면, 유족들은 집안의 능력에 비해 다소 값비싼 관 옆에 위치한다. 해질 무렵에 그들은 길게 늘어선 등불, 화려한 색채의 상여, 큰소리로 곡하며 애도하는 사람들(이들 가운데 남자들은 부셀 바구니 같은 모자와 노란색의 상복을 입고 있다)로 이루어진 행렬과 함께 출발한다. 장지에 도착하게 되면 매장을 하고 봉분을 둥글게 쌓아올린다. 그리고 평토제사(平土祭祀)라는 첫 번째 희생 제의가 행해진다. 작은 탁자(제사상) 무덤 앞에 놓여진다. 그 위에는 술과 건어물 등의 제수를 놓는다. 무덤을 향해 친척들은 땅바닥에 엎드려 다섯 번 절하는데, 이렇게 반복하는 것은 무덤 속에서 있는 영혼에게 평화를 가져다주기를 기원하는 마음에서 비롯된다. 그리고서 무덤 뒤 조금 떨어진 곳에서 산신령에게 제수를 바치고 절을 한다. 이것을 산신제라고 부른다. 산신령은 그곳을 지배한다고

여겨진다. 그의 보살핌을 받게 될 무덤에 있는 영혼의 주인으로서
그의 보호를 유도하기 위해 기도를 드린다. 이것은 무덤에 있는 영
혼에 대한 호의적인 대우를 보장하기 위해 필요한 것으로 여겨진다.
이러한 의식이 있은 후에 술이 뿌려지고 생선이 사자들에게 나누어
진다.

　이제 우리는 사람의 세 번째 영혼과 마주치게 된다. 그는 조상의
위패에 그의 거처를 정하기 위해 애도하는 사람들과 함께 무덤으로
부터 돌아온다. 위패가 모셔진 방(가능하면 빈 방)에서 또 다른 제물
을 바치게 되는데, 이것을 반혼제사(返魂祭祀)라고 한다. 이 제물들
은 떡과 술, 고기, 쌀밥 그리고 국수(vermicelli soup) 등으로 이루어
진다. 이러한 음식들은 혼령이 흠향할 탁자 앞에 놓여진다. 친지들
은 다섯 번 절한다. 그런 다음 음식은 다른 방으로 옮겨져 거기 모여
있는 손님들이 먹게 된다.

　여기에서 몇 가지 설명을 할 필요가 있겠다. 조상의 위패는 성씨
와 다른 것들이 쓰여 진 가늘고 긴 흰색의 나무로 이루어졌다. 이 위
패는 어떤 축받이에 꽂혀진다. 삼 년 동안의 애도의 기간이 지나고
이것은 집과 인접한 사당에 있는 작은 장속에 다른 위패들과 함께
모셔진다. 만약 그 사람이 부유하다면 이 기간 동안 그는 위패를 빈
방에 놓아두는데 대체로 안방에 모셔둔다. 그러나 만약 그 사람이
가난하여 사당이 없다면 위패는 상자에 넣어 방 한 구석에 놓아두며,
그가 그의 다른 조상들을 숭배할 경우에는 지방(紙榜)을 벽에 붙여
위패를 대신한다. 보통 사람들의 숭배는 그들의 아버지뿐만 아니라
그들의 조부와 증조부에 대한 것이다. 어떤 사람들은 2대 또는 그 이

상을 거슬러 올라간다. 고관들의 숭배는 4대이며 왕의 숭배는 5대 조상들을 위한 것이다. 이런 기이한 관습들은 애도의 기간을 엄격하게 규정한다.

만약 아버지가 죽으면 그 가족들은 3년간의 애도에 들어간다. 만약 부모가 같은 날에 죽으면 똑같은 애도의 기간이 행해진다. 그리고 아버지가 죽은 뒤 어머니가 죽을 경우에도 마찬가지다. 그러나 어머니가 죽었을 때 아버지가 생존해 있으면 그 가족들은 1년 동안 상복을 입는다.

한 가족이 3대가 살아있다고 가정해 보자. 아버지가 죽으면 그 가족들은 3년 동안 그의 죽음을 애도한다. 할아버지가 그 다음으로 죽으면 아들은 그의 죽은 아버지를 대신하여 또 다른 3년을 상복을 입고 지내게 된다. 어떤 사람이 관직을 얻게 되면, 그의 시호(諡號)는 가끔 그의 죽은 아버지에게 주어지는데, 이것은 그의 아버지가 항상 아들보다 높게 여겨야 된다는 생각에서이다. 관리는 삼년상 동안 관직을 가질 수 없다. 그리고 우리는 최근 몇 년 동안 태후를 위한 애도의 기간 동안 관습이 얼마나 오랜 기간 동안 관청의 문을 닫을 것을 요구했는지를 기억한다. 관습은 또한 왕이 아무리 어릴지라도 그가 죽을 때 그의 계승자는 그보다 어려야 하는데, 그래야만 그를 위해 제사를 거행할 수 있는 것이다.

상중에 있는 가족들이 보편적으로 입는 상복에 대해 언급해보자. 소규모의 제사를 거행할 때는 도포(道袍)라고 하는 예복을 입는다. 이것은 넓은 소매를 단 옷으로 이루어졌는데, 허리부터 뒷부분을 트고 그 위에 자락을 옷의 밑바닥까지 늘어뜨린다. 삼 년 동안, 두 차례

347

국가적 거상(居喪)시기에 그리고 아버지가 죽은 지 일 년이 되는 날에 남자 친척들은 제복(祭服)이라 불리는 특별한 옷을 입는다. 다른 여러 특징들 가운데 대(帶)를 차며 그리고 모자는 특이하여 여기에 흰색의 고리가 앞뒤로 헐렁한 테두리 없는 모자 위를 두른다. 그리고 삼 년 동안 과일을 담은 접시가 항상 조상의 위패 앞에 놓여진다.

이제 조상숭배의 법칙에 의해 요구되는 제사에 대해 생각해보자. 삼 년 동안 희생 제의는 오직 죽은 아버지의 위패 앞에서만 바쳐지며 사당에서는 거행되지 않는다. 매 달 초하루와 보름날에는 삭망제사(朔望祭祀)가 거행되며 애도 속에서 쌀과 국수가 위패 앞에 놓여진다. 제의는 자정이 지난 뒤 한 시간 또는 두 시간에 걸쳐 진행된다. 아버지의 기일(忌日)은 거상기간 동안 매우 중요한 날이다. 맨 처음 돌아오는 기일은 소상(小祥)이라고 하며, 두 번째 기일은 대상(大祥)이라고 한다. 그 이후의 해(年)는 위패가 다른 위패의 옆에 놓여지며 기일제사(忌日祭祀)란 이름으로 행해진다. 거상기간 동안 기일 전날 밤에 제사는 위패 앞에서 거행된다. 그 다음 날 아침에 친구들이 상중에 있는 가족들을 방문하여 그들과 슬픔을 같이 하며 이 자리에서 많은 음식들이 그들에게 제공된다. 이 날에 상주들은 무덤으로 가서 지난 해 거행했던 무덤에 있는 영혼과 산신령에게 제사를 지낸다.

이러한 것들이 첫 번째 삼 년 특유의 제사를 구성한다. 이후로 초하루와 보름 되는 날에 제물을 바치던 의식은 더 이상 거행하지 않고, 아버지의 기일에 바치는 제사는 다른 위패가 모셔져 있는 사당에서 영구적으로 지속된다. 여기에서 사당과 그들의 무덤에서 행해지는 조부와 증조부의 기일제사에 대해 언급할 필요가 있다.

이제 죽은 사람들에 대한 제사를 반드시 거행해야 하는 한국의 8일 간의 휴일에 관해 살펴보자. 이러한 경우들에서만 그 이름이 바뀌지며 친척들은 "제례 하오"라고 말한다.

그 경우들은 새해(대략 2월 첫 째 날〈양력〉), 새해의 연휴와 가까운 첫 달의 보름날, 두 번의 국가적 애도일, 그리고 네 번의 다른 축제일들이다. 이러한 날들이 되면 제사는 새벽에 거행된다. 한 가지 주목할 점은 거상기간 동안에 이러한 8대 축제들이 의식의 특색을 이루고 있다는 것이다. 이중의 제사가 집에서 거행되는데, 그 하나는 사당에서 먼 조상들의 위패 앞에서 거행되며, 나머지 하나는 뒤에 다른 건물에 있는 아버지의 위패 앞에서 거행된다. 이 두 일반적인 애도의 날은 봄과 가을에 오는데, 하나는 4월에 해당하는 셋째 달에 그리고 나머지 하나는 우리의 9월에 해당하는 여덟 번째 달이다. 이 두 날에 거행되는 행사는 다양하다. 어떤 사람들은 그들의 아버지 무덤을 방문(성묘)하며, 그리고 어떤 사람들은 그렇지 않다. 다른 사람들은 여기에 덧붙여 그들의 조부와 먼 조상들의 무덤을 방문하는데, 여기에서 그들은 절을 하고 무덤 과 그곳을 주재하는 산신령에게 음식을 바친다.

이제 모든 이러한 조상숭배의 의의에 대하여 살펴보자. 중국의 조상숭배에 관한 논문, 특히 예이츠(Yates) 박사가 쓴 소논문은 중국 사람들이 죽은 사람과 산 사람의 행복은 조상숭배와 직접적인 연관이 있다고 믿고 있다는 것을 지적하고 있는 것으로 보인다. 다른 세계에서 그들의 아버지들이 부자 또는 거지가 되는 것은 그들의 자손들이 정해진 제사들을 얼마나 지속적으로 유지하느냐에 달려있으

며, 그들의 아버지들은 살아있는 자손들이 조상숭배에 있어서 그들
이 얼마나 충실한가에 따라 보답하거나 벌을 내린다.

반면에 한국 사람들은 죽은 사람의 상태는 다른 세계에 도착했을
때 십대왕의 선고에 의해 영원히 결정된다고 믿는 것으로 보인다.
상당히 많은 조사 뒤에 내가 배울 수 있었던 것은 그들의 조상숭배
의 의의에 관해 한국인들이 갖고 있는 두 가지 관점이다. 한 유형은
사람이 그의 아버지에 대한 숭배의 여부는 아버지와 아들의 행복에
영향을 끼치지 않는다는 것이다. 아들은 그의 집 조상의 위패에 깃
들어 살고 있는 아버지의 혼령에 대해 공경을 보임으로써 그의 친구
들 사이에서 명성을 얻게 된다.

그래도 다른 한국 사람들은 말할 것이다. 만약 그들이 그들의 조
상을 잘 숭배한다면 한국 신화에 나오는 수장(首長)인 하나님은 이
러한 사람에게 돈과 명예 그리고 행복을 증진시키는 다른 것으로써
보답하고, 제사를 등한시하는 사람에게는 온갖 고난으로 벌을 줄 것
이다. 이런 것들이 한국의 조상숭배의 몇 가지 특징이다.

(10) 서평모음

① 게일의 『선구자』에 관한 서평(*Korean Review*, 1904. No. 4)

The Vanguard, by Rev. J. S. Gale (Fleming H Co, Chicago, Publishers)
pp.320.

우리는 최근에 이 책의 사본을 받아서 면밀하게 검토했다. 저자는

대단히 참신하고 흥미로운 묘사방법으로 근대 선교사의 생애와 경험들을 기술했다. 그것은 비록 "주교의 개종"과 다른 한 두 권의 책들이 같은 분야에 속한다고 할지라도 확실히 새로운 출발점이다. 게일 씨의 이 책은 성공적인 책으로서 갖추어야 할 모든 요건들이 다 담겨 있다. 우선 그는 한국인과 한국인의 정신을 제대로 알릴 수 있을 정도로 내밀하게 알고 있다. 그가 관련된 체험과 사건들은 적어도 그가 관찰한 체험과 사건들을 보완하는 한 축이 되고 있다. 인물들, 이 책에 나오는 주인공들에 관한 "개인적인" 어떤 것들이라고 볼 수는 없지만, 어떤 의미에서는 실제 생활에서 끌어낸 것이다. 예리한 추측이 행해지는 어쩔 수 없는 일이며, 그 추측이 진실일 수도 아닐 수도 있다. 그러나 여하튼 인물들은 모두 친절한 태도와 관대한 마음을 지닌 사람들로 다루어지고 있다. 그것이 비판을 거의 무장해제시킨다. 그리고 그는 이 글에서 매력적인 문체를 적지 않게 사용한다. 그 문체는 말을 사용하는 방식만 가지고도 이 책을 읽어볼 만한 가치가 있게 만들 정도로 매력적이다. 이 모든 것들로 인해서 우리는 책을 펼쳐들기도 전에 이 책이 양서임을 확실하게 알 수 있다. 그러나 우리는 이에 덧붙여서 이 책에는 심오한 목적이 내포되어 있다는 것을 지적하지 않을 수 없다.

이 책은 단순히 심심풀이 기분 전환용 문학작품으로 치부될 수 없다. 이 책은 선교사들의 내면세계를 보여주려는 진지한 시도로서 그것은 성공적이다. 이 책에는 선교활동의 어려움이나 선교사들의 인간적 한계가 그대로 드러나 있다. 게일이 실수하거나 오류를 범한 부분도 솔직히 없는 것은 아니지만, 이야기들은 그런 불완전한 관찰

수단을 사용함에도 불구하고 많은 일들의 성취를 가능케 하는 그런 정신으로 가득 차 있다. 그와 같은 이해력과 동정심이 없이는 어떤 개인이나 체제에 관하여 성공적인 책을 쓸 수 없을 것이다. 이런 두 가지 특질은 이 책의 모든 부분에서 빛을 발한다. 문체와 관련해서 말하자면, 단어는 그것이 시사하는 바를 가장 잘 기술하고 있으며, 간명하게 한 마디로 말하면서 대부분의 사람들이 장황하게 말하는 것보다 더 많은 것을 말하는 놀라운 힘이 있다.

우리가 이 책을 좋아하는 또 다른 이유는 선교의 진정한 동기와 목적을 숨기려고 하지 않기 때문이다. 여러분은 이 책 어디에서나 행간에서 이런 말을 읽을 수 있다.

> "여러분이 한가한 시간을 보낼 수 있는 그저 흥미로운 이야기로 이것을 간주한다면 그것은 잘못된 것이다."

오늘날의 세계에서 기독교를 변명할 여지는 조금도 없다. 일상적인 사업에 관한 이야기에서 그것은 "지나가는 관심거리"이다. 여러분이 대중 앞에 상당한 투자 관심이 있는 사업에 관한 정기 보고서를 자신 있게 내놓듯이, 저자도 그렇게 자신만만하게 이 책을 대중에게 내놓는다. 우리는 성공적인 선교사업의 내부 세계를 살펴보라고 당부할 뿐이다. 이 책은 통계학보다도 더 결정적인 사실들을 모아 놓은 책이다.

우리는 책의 대략적인 내용을 제시하는 식으로 독자들에게 과도하게 서비스를 제공할 생각은 없다. 우리가 유일하게 말할 수 있는 것은, 이 책을 읽지 않는 남자/여자는 이제까지 한국에 관하여 나온 책들 가운데 가장 훌륭한 책을 놓치게 될 것이라는 점이다.

② Review(*Korean Review*, No. 8)

LA CODE PENAL DE LA COREE By Laurent Cremazy (1904)

우리는 저자에게서 이 책을 증정 받아서 매우 흥미롭게 읽었다. 이 책은 사적으로 서울에서 출간되었고, 모든 초판본에는 저자의 서명이 담겨 있다. 이 책의 형식과 장정은 칭찬을 받을 만한 데, 그것은 「호지 앤 컴퍼니(Hodge & Co)」출판사의 서울사무소의 덕분이라고 할 수 있다. 이 책에는 (1) 한국의 672개의 형법 조항들의 번역 및 그에 관한 분석, (2) 한국 형법의 내용과 중국 및 베트남의 그것들과의 비교, (3) 한국의 제도, 관습과 관례에 관한 요약, (4) 형법개정 시안서, (5) 완벽한 목록 등이 포함되어 있다. 저자는 이 책을 "한국 주재 프랑스공화국 전권공사, Collin de Plancy 각하"에게 청원/증정했다.

이 책의 학구적인 부분을 정확하게 지적하기 위해서는 목차를 간단히 살펴볼 필요가 있다. 한국의 형법 조항들을 담고 있는 이 책의 첫 장은 5개의 절로 구성되어 있다. 첫 절에서는 형법을 적용하는 일반규칙을 다룬다. 거기에서 우리는 형법 조항의 적용 방식을 규정한 일반규칙들을, 즉 사법부의 권한, 용의자의 체포, 증거의 확보, 체포된 개인에 따라 다른 권리들, 법적 유예의 제한, 장지(葬地)·소유권에 관한 일반적인 규칙, 그리고 인간적 친밀도나 고발인의 입장에 있는 관리의 관직등급 등에 따른 형량 논의와 감량 등을 규정한 일반규칙을 볼 수 있다.

　이 책은 한국의 법률체계가 놓여 있는 상황에 관한 완벽한 이해를 보여준다. 그리고 자신이 수행하고 있는 직무의 실제적인 지위에 적용하기 위해서 그토록 고생을 한 사람을 등용하고 있다는 점에서 정부는 축하받을 만하다는 것을 보여준다. 이 책을 읽지 않은 사람은 그들이 이전에는 들어보지 못했고, 꿈에도 몰랐던 한국이라는 나라의 흥미로운 일들을 배울 수 없을 것이다. 그러나 우리는 한 가지 비판을 제기하고 싶다. 저자는 "서지 목록"에서 록힐, 랜디스, 폰 묄렌도르프, 알렌 그리고 그 외 사람들을 거명을 하면서도『한국의 보고』나『한국평론』에 관해서는 전혀 언급을 하지 않는다. 이 책들은 사회적 관습과 법률을 다룬 무수한 논문들을 수록하고 있음에도 불구하고 말이다. 우리는 감히『한국의 보고』4권을 면밀하게 읽는다면 다른 어느 책보다도 한국에 관한 많은 정보를 얻을 수 있을 것이라고 말할 수 있다. 우리는『한국평론』의 경우에도 그렇다고 말하지는 않겠다. 그러나 그것은 최소한 이 나라의 관습에 관한 지식의 출처를 주는 체 하는 그 어떤 한국 관련 서지 목록의 어느 귀퉁이에라도 실릴 만한 가치가 있다고 감히 말할 수 있다.

　③ Review (*Korean Review,* NO. 8)

　A. Monaco, IMPRONTE DI BELLEZA. ERZERUM, ACQUERELLI UMBRI, TLEMSEN (Rome, 1904)

　우리는 저자로부터 제목에서 열거한 4개의 주제에 관한 긴 논문들을 수록하고 있는 이 아름답게 장정된 책을 증정받았다. 이 책에는 한국을 다룬 글이 없기 때문에, 『평론』의 지면을 통해 그것을 전면적으로 검토하는 것은 타당하지 않다고 생각한다. 그러나 우리는 제목 및 책의 전체적인 형태를 고려해 볼 때 읽을 만한 가치는 충분히 있다고 생각한다.

개화기에서 일제강점기까지

한국 민속 연구

참고문헌

〈자료〉

『嘉禮酌儀』.

『家禮楫解』(辛東植家).

국립민속박물관 편, 『한국세시풍속사전(봄·여름·가을·겨울 편)』, 국립민속박물관, 2005·2006.

국립민속박물관 편, 『한국세시풍속자료집성-조선후기문집』, 국립민속박물관, 2005.

『경도잡지』.

『廣禮覽』.

『국역 임하필기』, 민족문화추진회, 1999·2000.

『閨閣叢書』.

김진효, 『儀禮備要』, 의례비요사, 1939.

남만성 역, 『용재총화』, 양우당, 1988.

『동국세시기』.

배상면 편역, 『조선주조사』, 우곡출판사, 1997, 2007(개정판).

참고문헌

『四禮便覽』.
『山林經濟』.
『星湖僿說』.
『世宗實錄』.
『열양세시기』.
『儀禮』.
『飲食知味方』.
『林園十六志』.
『林下筆記』(영인본), 성균관대 대동문화연구원, 1961.
李能和, 『朝鮮巫俗考』, 啓明俱樂部, 1927.
李能和 지음, 李在崑 옮김, 『朝鮮巫俗考』, 東文選, 1991.
『朱子家禮』.
『增補四禮便覽』.
『靑莊館全書』.
최대림 역해, 『신역 동국세시기』, 홍신문화사, 2006.
崔仁鶴 編著, 『韓國民俗學文獻總目錄 1920~1995』, 仁荷大學校 出版部, 1999.
『한국민족문화대백과사전 1』, 한국정신문화연구원, 1991.
『懸吐註解四禮便覽』.

鈴川原章, 「半島와 家庭祭祀와 神棚」, 『新世代』3권 1호〈1943년 1월호〉, 신세대
　　　사, 1943. 1.
野村伸一, 고운기 역주, 『한국, 1930년대의 눈동자-무라야마가 본 조선민속』,
　　　이회문화사, 2003.
伊藤悌藏, 『農村の娛楽及生活改善』, 東京；養賢堂, 1929.
赤松智城·秋葉 隆, 『朝鮮巫俗の研究』, 大阪星號書店, 1937.
『조선법령집람』, 조선총독부.
『朝鮮社會敎化要覽』, 조선총독부 사회교육과 發刊, 1937. 12.
『朝鮮總督府官報』(제360호, 제437호, 제611호, 제665호, 제666호, 제5194호).
淸水武紀 編, 『朝鮮酒造史』朝鮮酒造協會, 昭和 10年(1935).
村山智順, 『朝鮮の鬼神』, 朝鮮總督府, 1929.

村山智順, 「半島鄕土の健全娛樂」, 『朝鮮』 308호, 1941. 1

村山智順, 『釋奠・祈雨・安宅』, 朝鮮總督府, 1938.

村山智順, 金禧慶 옮김, 『朝鮮의 鬼神』, 東文選, 1993.

秋葉 隆, 『朝鮮民俗誌』, 六三書房, 1954.

秋葉 隆, 沈雨晟 옮김, 『朝鮮民俗誌』, 東文選, 1993.

혼마규스케(本間九介) 저・최혜주 역, 『朝鮮雜記』(1894년 발행), 김영사, 2008.

국립민속박물관, 『코리아 스케치』, 국립민속박물관, 2002.

A. H. 새비지-랜도어 지음, 신복룡・장우영 역주, 『고요한 아침의 나라 조선』,
　　　집문당, 1999.

E. G. 캠프・E. 와그너 지음, 신복룡 역주, 『조선의 모습・한국의 아동생활』,
　　　집문당, 1999.

E. J. 오페르트 지음, 신복룡・장우영 역주, 『금단의 나라 조선』, 집문당, 2000.

H. B. 헐버트 지음, 신복룡 역주, 『대한제국멸망사』, 집문당, 1999.

H. N. 알렌 지음, 신복룡 역주, 『조선견문기』, 집문당, 1999.

호레이스 N. 알렌 지음, 윤후남 옮김, 『알렌의 조선 체류기』, 예영커뮤니케
　　　이션, 1996.

I. B. 비숍 지음, 신복룡 역주, 『조선과 그 이웃나라들』, 집문당, 2000.

샤를 바라・샤이에 롱 지음, 성귀수 옮김, 『조선기행』, 눈빛, 2001.

제이콥 로버트 무스 지음・문무홍 외 옮김, 『1900, 조선에 살다』, 푸른역사,
　　　2008.

J. S. 게일 지음, 신복룡 역주, 『전환기의 조선』, 집문당, 1999.

까를로 로제티 著, 서울학연구소 譯, 『꼬레아 꼬레아니』, 숲과 나무, 1996.

끌라르 보티에・이뽀리트 프랑뎅 지음, 김상희・김성언 옮김, 『프랑스 외교관
　　　이 본 개화기 조선』, 태학사, 2002.

W. E. 그리피스 지음, 신복룡 역주, 『은자의 나라 한국』, 집문당, 1999.

W. R. 칼스 지음, 신복룡 역주, 『조선풍물지』, 집문당, 1999.

E. B Landis, *The Capping Ceremony of Korea, Journal of the Anthro-pological
　　　Institute*, 1898. 5(Harvard Weidner도서관 소장본).

_____, *Rites of Korea, Journal of the Anthropological Institute*, 1896. 5.

『동광』,『별건곤』,『삼천리』,『朝鮮』,『朝鮮及滿洲』.

잡지류(1906년~1942년 술 관련 기사 게재 잡지) :『少年韓半島』(1권1호, 1906.11.1),『共修學報』(1권1호, 1907.1.25),『畿湖興學會月報』(제4호, 1908.11.25),『大韓興學報』(제3호, 1909.5.20),『嶠南敎育會雜誌』(1권3호, 1909.6.25),『西北學會月報』(제15호, 1909.8.1),『普中親睦會會報』(1권2호, 1910.12.31),『서울』(2권1호, 1920.2.15),『鷲山寶林』(1권3호, 1920.6.15),『朝鮮文壇』(3권4호, 1926.6.1),『別乾坤』(2권5호, 1927.7.1; 11호, 1928.2.1; 3권7호, 1928.12.1; 4권5호, 1929.8.1; 5권6호, 1930.7.1),『新生』(1권1호, 1928.10.1; 2권1호, 1929.1.1; 3권2호, 1930.2.6; 3권3호, 1930.3.6; 3권9호, 1930.9.1),『朝鮮語文學會報』(2권1호, 1932.2.7),『新東亞』(3권5호, 1933.5.1),『中央』(2권1호, 1934.1.1),『野談』(4권3호, 1938.3.1; 5권9호, 1939.9.5; 6권4호, 1940.4.1),『朝鮮文學』(4권5호, 1939.6.1),『新世紀』(1권7호, 1939.9.1),『新時代』(1권10호, 1941.10),『春秋』(3권1호, 1942.1.1).

〈중앙일보, 한국일보, 한국경제신문〉(2009년 8월26일자).

〈국민보, 동아일보, 매일신보, 시대일보, 조선일보, 조선중앙일보, 황성신문〉.

국사편찬위원회 한국사 데이터베이스 http://db.history.go.kr

〈논저〉

강병식,「일제하 한국에서의 결혼과 이혼 및 출산 실태연구」,『사학지』제28집, 단국대 사학회, 1995.

강재철,「개화기에서 일제강점기까지 한국 관계 민속 문헌자료 연구 방향과 의의」,『개화기에서 일제강점기까지 한국 문화전통의 자료와 해석』, 단국대출판부, 2007.

권광욱,『육례이야기』, 도서출판 해돋이, 2000.

고려대학교 민족문화연구원,『한국 민속의 세계 3〈의생활·식생활〉』, 고려대학교민족문화연구원, 2001.

공제옥·장근식 편,『식민지의 일상 지배와 균열』, 문화과학사, 2006.

곽은희,「식민 구조의 작동 메커니즘에 내재된 놀이의 정치학-일제 말 식민지 여성의 놀이를 중심으로-」,『인문연구』54호, 영남대학교 인문과학연구소, 2008.

권선경, 「일제강점기 가투놀이의 연구」, 『의식주와 민속놀이를 통해 바라본 조선의 근대』, 채륜, 2012.

김광언, 『한국의 주거민속지』, 민음사, 1988.

김난주, 「개화기에서 일제강점기까지의 민간신앙 관련 자료의 현황과 문제점」, 『개화기에서 일제강점기까지 한국 문화 전통의 자료와 해석』, 단국대학교 출판부, 2007.

김난주·송재용, 「일제강점기 향토오락 진흥정책과 민속놀이의 전개 양상」, 『민속놀이의 문화정책과 변모양상』, 단국대학교출판부, 2011.

김명자 외, 『한국의 가정신앙 〈상〉』, 민속원, 2005.

김미영, 「조선후기 상례의 미시적 연구-정재 류치명의 상례일기 고종록을 중심으로」, 『실천민속학연구』 제12호, 실천민속학회, 2008.

──────, 『유교의례의 전통과 상징』, 민속원, 2010.

김선령, 「일제강점기 이후 한국혼례 양상의 변화에 관한 연구」, 원광대동양학대학원, 석사학위논문, 2011.

김영자 편저, 『조선왕국 이야기』, 서문당, 1997.

김예림, 「한국적 근대는 어떻게 만들어졌나, 전시기 오락정책과 '문화'로서의 우생학」, 『역사비평』 73, 2005.

김재일, 『학교운동회의 역사적 고찰』, 한국교원대학교 박사논문, 2008.2.

김정녀, 「婚禮物目類 고문헌 자료를 활용한 민간 전통혼례 문화 연구」, 『한민족문화연구』 제38집, 한민족문화학회, 2011.

김정아·홍나영, 「1920~1950년대의 출생의례복-중부지방을 중심으로」, 『복식』 제59권, 한국복식학회, 2009.

김종대, 『한국 민간신앙의 실체와 전승』, 민속원, 1999.

김태곤, 「성주신앙속고」, 『후진사회논문집』 2집, 경희대학교 후진사회연구소, 1969.

──────, 「가신신앙 연구」 『한국민속연구사』, 지식산업사, 1994.

김현숙, 「대한제국기 운동회의 기능과 표상」, 『동아시아 문화연구』 제48권, 한양대학교 동아시아문화연구소, 2010.

김혜경, 「전통관례와 현대 성년례 복식 연구」, 성균관대대학원 박사학위논문, 2008.

남근우 「초야의 봉산탈춤, 이천 관중을 현혹」, 『흙으로 빚는 이야기』2003년 봄호, 열림원, 2003.

──, 『'조선민속학'과 식민주의』, 동국대출판부, 2008.

──, 「민속의 경연과 예술화」『한국문학연구』36집, 2009.

남형일, 「임하필기 연구」, 단국대대학원 석사학위논문, 2002.

단국대학교 동양학연구소 편, 『구한국관보 복식 관련 자료집』, 민속원, 2011.

──────────── 편, 『일제강점기 울산 방어진 사람들의 삶과 문화』, 채륜, 2011.

문경연, 「1910년대 근대적 '취미(趣味) 개념과 연극 담론의 상관성 고찰」『우리어문연구』30집, 2008.

──, 「한국 근대연극 형성과정의 풍속통제와 오락 담론 고찰-근대 초기 공공오락 기관으로서의 '극장'을 중심으로-」『국어국문학』151, 2009.

문숙자, 『68년의 나날들, 조선의 일상사-무관 노상추의 일기와 조선후기의 삶』, 너머북스, 2009.

문정옥, 「한국가신신앙연구」, 성신여자대학교 대학원 석사학위논문, 1981.

박대순, 「조선시대 관례의 사적연구」, 단국대대학원 석사학위논문, 1987.

박록담, 『한국의 민속 전통주』, 효일문화사, 1996.

──, 『명가 명주』, 효일문화사, 1999.

──, 『전통주 비법 이백십일가지』, 코리아 쇼케이스, 2006.

박종친, 「상·제례의 한국적 전개와 유교의례의 문화적 영향」, 『국학연구』제17집, 한국국학진흥원, 2010.

박지향, 『일그러진 근대』, 푸른역사, 2003.

박진영, 「전통주 복원의 사회문화적 의미」, 전북대 석사학위논문, 2009.

배영동, 「음식디미방에 나타난 술의 다양성과 그 사회적 의미」, 『문화재』34, 국립문화재연구소, 2001.

──, 「경제현상으로서 근대 이행기의 의생활」, 『비교민속학』제27호, 비교민속학회, 2004.

서종원, 「근대시기 서구식 완구에 대한 단상」, 『의식주와 민속놀이를 통해 바라본 조선의 근대』, 채륜, 2012.

宋錫夏, 「풍신고: 附화간고」『진단학보』1, 진단학회, 1934. 11.

손진태 외, 「향토예술과 농촌 오락의 진흥책」, 『삼천리』13-4, 1941. 4. 1.

송재용, 「韓國의 儀禮-冠·婚·喪·祭禮를 中心으로」, 『國文學論集』第16輯, 檀國大 國文科, 1999.

─────, 「儀禮와 政治-冠·婚·喪·祭禮를 中心으로」, 『비교민속학』 제26집, 비교민속학회, 2004.

─────, 「의례-경제-관·혼·상·제례를 중심으로」, 『비교민속학』 제27집, 비교민속학회, 2004.

─────, 「개화기 서양인의 한국 의례에 대한 인식과 그 의미」, 『개화기 대외 민간문화교류의 의미와 영향』, 국학자료원, 2005.

─────, 「미암일기에 나타난 민속 일고찰」, 『동아시아고대학』 15집, 2007.

─────, 「개화기 서양인들과의 민간문화 교류 : 평가와 제안-민속분야」, 『퇴계학연구』 제22집, 단국대 퇴계학연구소, 2008.

─────, 「용재총화에 나타난 민속 연구」, 『동양고전연구』 제38집, 동양고전학회, 2010.

─────, 「묵재일기와 미암일기를 통해 본 16세기의 관·혼·상·제례」, 『한문학논집』 제30집, 근역한문학회, 2010.

─────, 「임하필기에 나타난 의례 연구」, 『동아시아고대학』 제24집, 동아시아고대학회, 2011.

송재용 외 5인, 『우리 전통문화와의 만남』, 한국문화사, 2000.

신복룡, 「개항기 서양인의 한국관」, 『코리아 스케치』, 민속박물관, 2002.

─────, 『이방인이 본 조선 다시 읽기』, 풀빛, 2002.

신영숙 외 4인, 『혼인과 연애의 풍속도』, 두산동아, 2005.

안대회, 「해제」, 『국역 임하필기 1』, 민족문화추진회, 1999.

오인영, 「개화기 서구인의 눈에 비친 한국, 한국인」, 『개화기 한국과 세계의 상호 이해-제2부 개화기 한국과 서양의 상호 이해』(단국대 동양학연구소 중점연구소 연구과제 학술세미나발표요지집), 단국대 동양학연구소, 2002.8.

오지석, 「한국교회 초기 혼인관에 대한 연구」, 『기독교사회윤리』 제12집, 한국가독교사회윤리학회, 2006.

윤광봉, 「근대시기 놀이의 변화 양상」, 『개화기에서 일제강점기까지 한국 문화전통의 지속과 변용Ⅵ』, 단국대학교 동양학연구소, 2011.

은영자, 「우리나라 혼례복의 변천에 관한 연구-개화기 이후를 중심으로」, 『과학논집』 제26집, 계명대 생활과학연구소, 2000.

恩津宋氏大宗中, 『우리의 전통예절』, 恩津宋氏大宗中, 1994.

이강로, 『세시풍속과 민속놀이』, 세종대왕 기념 사업회, 1988.

이규진·조미숙, 「음식 관련기사를 통해서 본 일제강점기 식생활 연구」, 『한국식생활문화학회지』 23, 한국식생활문화학회, 2008.

이두현 외 2인, 『신고판한국민속학개설』, 일조각, 1993.

이문주, 「주자가례의 조선 시행과정과 가례주석서에 대한 연구」, 『유교문화연구』 제16집, 성균관대 유교문화연구소, 2010.

이민홍, 「귤산 이유원론」, 『한국한문학연구』 24집, 한국한문학회, 1999.

이배용, 「서양인이 본 한국근대사회」, 『梨花史學硏究』 第28輯, 梨大 梨花史學硏究所, 2001.

이상현, 「일제강점기 '무대화된 민속'의 등장 배경과 특징」, 『비교민속학』 35집, 비교민속학회, 2008.

李盛雨, 『韓國食經大典』, 향문사, 1981.

이승수, 「광복 이전 전래 무예의 지속과 변용」, 『한국사회체육학회지』 제42호, 한국사회체육학회, 2010.

李承姸, 「1905년~1930년대초 일제의 酒造業 정책과 조선 주조업의 전개」, 『韓國史論』 32권, 서울대학교 인문대학 국사학과, 1994.

이승일, 『조선총독부 법제정책』, 역사비평사, 2008.

이정숙, 「조선후기 의례서에 나타난 혼례 연구」, 원광대동양학대학원 석사학위논문, 2010.

이철호·김기명, 「옛 문헌에 의한 한국 술의 종류와 제조 기술」, 『생물산업』 6권 4호, 한국산업미생물학회, 1993.

이필영, 「민간신앙 연구의 성격과 의의」, 『남창 손진태의 역사민속학연구』, 민속원, 2003.

이학래, 『한국근대체육사연구』, 지식산업사, 1989.

이희재, 「일제강점기의 유교의례 변화양상-1930년대 의례준칙에서의 가정
　　　의례를 중심으로」, 『일본연구』 제15집, 고려대 일본연구센터, 2011.

인권환, 「1930년대의 민속학 진흥운동」『민족문화 연구』 12호, 고려대학교
　　　민족문화연구소, 1977.

──── , 『한국 전통문화의 현대적 모색』, 태학사, 2003.

임장혁, 「개항기의 서양인이 본 한국문화」, 『코리아 스케치』, 민속박물관,
　　　2002.

장주근, 「가신신앙」『한국민속대관 3-민간신앙·종교 편』, 고려대학교 민족
　　　문화연구소, 1982.

전례연구위원회, 『우리의 生活禮節』, 성균관, 1992.

鄭景柱, 『한국 고전의례 상식』, 신지서원, 2000.

정근식, 「식민지 지배, 신체 규율, '건강'」(미즈노 나오키 외, 정선태 옮김, 『생
　　　활 속의 식민지 주의』, 산처럼, 2007.

정대성 저, 최진선 역, 『재일동포가 찾아낸 우리 술의 역사와 문화 그리고
　　　지혜』(원제 : 조선의 술), 이회문화사, 2006.

정동효, 『傳統酒大典』, 홍익재, 2003.

──── , 『우리나라 술의 발달사』, 신광출판사, 2004.

정병학, 「해제」, 『임하필기』, 성균관대 대동문화연구원, 1961.

정연학, 「한중 가신 신앙의 비교」『비교민속학』 35집 비교민속학회, 2008.

정태헌, 『일제의 경제정책과 조선사회』, 역사비평사, 1996.

정현순·오문석, 『한국의 술』, 도서출판 두남, 2002.

조현범 지음, 『문명과 야만-타자의 시선으로 본 19세기 조선』, 책세상, 2002.

주영하 외 2인, 『제국 일본이 그린 조선민속』, 한국학중앙연구원, 2006.

朱益鍾, 「日帝下 韓國人 酒造業의 發展」, 『經濟學硏究』 40권 1호, 한국경제학
　　　회, 1992.

경기도 지방과, 『農村娛樂行事榘 附立春書例示』, 1934.

최덕수, 「개항기 서양이 바라본 한국인, 한국 역사」, 『민족문화연구』 제30
　　　집, 한성대학교, 1997.

최배영, 「조선후기 서울 반가의 제례-기제의 준비 및 제수를 중심으로」, 『유
　　　교사상연구』 제16집, 한국유교학회, 2002.

참고문헌

최인학, 「비교민속학적 방법」『한국 민속학의 과제와 방법』, 정음사, 1986.
한국고문서학회, 『조선시대 생활사 2』, 역사비평사, 2002.
함영대, 「임하필기 연구-문예의식을 중심으로」, 성균관대대학원 석사학위
　　　　논문, 2001.
황패강, 『한국문학의 이해』, 새문사, 1991.

찾아보기

▌송재용宋宰鏞

대전 출생

단국대학교 문리과대학 국어국문학과 및 동 대학원 졸업(문학박사)

단국대학교 동양학연구소 연구실장, 단국대학교 교수협의회 회장 역임.

비교민속학회 이사(출판·연구·일반), 동아시아고대학회 회장 역임.

현재 단국대학교 죽전캠퍼스 교양교육대학 학장, 단국대학교 동아시아전통문화연구소 소장, 동아시아고대학회 평의원.

■ 저서 및 논문

저서: 『한국 의례의 연구』(2007년 문화관광부 우수학술도서)

　　　『미암일기 연구』(2008년 문화체육관광부 우수학술도서)

　　　『삼국유사의 문학적 탐구』(공저, 2009년 문화체육관광부 우수학술도서)

　　　『한국 민속문화의 근대적 변용』(공저, 2010년 학술원 우수학술도서)

　　　『일생의례로 보는 근대 한국인의 삶』(공저, 2014년 문화체육관광부 우수학술도서)

　　　『조선의 설화와 전설』(공역)

　　　『구한말 최초의 순국열사 이한응』

　　　『조선시대 선비이야기-미암일기를 통해 과거와 현재를 보다』외 다수.

논문: 「한중일 의례에 나타난 공통성과 다양성」

　　　「여류문인 송덕봉의 생애와 문학」

　　　「한국일기문학론 시고」

　　　「일기를 통해 본 조선 중기 사대부들의 기록정신」

　　　「한시 분류와 해석을 위한 시각의 재정립」외 다수.